第十部

国殇

GUOSHANG

抗战中的
血色交通线

李戈瑞 著

团结出版社
UNITY PRESS

图书在版编目（CIP）数据

国殇：抗战中的血色交通线　第十部/ 李戈瑞著
. — 北京：团结出版社，2015.5（2022.3 重印）
ISBN 978-7-5126-2407-8

Ⅰ．①国… Ⅱ．①李… Ⅲ．①交通运输史－史料－中
国－1937～1945 Ⅳ．①E296.93②F512.9

中国版本图书馆 CIP 数据核字(2014)第 294911 号

出　版：团结出版社
　　　　（北京市东城区东皇城根南街 84 号　邮编：100006）
电　话：（010）65228880　65244790　（出版社）
　　　　（010）65238766　85113874　65133603（发行部）
　　　　（010）65133603（邮购）
网　址：http://www.tjpress.com
E-mail：65244790@163.com（出版社）
　　　　tjcbsfxb@163.com（发行部邮购）
经　销：全国新华书店
印　装：三河市东方印刷有限公司

开　本：170mmX240mm　　　16 开
印　张：21.5
字　数：325 千字
版　次：2015 年 5 月　第 1 版
印　次：2022 年 3 月　第 5 次印刷

书　号：978-7-5126-2407-8
定　价：69.00 元

前　言

日本和中国都是作为被侵略国开始近代转型的。

不同的是，日本从被入侵的阵痛中感受到了快感，他们立即转身向西方学习，很快融入西方体系当中，并成功成为列强俱乐部中的一员。而中国则一直沉浸在外界对自己旧有体系冲击后的痛苦转型之中，迟迟不能自拔。

于是，自以为强大的日本妄想吞并中国以图称霸世界。

1937 年 7 月，"卢沟桥事变"爆发后，日本发动了全面侵华战争。日本为了实现其"三个月灭亡中国"的目的，一方面命令侵华日军沿华北的几条主要交通线发动疯狂进攻；一方面派出兵力对中国沿海交通线进行封锁，进攻并占领中国最大的进出口海上通道——上海，妄图切断中国争取外援的所有通道。对于绝大部分军火及战略物资都要依赖进口的蒋介石政府来说，切断了国际交通线，就等于切断了抗战的生命线。于是，从全面抗战伊始，围绕抗战交通线的争夺，中日两国展开了一场场决定国家命运的决斗。

恩格斯曾说："没有什么东西比陆军和海军更依赖于经济前提。装备、编成、编制、战术和战略，首先依赖于当时的生产水平和交通状况。"

相比于冷兵器时代的战争而言，现代战争对交通线更为依赖。现代交通工具的运用，不仅可以在短时间内向战场集中大量的兵力和作战所需物资，还可以增大战略机动性和战场回旋度。抗日战争中多次大会战都是围绕着对交通线的争夺而进行的。八年抗战中，日军凭借优势的陆地、海上和空中的军事力量，对中国实施一步步的封锁加绞杀的战略，以图彻底摧毁中国的抵抗能力。而中华民族为了打破日军的封锁，则利用了一系列的军事、政治、外交、经济的手段与侵华日军进行对抗。

有人曾形象地比喻说：70年前，全人类战胜德日法西斯的历史进程，如果说是由美英加中等盟国联军成功登陆诺曼底，从而吹响了向柏林进攻的号角，打开了一扇胜利之门，那么，中国抗战中的交通线，则是一条"通向东京之路"的战略，以守为攻地打开了东方主战场胜利的另一扇门。

抗战中的交通线对夺取中国抗战乃至整个世界反法西斯战争的胜利都发挥了重要作用。如今，抗战中的许多交通线，都已经成为战争年代的缩影和历史的标志。

在抗战胜利70周年之际，当我们从抗战交通的视角再次解读那场战争时，战争本就狰狞的面孔后，另一种惊心动魄的较量将会越来越清晰地呈现在读者面前……

目　录

CONTENTS

第三章　喜马拉雅山上的战鹰——飞越驼峰航线

第四章　驻印军和远征军的复仇——打通中印公路

"没有什么东西比陆军和海军更依赖于经济前提。装备、编成、编制、战术和战略，首先依赖于当时的生产水平和交通状况。"

——恩格斯

波澜壮阔的时代大幕已被掀开
贪婪的战争巨兽　破浪来袭
洪流在残垣将碎的家园中肆虐
战士用年轻的身躯筑就堤岸
英雄锻造的钢锋　冷冷作响
捅穿肮脏的龟甲
用激愤抹净太阳的泣血

　　近代日本，一直梦想着成为继英国之后的另一个"日不落帝国"，让"太阳旗"高高飘扬在太平洋的西岸，让大和民族的"光芒"普照整个亚洲，即使这种光芒是那样的刺眼。英国的沃尔特·雷利爵士曾将英国成为"日不落帝国"的经验高度概括为："谁控制了海洋，即控制了贸易；谁控制了世界贸易，即控制了世界财富，因而控制了世界。"日本一心想复制英国成功的海洋战略，他们知道中国重要战备物资的自给率十分低下，军火装备大多依靠国外供给。当时中国国际运输以海运为主，物资运到各大海港后，再由铁路和公路运到各个省份。因此，当日本野心勃勃地发动全面侵华战争前，毫不犹豫地将切断中国的海上交通线作为其首要的作战目标。

由海向陆的蓝色生死链
——被封锁的海岸线

1937 年 7 月 11 日，
日本海军第三舰队出云号抵上海。
当天午后，日军在舰上举行特别警备会议，
商讨以保护日侨为借口向上海发动进攻！

国殇 抗战中的血色交通线

天津：
阴冷的武士之刃划破了暗幕

1937年，灾难不断降临中华大地。

开春伊始，华北地区最重要的港口城市天津，连续出现两件十分诡异的事。这两件事甚至惊动了天津市市长、第38师师长张自忠。

先来说说第一件怪事。昔日缓和平静的海河上，近日来波澜骤起。河道上陆续出现一些浮尸，起初是隔一两天出现一次，逐渐地每天都开始出现，最少时有两三具，最多的一次竟有七八具。当人们打捞起这些浮尸时一看：一个个尸体都穿戴整齐，面部变形、眼睛突出。可以判断，这些死者生前都处于惊恐状态之下。更奇怪的是：这些尸体全是清一色的青壮年男性，没有女性和儿童，这件事立即让整个城市都笼罩在一片谣言的恐惧之中。老人们都不停叮嘱小孩不能去往河边，免得被"河怪"给夺去了魂魄。

李文田，字灿轩，河南浚县人。毕业于保定陆军军官学校第六期步科。曾任西北军团长、旅长及兵工厂总监等职。第29军重建时任第38师副师长；同年底驻防天津，任市公安局局长。

紧接着是第二件奇怪的事。天津日租界的海光寺内，每天都有各地赶来的大批日本兵到此处汇集。但是，随着兵力的不断增加，日军每天例行的军事操课训练和口号声竟越来越低。似乎日本兵来到海光寺后都原地蒸发了一样，这让当地人百思不得其解。

这两件事让天津市的百姓人人自危。

不久，张自忠将警察局局长兼第38师副师长李文田、市府秘书长马彦翀、保安总队总队长宁殿武等军警要员召到市府办公室，议一议近来接连发生的怪事。

张自忠问李文田："灿轩，你作为警察局长，海河浮尸案，查得如何了？我看一些报纸说，死者都是吸鸦片的人，因为瘾犯了无钱买毒品，自己投河自尽的。但从打捞上来的浮尸来看，他们根本不像是生前吸毒之人。"

实际上在来此之前，一向办事干练高效的李文田早已将案情调查清楚。但因为事关重大，为了稳妥起见，在将事情真相公布之前，还需要搜集更多有力的证据。李文田见张自忠亲自过问此事，就将事情原委如实道来。

他说："经我们调查，浮尸案中所有的证据都指向了一个地方。不过这个地方实在太过特殊和敏感，不便……"

张自忠性情向来火爆，他看李文田说话吞吞吐吐，立即说："只管说，我们之间还忌讳什么？"

李文田这才接着说道："所有证据都显示，这些人都为海光寺内的日本人所杀。海光寺是日本华北驻屯军的大本营，日本人为了在兵营里构筑工事，以各种名义将河北的青壮年骗去为他们修筑工事。日本人待工事构筑完成之后，为防止秘密泄露，便将这些中国壮丁杀人灭口，抛尸于海河内。"

马彦翀也立即补充道："日本人在天津，向来目中无人、横行霸道。长久以来，他们贩卖毒品、开设妓院、收买操纵汉奸、越界抓人，甚至故意在市府门前撒尿，藐视我国民政府权威。"

张自忠听后，气得咬牙切齿，但冷静一想，现在还不到和日本人算账的时候。不久前，顶头上司冀察政务委员会委员长、第29军军长宋哲元，在秘密会议中曾向他们传达过蒋介石从庐山传来的绝密指令。蒋介石认为，以当前中国之国力，还需要集蓄一段时间的力量后，才能与日本人一较高下。国民政府已与德国签订密约，准备争取时间武装80个精锐师，其后再择机与日决战。蒋介石准备采取一种卧薪尝胆的姿态与侵华日军周旋。最后宋哲元还引用了蒋介石的原话，说："当前国防建设尚未完成，不能全面抗日，要争取时间，维持的时间越长，对国家贡献越大，务必要忍辱负重！"

张自忠也非常认同蒋介石对时局的判断。他只能强压着怒火对李文田说："日本人着实可恨，虐杀我无辜百姓，在我辖区内制造恐慌。但现在还不是与日本人翻脸的时候，俗话说'小不忍则乱大谋'，我们还是从长计议。我会与报界联系，让他们尽量缓解民众的紧张情绪。先不

要让百姓知道此案的幕后黑手，免得破坏了我们抗日的全盘计划。"

李文田连声答应。

张自忠接着问保安总队长宁殿武说："最近日军频繁调兵来津，但兵力却好似去无踪影。宁队长，你可有这方面的确切消息？"

宁殿武起身说道："经我方情报人员提供的情报，近日来，大批日军从塘沽登陆后换乘汽车去兵营。实际上，狡猾的日本人是在用疑兵之计。他们每天白天大摇大摆地从塘沽乘汽车沿马路而来，故意让沿途中国人看到，以起到对中国人的威慑作用。到了夜里，这些日军又换便衣携带军装再乘火车回到塘沽，待第二天再次换上军装乘汽车来到海光寺。如此一来，不知虚实的百姓便以为日军在不断增兵，对日军的肆意妄为更是敢怒不敢言。"

张自忠连连感叹：日本人实在太过阴险。看样子，我们还须小心提防，中日之间迟早得有一战！

1937年6月以来，日本侵华的步伐明显加快。

天津海光寺内比以往显得更加繁忙，关东军司令植田谦吉大将频频来到华北驻屯军兵营，与田代皖一郎召开军事会议，意图加紧策划扩大侵华战争。

6月28日，日本关东军司令部、朝鲜总督府、华北驻屯军司令部、满洲铁路局、海军中央部等军界重要人物，齐聚大连共商与中国开战事宜。

日本关东军参谋长东条英机在会上说，从1933年春季以来，我军攻略热河、进击关内，及签订《塘沽协定》等一系列事件，使中国各地的抗日运动再次兴起和激化。

田代皖一郎说："在华北，这两年中国军队连续挑起了反满抗日事件，尤其自1935年秋以来，由于华北分治工作的进展，连中方签过字的《中日华北经济提携协定》，其中修建津石铁路的项目也遭到中国方面的拖延与反对。现在不仅华北，甚至华中和华南抗日运动也日趋激化，两国邦交呈现紧张局面。"

植田谦吉甚至在会议上赤裸裸地叫嚣说："如果形势继续恶化，一旦与中国开战，日军在三个月内就可以解决中国。"

日本海军虽然与陆军一直矛盾不断，但在对华开战问题上却不甘其后。海军中央部向下村司令官说："海军中央部为防华北事态恶化，对各舰队、航空队等正在进行严格训练。目前已把飞机用燃料急速集中到佐世保，且将第13驱逐队分配在大沽和天津，只等华北战事开始。"

日本军界已全面做好与中国开战后增兵的准备。

6月30日，日本贵族院议长、公爵近卫文麿组阁。最初时，日本的文职领导人并不想占领中国，只想从根本上掌控中国。因为他们害怕一旦与中国开战，可能会陷入中国的泥沼中无法脱身。但是日本军国主义者却迫不及待地想在中国的大地肆意驰骋。毕竟，从1895年以来，日本在各个战场上都攻无不克，扩张势头大有不可阻挡的态势。

三天后，东条英机向日本政府建议：从准备对苏作战考虑，必须立即给中国政府以打击。他认为日本进攻中国的时机已经成熟，只需要再找一个合理的借口即可。日本发动全面的侵华战争，如同箭在弦上，一触即发。

7月7日，日军在卢沟桥附近演习，以一个日本兵失踪为由，向宛平城发起进攻，惊天动地的卢沟桥事变爆发了。日军参谋本部凭此确认，全面占领中国的良机已经到来。

随后，日本开始转入举国战时体制，日军参谋本部分别向关东军和驻朝鲜日军下达命令：向中国华北开进，在两个月内消灭第29军，再用三四个月消灭国民政府。同时，日本裕仁天皇钦命香月清司中将接替患病的田代皖一郎，为新的中国驻屯军司令官。7月12日，香月清司抵达天津。他到天津后做的第一件事就是，立即召开军事会议，决定集中兵力消灭驻守平津的第29军。

日军像一头饥饿的野兽，悄悄地蛰伏在平津地区伺机待发，而宋哲元所率领的第29军却仍在"战"与"和"之间犹豫不决。西北军出身的宋哲元依然幻想着能像往常一样，在日本人和国民党政府之间继续游走，保住冀察平津这块得来不易的地盘。

7月28日，天津的天空一片阴霾，空气沉闷炎热，海河水喧嚣着汩汩涌向渤海，一切都显得那样躁动不安。一清早，第29军独立第26旅旅长李致远便急匆匆冲到第38师副师长李文田的家中。

李致远见到李文田便问："副师长，你收到消息没有？昨天，从天

津出发的日本华北驻屯军已到达北平，在广安门与我们 37 师的兄弟们干起来了。宛平都打了十几天了，现在廊坊失守，平津交通断绝，而我们在这里还没有接到任何命令，现在如何是好？"

李文田说："兄弟少安毋躁，我正召集了几个同人一同商讨此事，请耐心等待片刻。"

果然，没过多久，马彦翀、宁殿武、第 38 师手枪团团长祁光远、天津警备司令刘家鸾和第 112 旅旅长黄维纲，相继来到李文田公馆会客室。

李文田待人都聚齐后，直接开门见山地说道："各位兄弟，如今北平已经和日本人接上火了。现在叫你们来，就是请大家一起商量，我们在天津打不打日本人的问题。如果要打，什么时候打，如何打？"

马彦翀一向小心谨慎，他说："1933 年长城抗战失败的教训至今还让我记忆犹新。宋委员长曾说过，我们在任何时候、任何情况下都不准先敌开火，但必须保证寸土不失。蒋委员长曾反复交代宋军长'无论和战，万勿单独进行'。在用兵问题上，我们一定要慎之又慎，须得到上级长官的明确命令才行，切不可鲁莽行事！"

李文田解释道："现在通信联络已中断，我们也和张师长失去了联系。前日，张师长赴北平时，已将天津军政事务交由我负责。我自知责任重大，不敢妄自做主，现在就是想多听下大家的意见。"

宁殿武早就对驻天津日军的胡作非为看不过眼了，他说："日本在三十多年前因《辛丑条约》的关系，获得了在天津的'驻军权'。天津只许日军在租界内驻兵，二十里以内不许中国驻扎军队。在我们的国家，不准驻守自己的军队，这算什么事嘛？如果对日军发动攻击，我们保安大队倒是有不少便利条件。"

刘家鸾是东北军出身，对日本人早就充满了仇恨，但由于很难看清当前的时局，他只能投石问路地说：日本一直把天津视为其侵华阴谋的跳板和基地，这不仅因为天津是华北联结东北和华东的咽喉要道，更重要的是日本本土相联系的海上交通枢纽。

马彦翀对于日军的实力依然十分忌惮，他接着说："据我了解，日军在天津的东局子飞机场停着三十余架飞机和一个中队步兵，海光寺驻有一个联队十多门炮，天津总站和和东站还有一小队日军。在大沽口外还有日本军舰和海军陆战队，山海关和廊坊也有日军。北平以南的丰台等地也有日军兵营。我们周围全都是日军，如果与他们动起手来，只怕我们会失去更多的地盘。"

李致远不喜欢听到"长别人志气，灭自己威风"的话，他"噌"地一下站了起来，说道：作为军人就是以战死沙场为荣。作为军人，吉鸿昌将军在收复多伦战斗中亲自上阵、赤裸膀臂，手提大刀与日军拼死肉搏。难道大家不记得他的那句名言"有贼无我，有我无贼；非贼杀我，即我杀贼"？我管不了那么多了，今晚老子就要去灭掉海光寺里的日本人。

李文田见李致远情绪越来越激动，立即从中调解，缓和气氛，他说："李旅长，你不要激动。马秘书长说得确实很有道理。依我掌握的情报来看，日军目前驻天津的兵力应该不超过5000人。而我们诸位手中的兵力加在一起，应该在1万人以上。如果正确把握好时机，消灭天津的日军，还是有把握的。"

李致远涨红着脸说："还等什么？如果现在不打，等到日军兵力增加，我们想打也无法打了！"

刘家鸾仍不急于表态，只是对当前形势进行客观的分析：如果与日军在天津开战，必须行动迅速，一举消灭日军。否则他们援军一到，我们就会陷入重围，受到内外夹击，有被消灭的危险。

宁殿武也站起身来说："要干就干，来个攻其不备，先下手为强，打了再说。"

黄维纲却强调要等到上级命令再行动。

会议上始终分为两派：一派主张不能轻举妄动，另一派则说能否抓住战机是关乎数万军人生死存亡的大事等。两种意见相持不下。七个人争论了十多个小时，意见仍无法统一。

正当会议陷入僵局之时，侍卫敲门而入送来一封电报。

李文田拆开一看，面上愁云散去。随即，李文田便说，张师长来电，我读给大家听一下："我们都受国家豢养多年，到此紧要关头，务各尽职责，方对得起国家。刻我任北平城防重任，津市府事务，令彦翀负责，驻津附近各军，由李文田就近指挥。我以身许国，顷已预嘱家事，盼兄等共体余意，把握时机。"

李文田继续说："张师长明确让马秘书长和我，在关键时刻对天津的事务进行决断。我看，在座的正好是7人，不如大家投票决定，是否对日军动武之事。"此言一出，立即得到与会者的拥护。

经商议，会议决定主动出击日军。

目标已定，军事上如何进行，就完全由李文田来决定了。

李文田朝外一看，发现天色早已暗了下来，月光透过门窗的间隙水银般倾泻到了房间里。他揉了揉眼睛，接着便坐了下来。其余六人也坐在椅子上，等待着李文田对行动方案做出具体部署。

李文田在重大军事行动前，总是习惯地闭上眼，回想一下各种事件联系在一起的画面。随着头脑与外界的联系，事情发展走向也逐渐清晰明亮起来。"就在今晚！"李文田突然睁大了眼睛，他挥了挥拳头，再次强调道："29日凌晨1时，发起攻击！"

随后，参会七人迅速形成决议：1. 由李文田担任总指挥、刘家鸾担任副总指挥，统一指挥驻天津的第38师和地方保安部队。2. 对参战兵力做出部署，宁殿武指挥保安总第1中队攻取天津东站（今天津站）。祁光远指挥手枪团，配独立第26旅1个营及保安总队第3中队向海光寺日本兵营攻击。李致远指挥独立第26旅，配保安总队第2中队，负责攻占天津总站（今天津北站）及东局子日本飞机场，烧毁日军飞机。武装警察负责各战场之间的交通指引和疏导。驻地离天津较远的黄维纲作为总预备队。3. 在对日发起攻击的同时，通电全国。

会议结束时，已经晚上10点钟了，离规定发起的战斗时间只有短短3个小时。大家各自按照部署迅速调集部队向各处日军发起攻击。各部队还给每个参战人员发了几张大饼，并在军用水壶中灌满绿豆汤，以备持续作战和转移之用。

战事之初，形势对中国军队非常有利。日军停在东局子机场的10余架飞机被烧；日租界的日军被三面包围；海光寺兵营里的日军在工事内抵抗等待援军。日本驻天津总领事给日本驻华使馆发去急电称：从29日起，由于中国方面的攻击，我方处于甚为畏惧的状态。

7月29日清晨，李文田按事先部署，对外界发布公电：

南京委员长蒋、各院会长官、北平委员长宋钧鉴；各部长、各省市政府、各绥靖主任、各总司令、各总指挥、各军长、各师旅长、各法团、各报馆、及我二十九军全体同仁钧鉴：

自卢（沟桥）案发生后，我宋委员长（宋哲元）始终为爱护东亚和平维护人类福祉一再容忍，乃敌人日日运兵，处处挑衅……我方为国家民族图生存，当即分别应战，誓与津市共存亡、喋血抗战、义无反顾。敬祈各长官、各父老迅予援助，共歼役（彼）虏。临电神驰，无任惶悚。

天津市各部队临时总指挥李文田、副总指挥刘家鸾、市政府秘书长马彦翀（同）叩，艳二十九日。

经过十余个小时激战，作战目标基本完成，但因海光寺日本兵营的防御工事太过坚固，始终无法攻克。

日军参谋本部收到华北驻屯军受到中国军队攻击的电报后，立即派出空军和海军迅速向天津增援。29 日下午起，日军空中力量开始对天津总站、市政府、南开大学等处的中国军民进行轰炸。天津市军民损伤惨重。

同时，日本永野联合舰队长官接到大海令机密 1 号。据此，他们发布联合舰队电令作战第 2 令，迅速增兵华北，"于平津地区膺惩中国军及确保该地区各主要地点之安定"。很快，联合舰队第 2 舰队长官吉田接受命令，运送日军第 10 师团从神户出发，登陆塘沽。

29 日晚，从北平等地前来支援的日军也来到天津。李文田也收到宋哲元的指示，将分散在天津的队伍收拢集中，撤出市区，赴静海一带继续予以日军打击。7 月 30 日天津市区被日军占领。

李文田率领中国军队在静海地区继续抵抗日军。在到达减河上的一处铁桥上时，他决定派出大刀敢死队。由于中国军人的刺枪术不敌日军，所以常用长柄将大刀接长三尺，如此一来在白刃肉搏战时就可占据有利形势。敢死队在出发之前一起合唱著名的《大刀进行曲》：

大刀向鬼子们的头上砍去，

二十九军的弟兄们，

抗战的一天来到了，

抗战的一天来到了！

前面有东北的义勇军，

后面有全国的老百姓，

咱们中国军队勇敢前进！

看准那敌人，把他消灭！

把他消灭！冲啊！

大刀向鬼子们的头上砍去！杀！

雄壮的歌曲激励着敢死队员们的信心，他们举起大刀向日军追击部队进行反冲杀，一度将日军杀退。但随着日军不断从东北和海上向平津地区增兵，中国军队在苦战二十多天后，不得不向南撤离。天津成为中国抗战中第一个沦陷的沿海国际商港。

占领平津地区的日军气焰正盛，他们开始沿北宁、平绥、平汉、津浦四路完成战略展开，汹汹向南急速推进……

上海：
一座血肉熔炉

日军顺利切断了中国本就脆弱的海岸防线上的第一个锁链天津，他们将第二个目标定在了上海。

日本觊觎上海已久，他们深知占领上海对他们意味着什么。上海处于中国海岸线的中点，面向太平洋，不仅是中国的经济中心，还是世界著名的国际贸易港口。更重要的是，上海还是中国政治中心——国民政府首都南京的门户。早在 1931 年 1 月 28 日，日军就曾进攻上海，不想却遭遇到蔡廷锴第 19 路军的顽强抵抗。这次，日本对夺取上海是志在必得。

最先行动的还是日本海军。七七事变后，日本政府下令海军做好全

停泊在黄浦江上的日本海军第3舰队旗舰出云号

面战争准备。7月11日，日驻华海军第3舰队司令官长谷川清中将乘旗舰出云号抵上海。当天午后，海军武官本田辅，佐官冲野、田中，第3舰队参谋长岩村，陆战队司令官大川内传七，陆军武官喜多等在舰上举行特别警备会议，商讨以保护日侨为借口向上海发动攻击。

7月16日，长谷川清向东京提出了《对华作战用兵的意见》，建议"欲置中国于死地，以控制上海南京最重要"，主张从本土派出5个师团的兵力，攻占上海后直取国民政府的心脏南京。

8月10日，日本海军命令在佐世保待命的25艘各类战舰全速开赴上海。很快，日军第1、第3舰队共30余艘军舰，猥集在黄浦江及长江下游浏河以下各港口，虎视眈眈地望着上海熙熙攘攘的人群。

在平津迅速被日军占领后，一时之间，中国抗战必败的悲观论调在社会上甚嚣尘上。其中关于中日两国实力对比的数据，最常被人们引用。有人将中日两国军力作比较，指出日本海军舰艇吨位190余万吨，我国11万吨，还不到日本的1/10；日本空军作战飞机2700余架，我国只有305架。一经比较得出的结论就是——中日一旦开战，中国军队根本不堪一击。

甚至还有些军方人士也说：中国海上交通线必然会被日本所切断，中国的海防形同虚设。如果日军想要夺取上海，只要派几条兵舰，马上就可以封锁中国海岸线。从汕头、厦门、福州、宁波、上海、烟台，直到广州和香港，日本只需派出海军部分力量，就可以占领中国沿海所有经济中心，迫使中国束手就擒。

就连蒋介石的诤友、文化名人胡适都主张与日避战议和。胡适曾说："在目前的条件下，对日作战，简直是疯狂……我们至多只有12万部队可以称'训练有素'，但装备甚为窳劣。我们压根儿没有海军。我们最大的兵船只有一艘排水量不过4300吨等级的巡洋舰。再看我们有多少军火罢！我们拿什么来作战呢？"他认为以当时中日两国间巨大的实力差距，如果与日本兵戎相见的话，无异于以卵击石。

这些社会上流行的消息很快就传到了蒋介石耳朵里，虽然蒋介石在庐山谈话中曾说过："如果战端一开，那就是地无分南北，年无分老幼，无论何人，皆有守土抗战之责，皆应抱定牺牲一切之决心。"但蒋介石心里十分清楚，演讲时可以激情四射、充满豪情壮志。但自古以来，从来没有一场战争，是靠嘴皮子赢得的。南京政府对当时中国的控制力本就十分有限，再加上中日两军之间实力的差距是十分明显的。蒋介石即便是身在火炉般炎热的南京，心里更多感受到的却是冰冷现实所带来的丝丝寒意。七七事变以来，蒋介石一直寝食难安，他在南京频繁召集各派将领谈话，想尽量统一中国的各派武装力量，为共同抗战做出贡献。

危难之时，蒋介石首先想到了陈诚。

蒋介石用人一般遵循三个原则：1. 黄埔系出身的军人，因为黄埔是蒋介石在军界掘出的第一桶金，自己能走到现在，全靠黄埔系；2. 浙江老乡，中国人讲究同根同源的传统；3. 对自己永远忠诚。在西安事变的时候，陈诚和蒋介石一同被扣，他对前来看望自己的张学良说："现在什么都不要讲，只有一句话，赶快送委员长回南京。如果委员长遇害，你就早一点把我枪毙。你把老头子扣起来，那就把中国交给你，你有那个能耐把中国搞好？全国的军队能听从你的指挥去打日本？"这段"同生死、共患难"的经历，让蒋介石看到了一个忠心耿耿的陈诚。在整个国军中，陈诚是蒋介石最为倚重也是唯一三者兼备的将领。

陈诚此时还在庐山抗日训练班任教育长，住在牯岭。当他在课间，听到一些高级将领在寓所中谈论抗战，对抗战前途问题也持不同意见时，便插话说："敌强我弱，抗战不是短期所能了结的，我们应在各方面，都作长期抗战的打算，只有艰苦奋斗，才能取得抗战的最后胜利。"

很快，陈诚便接到侍从室主任钱大钧打来的电话，说蒋委员长急召他速回南京，有要事相商。

陈诚知道蒋介石召他，定是有关抗战的战略事宜，在面见蒋介石之前他已对华北战事进行了具体考察和分析。

陈诚到达南京后，与蒋介石对抗战时局问题进行了深入讨论。

当蒋介石问陈诚对华北局势的看法时，陈诚立即说道：七七事变后，日军在不到一个月的时间内，迅速动员 10 万精锐部队来到平津地区。仅从战争动员的效率上来看，可知从日本大本营经东北到达华北的交通线已非常完备。

蒋介石点了点头，将目光转向身后悬挂的巨幅作战地图上。他先是看着华北，然后又紧盯着沿海的交通线，眉头紧锁，一言不发。

陈诚继续说道，就目前日军侵华方向来分析，其进攻路线不外乎两条：1. 沿平汉线、平绥线，由北向南直取武汉；2. 京沪、沪杭和长江下游京沪杭地区，由东向西，沿长江西取重庆。平绥线中为晋察绥之生命线，也是中苏边界的生命线，更为我国军旋回作战之能实施与否之中横线。必须全力守护才行。我建议，将国军一部集中华北，于平绥、平汉、津

浦沿线各要点，重叠配备，多线设防，逐次抵抗，特别注意确保山西之天然堡垒。

蒋介石摇摇头说，何应钦的军事报告中有这么一句话我非常认同："敌之最高战略为速战速决，而我之最高战略，为消耗持久。"

"我认为，以空间换时间是持久消耗战略的精髓，我们必须以广大的空间来延长抗战的时间，以此来到消耗敌人的实力。只有如此，我们方能与日军一较高下。"蒋介石对陈诚强调了其持久战的观点。

陈诚的领悟力极强，他一边听着蒋介石的分析，一边看着蒋介石的脸色。他发现蒋介石的目光一直在看着地图上中国的海岸线。

陈诚走到地图前，用手指着地图，试探着说道："我国大陆海岸线，北起鸭绿江，南到中越边界的北仑河口，总长约11000公里。它既是中国与外界交往的门户，也是抵抗外来入侵的防卫线。如要持久作战，必离不开海洋生命线的补充。据我了解，中国财政收入的43%，来自对外贸易。"

蒋介石听到这时，眼中顿时一亮。陈诚的话正切中了要害。

蒋介石说："就在前几日，上海警备司令张治中将军向我报告，说上海军队已进入战斗状态，要求先发制人，主动攻击驻淞沪的日军，被我压了下来。我知道，淞沪一战势在必行，但决心长期抗战，需要有个周全之策。"

其实蒋介石在与陈诚讨论之前，心中已经有了一个基本的考虑。为了避免日军沿平汉线和津浦线迅速南下，决定开辟上海为主的东部战场，将日军的攻击方向，由从北向南引至从东向西打。如果日军由北向南攻击，中国军队最终会被逼至东南沿海。而以当时中国海军的实力，根本无法与日军继续相抗衡，那必然是以中华民族战败为结局。如果日军从东向西进攻，国民党军还有西南方向的大后方可以周旋，借此才能实现"以空间换时间"的战略，才能避免国民党军被全歼的危险。

陈诚顿时明白蒋介石的想法。

蒋介石见陈诚已猜出了自己的意图，便向陈诚和盘托出了自己的想法：日本海军在向天津派出军舰的同时，其实早已将目光聚焦在了上海。上海在长江下游黄浦江与吴淞江汇合部，是长江的门户。世界列强各种势力在上海盘根错节，形成错综复杂的关系。在这里举行会战，势必会引起国际社会的严重关注和列强各国的插手干预。上海得失为"中外观瞻所系"。

陈诚毕恭毕敬地站着，一字一句地听着，内心对蒋介石更加地敬佩。

蒋介石不无忧虑地看着陈诚说道："辞修，此次叫你来，就是要你去上海考察，回来后迅速拟定全国战争动员的方案，对保护我海上交通线制订一个详细计划。"

陈诚问道："可我以什么名义去上海考察？"

蒋介石："就以高参名义赴沪考察。"

陈诚走后，蒋介石下令开始淞沪会战总攻击，并宣布封锁长江下游。

3天后，陈诚从上海考察回京。蒋介石询问其视察情况。

陈诚答道："委员长高见！'一·二八'事变后，日本在上海设立了驻沪海军陆战队司令部，在虹口、杨树浦一带驻有重兵，拥有兵力3000余人，日军舰艇常年在长江、黄浦江一带游弋。如我扩大淞沪战事，把日军主力引诱到东部淞沪一带，再实行持久战，以空间换时间，应可击破日军速战速决的企图。"

蒋继续问："如何做？"

陈答："须向上海增兵，方可牵制之！"

蒋介石表示同意，并令陈诚火速拟定报告后另有重用。

当日，最高统帅部急增调部队，赴沪参战，第18军、第54军、第6师、第51师奉命在太仓附近的江防守备。

8月15日，日本政府针对中国在军事上的强烈反击行动，发表声明"为膺惩中国军之暴戾，促使南京政府反省，今已不得不采取断然措施"，决定以更大的武力来对付中国军队。当天，日军编组上海派遣军，由松井石根大将担任上海派遣军司令官，令其与海军一起协同消灭上海附近的中国军队，并占领上海及其北面地区的重要地带。

8月20日，蒋介石发布命令，宣布实行全国总动员，政府转入战时体制、成立大本营，以蒋介石为大元帅。同时，国民政府军事委员会将全国划分为五个战区。其中，江苏和浙江两省划为第三战区，由冯玉祥任司令长官，顾祝同任副司令长官，并命陈诚为第三战区前敌总指挥兼第15集团军总司令。蒋介石决心与日军在上海进行一场旷日持久的消耗战，灭一灭日军骄狂的气焰。

9月2日，日本临时内阁会议决定扩大对华战争，同日，日军"上海派遣军"第3师团第29旅团以及华北青岛方面的支援部队先后来到上海。9月6日，日本军令部向天皇报告"上海陆上战斗，迟迟没有进展，必须增加陆军兵力"。天皇召见参谋总长，决定再向上海增加3个师团的兵力。

随着日军向上海地区的增援越来越多，中国军队在战场上的攻势渐衰，只能处于守势。9月21日，南京统帅部决定改组第三战区领导机关，由蒋介石亲自兼任战区司令长官，顾祝同和陈诚分别继任副司令长官和前敌总指挥。蒋介石针锋相对地命令中国军队继续增兵上海，他要将所有的筹码都压在上海一战上。此时，中国参战部队分为左、中、右3个方面军，总兵力已达40万人，还有不少部队处于增援途中，国军精锐部队几乎悉数出动。

日本低估了中国政府行动的决心。日军也没有想到长期以来不堪一击的中国军队竟能爆发出如此巨大的能量，他们面对突如其来的打击战损直线上升，在9月里的短短30天内，仅"上海派遣军"的陆军2个师团就伤亡官兵10988人。

松井石根的"上海派遣军"不甘心与实力大大不如自己的中国军队僵持于淞沪战场，他向日本参谋本部紧急请求进一步加大增援力量，企图集中优势兵力对中国防御阵地实施关键性的突破。10月1日，日军第101、第9、第13师团先后抵达上海。

当日军增兵上海3个师团依然无法使战局发生变化时，日本参谋本部召开紧急会议研究：是在华北方面扩大作战，还是将兵力调往上海？最终还是决定从华北调兵，把主要作战方向从华北转移到上海。并在向天皇报告中称："上海方面的战况，预料在最后完成任务之前，今后还不能不花费相当的时间和付出损失；而且这已成为国内外注目之的。如果在上海完全被我方控制之前北方有变（指苏联方面），将发生令人极为忧虑之结果。因此，目前刻不容缓的紧急任务，是迅速结束上海战局。"

日本统帅部面对久攻不下、坚如磐石的上海，急红了眼，开始进入一种癫狂状态。他们决心将侵华战争的主要作战方向从华北转移到上海，并要求加快战役进程。10月9日，第18、第6、第5、第114师团，组建第10军，增加到上海。10月20日，日本参谋本部被迫决定从华北日军抽调3个师团的兵力增援上海。原本日本参谋本部拟定的《对华作战计划》中，提出非到不得已时，不向华中方面派遣陆军，将战场局限于华北地区，以海军确保上海，作为用兵时的作战基地。

如此一来，淞沪会战成为了日本继日俄战争后投入兵力最多的一场战役。日本投入9个半师团28万人，他们调集了全部兵力的3/4来全力攻击上海，日本陆军则是倾巢出动，其国内已无一兵一卒可用。日本原定的由华北一路向南的作战方针，在此时已经彻底改变为由东向西进攻中国军队的方针。

10月以来，中国军队第一线阵地面对日军疯狂的进攻，防守压力越来越大，战至10月下旬，淞沪之战已进行到第70天。中国投入的军队也达到70万之众。中国守军在完全丧失战场制空权、制海权的情况下，仍然斗志昂扬、坚守阵地，顽强地进行着抵抗。但面对日军从陆、海、空所发动的立体密集性火力攻击，前线部队伤亡急剧增加，各部队要求统帅部进行整补和接替防务的电报像雪花般纷纷飘到了蒋介石手中。第三战区司令长官冯玉祥曾这样回忆当时的情形："我们的部队，每天一个师又一个师的投入战场，有的不到3个小时就死了一半，有的支持5个小时，死了2/3，这个战场就像大熔炉一般，填进去就熔化了。"

李宗仁也撰文写道："战场上人数既多，又无险可守。敌海陆空三军的火力可以尽量发挥，我军等于陷入一座大熔铁炉，任其焦炼。敌方炮火之猛，猛到我炮兵白日无法发炮而夜间又无法寻找目标，只能盲目轰击。所以淞沪之战，简直是以我们的血肉之躯来填入敌人的火海。每小时的死伤辄以千计，牺牲的壮烈，在中华民族抵御外侮的历史上，鲜有前例。"

随着前线阵地的伤亡越来越大，中国大本营已没有任何增援部队可以调动。不仅全军一线兵团都调至淞沪战场，就连预备军中的主力也调至战场，甚至连长江南岸守备区和杭州湾北岸守备区防务部队也被调到上海。李宗仁和张发奎等高级将领和前线指挥官都建议：将部队调至苏

第一章 由海向陆的蓝色生死链——被封锁的海岸线

嘉路国防线的阵地，凭险据守，然后将沪上久战之师抽调回南京进行整补，再相机向国防线增援。如此才能与敌人持久消耗，坚守华东战场。即便桂系、粤系等地方势力为民族抗战也在奋勇争先，但蒋介石出于门户之见，在心底里仍不信任他们这群"封建军阀"。蒋介石仍将希望寄托在外部，依然相信西方列强一定会出面制止日军的侵略行动。11月1日晚，蒋介石召集会战部队师以上将领开会时说："九国公约会议将于11月3日在比利时首都开会，这次会议对国家命运关系甚大。我要求你们作更大努力，在上海战场再坚持一个时期，至少十天到两个星期，以便在国际上获得有力的同情和支持……"

国际调停者4天后姗姗来迟，11月5日，德国驻华大使陶德曼见到了蒋介石和财政部部长孔祥熙，并转达日本的7项和谈条件。但一切都是假象，就在中国接到日本和谈条件的当天，日军第10军在杭州湾的金山嘴和全公亭大举登陆，虽然中国军队急调部队进行阻击，但为此已晚。日军夺下杭州湾后，迅速分兵包抄。中国军队被迫全面撤退。为掩护上海方面中国军队顺利撤退，第67军在松江县城与日军激战，完成了死守三日的任务，中将军长吴克仁壮烈牺牲。

11月12日，上海市区沦陷，淞沪会战结束。

战后，日本防卫研究所副教授立川博二撰写的文章中这样分析淞沪会战："开战之初，如果中方紧急派兵进驻崇明岛、控制长江口，并用水雷封锁江面，同时监视沿江、沿海重要地段，那么日军将被迫在对方的猛烈炮火下登陆，形势发展殊难预料。就算中方不做反登陆准备，而在9月底前刘行（大场镇以北）陷落后，将参战部队分批退出上海市区，扩大防御纵深至苏州河南岸，同样能保持战略主动权。因为装备基本完好的中方主力还可从容退守事先构筑好的苏（州）—福（山）—无（锡）—澄（江阴）阵地。后续援军作为预备队，驻守宁—沪—杭地区随时策应。这样一来，'淞沪会战'将扩大为'宁沪会战'，日军进攻难度也会随之倍增。即便在大场镇失守时，中国统帅部如能果断撤退，仍为时不晚。抑或日军登陆杭州湾后，中方若预先制订有周密撤退计划，也可维持'败而不乱'的局面。而且，这一区域的南部就是烟波浩渺的太湖。假如中国军队能据守太湖15天左右，就能获得重新部署的时间，甚至对日军实施反包围……中国当时的交通线沿江而建，军事价值不高，也易遭对手切断。如果中方战前建设有四通八达的铁路网，那么即便阵地被突破，也可迅速疏散，不至于大批官兵撤退时成为俘虏。"

如今，从中日两国的军史资料来分析，为期3个月的淞沪大战双方各有胜负。日本虽然夺取了中国海岸线上的战略要点——上海，但中国也迫使日本改变了其侵华的战略方向，打破了日本速战速决、3个月内灭亡中国的迷梦。

江阴：
中国海军史上第一次海空对战

长谷川清站在司令塔上，双手紧握着栏杆，享受着黄浦江上和煦的阳光，头顶迎风飘扬的将旗让出云号格外显眼。在出云号周围，第3舰队的20余艘各类舰艇，像一群工蜂护卫蜂王般地守护着这艘庞大的旗舰。长谷川清作为日本海军军魂东乡平八郎的得意门生，似乎正在沿着老师的足迹走得更远。如今日本海军已相继将中国的渤海和东海变成了自己的领海，他们甚至梦想着成为整个太平洋的主宰。长谷川清闭上眼睛，被江水泛起的轻波摇晃得十分陶醉，他幻想着那份属于帝国的荣耀就在眼前。

此时，在黄浦江岸边的三名中国人正在仔细地观察着日本海军的一举一动。虽然身边的每个中国人，在看见日本装甲巡洋舰在黄浦江上耀武扬威地来回巡视的时候，个个都咬牙切齿，气得直咂口水。但这三个人似乎格外地冷静，他们只是在默记着这些舰艇的行驶规律、舰船特点和火力配置状况。这三人正是江阴江防司令欧

欧阳格（1895—1940），曾任电雷学校校长，后为江阴江防司令部司令，在江阴作战中欧阳格的鱼雷快艇大队损失严重。

阳格和胡敬端、刘功棣艇长。

欧阳格是江西宜黄人，早年加入"护法舰队"追随孙中山。1922年为保护孙中山，他勇当开路先锋，率豫章号驱逐舰保护孙中山乘坐的永丰舰与陈炯明部进行炮战，为顺利突围立下汗马功劳，后被孙中山任命为海军临时总指挥。欧阳格冒死掩护孙中山突围的事，让蒋介石看到了欧阳格的忠心。蒋介石后来出资，将欧阳格派往英国海军参谋学院学习海军战术。

欧阳格学成归来后，向蒋介石游说创办一所电雷学校，想依此组建一支快艇部队，用高速鱼雷来对付日本海军。

蒋介石考虑到欧阳格依托电雷学校而组建的江阴电雷队不属于闽系的势力，正好可以作为牵制闽系海军的一股力量，因此他采纳了欧阳格的建议，并对欧阳格说，全国海军统一后，依然派系分明，东北海军和广东海军控制在地方实力派手中，我无法干预；中央海军虽然近在咫尺，但却为闽系一手掌控。现在就由你来具体筹办电雷学校，争取把这支力量牢牢掌控在我们手中。

很快，欧阳格就在镇江西门的北五省会馆旧址和北固山甘露寺选定校址，开始筹建。蒋介石为了避免闽系海军对这所学校的控制，特将该校划归参谋本部指挥，并对外宣称，这所学校是陆军的电雷学校，与海军没有任何关系。蒋介石一心想把电雷学校打造成"海军中的黄埔军校"。不久，蒋介石亲任电雷学校校长，而欧阳格则担任教育长一职。

淞沪抗战开始后，电雷学校改为江阴江防司令部，由欧阳格担任司令，负责支援淞沪地区的作战。欧阳格上任后，立即将由十余艘英制MTB鱼雷快艇组成的4个中队进行了重新编组，并派遣副大队长安其邦中校率领史102和史171两艘鱼雷快艇，沿内河潜赴上海，寻找机会袭击日本海军第3舰队司令官长谷川清中将的旗舰出云号。

出云号装甲巡洋舰9750吨，舰上配备有203毫米炮4门、150毫米炮14门，其吨位是欧阳格所指挥的鱼雷快艇的500倍，并且出云号周围还有大量日舰在昼夜不停地巡航。如何才能做到接近"出云"号进行攻击而不被发现？为解决这个问题，欧阳格这才决定带领两个艇长对日本海军第3舰队进行实地勘察。欧阳格发现要想攻击出云号，只有伪装成渔船，从中立国的舰艇缝隙里钻过去。

8月14日，欧阳格命令史102艇长胡敬端和史171艇长刘功棣分别将这两艘鱼雷艇伪装成民船，开副机从江阴经苏州、松江驶抵上海龙华。

8月16日晚，欧阳格经过周密计算后，在龙华水泥厂命令史102艇趁着夜色出击，通过十六铺封锁线，避开敌人警戒炮舰，直奔陆家嘴。

此时，公共租界江面上停着英、美、法各国军舰。胡敬端指挥史102艇冲向正停泊在日本邮船码头的出云号。由于当晚江上烟雾较浓，胡敬端在亮如白昼的江面上看不清出云号的准确位置。正当胡敬端屯兵不进、犹豫不决之时，日本巡逻舰艇发现了这艘鱼雷艇的异常之举。日军舰艇纷纷向史102开炮，江面上水花四溅，史102艇多处中弹。无奈之下胡敬端只好依据之前观察所得的方位在距离300米处以50度射角连续发射2枚鱼雷。

日本海军在甲午海战中就拥有着惊人的好运，这次可能依然是气数未尽。由于英国造鱼雷艇发射时采用抛射方式，从尾部把鱼雷抛下，快艇转弯时，艇部尾流对鱼雷航路产生影响，史102艇所发的2枚鱼雷竟然全部偏出。一枚击中邮船码头一侧的码头岸边，码头被炸毁一截，附近房屋纷纷因震荡而倒塌。另一枚击中出云号侧面日本领事馆门前岸壁，引起大爆炸，由于距离过近，出云号也被波及，尾部受损。

史102艇也因艇体被击穿，搁浅于英租界九江路外滩码头。袭击出云号失败后，快艇大队奉命协助陈季良的海军第1舰队防守江阴。

此次袭击虽然未获成功，但快艇官兵的勇敢行动，大大鼓舞了前线官兵的士气。日本方面称，此次行动是中国海军在淞沪战役中唯一的一次积极性攻击。

陈绍宽（1889—1969），字厚甫，福建福州人。1932年升任海军部部长并任国民政府国防委员会委员、国民党中央执行委员。

军政部部长何应钦也致电欧阳格："虽未获成功，但已减敌舰骄横之气焰。尚望再接再厉，整饬部署，以竟全功。"

其后，欧阳格因军队派系斗争被捕入狱并被处决，电雷学校也被撤销，快艇部队终被闽系掌控的海军所吞并，改编为海军司令部下的3个中队。

长谷川清受此惊吓后，大发雷霆，他下令：封锁全中国沿海，变更舰队序列，溯江而上，突破江阴封锁线，打通水路，与陆军协力攻略国民政府首都。

日军随即增派七十余艘舰只、三百余架飞机和十余万战斗人员，向沪宁全线发动攻势，沿江阴水道气势汹汹地杀来。

抗战初期，日本海军实力已跻身于世界前三甲之列，而中国海军无论是在数量、吨位，还是火力等方面，实力远逊于日本海军，且舰艇多半是超期服役的陈旧舰只。在明知道无法获胜的情况下，中国海军仍然选择拼死一战。为阻止日海军沿长江西进威胁南京，他们将江阴至吴淞口之航路标志，如灯塔、灯标、灯桩、测量标杆等，一路扫除。

虞洽卿（1867—1945），浙江慈溪人，抗战时期坚持抗日爱国，日军占领租界后赴渝经营滇缅公路运输，支持抗战。1945年4月26日在重庆病逝，安葬于故乡龙山。

海军部部长陈绍宽曾熟读中外海战史，他突然想起中国海战中有一个战例与现在的情况非常相似。早在1859年，清朝猛将科尔沁亲王僧格林沁，为阻止英法联军进京，下令堵塞海河，以两岸的炮台向英法陆战队开炮，使联军船只无法抵抗，陆战队也沉陷海滩泥滩，不能登岸，最终大败英法联军。

陈绍宽受到启发，他看到江阴附近水面比较窄，最窄处仅1.25公里，江水也不深，岸边还有要塞炮台相配合，立即决定在江阴江面上建立堵塞线。陈绍宽将方案上报蒋介石后，蒋介石迅速采纳了他的建议，并亲下手令："凡年在四十以上之火船，须将其炮卸下，准备沉没。"

陈绍宽遂迅速调整海军部署，除在闽江口、珠江口和青岛留下少数舰艇戒备以外，所有舰船都驶往长江，在此建立了堵塞线。随后，中国军民将早已准备好的民用轮船和废旧的海军舰艇，同时打开舱底阀门，灌水下沉形成了江阴封锁线。在沉船过程中，有的船因被江水推倒或推移出现了豁口，海军部又征用了 2000 名民工、3 艘商船、8 艘趸船和 185 只装满石子的木帆船，连船带石子一齐沉入江中，用于填补江中沉船孔隙，历时两月，终于建成江阴阻塞线。

陈季良（1883—1945），福建福州人，在抗战中指挥江阴海空战，在没有任何空军力量支持的情况下，他率中国海军第 1 舰队的四艘战舰与日本三百多架战机、七十多艘军舰，浴血战斗了两个月零一天，击落敌机二十多架。

军民一心联合抗日的决心在此次行动中展示得尤为明显，最令人感动的是上海爱国商人虞洽卿，仅其一人就捐献了 3 万多吨海轮自沉于江阴要塞口，几乎占他所经营的航运集团吨位总数的 1/3。据统计，在江阴江面共沉大小舰船 43 艘，约 6.4 万吨，其中军舰 12 艘，商船 23 艘，码头船 8 艘。整条堵塞线所耗舰船吨位相当于中国海军舰船的总吨位。江阴堵塞线构成的抗战中最大的堵塞线，像一道铁闸般拦守着长江水道，使日本海军只能望洋兴叹。

海军部第 1 舰队司令陈季良在此时临危受命，被任命为江阴封锁区总指挥，负责指挥江阴封锁线内的防御行动。

陈季良，海军中将，民族英雄林则徐的母亲是陈季良的姨祖母，林则徐是他的表舅。林则徐不畏强敌、捍卫民族利益的个性在陈季良身上得到了继承。早在抗战之初，陈季良就做好了为国献身的准备。他曾说："军人当忠于职守，勇于从战，以身报国。在陆地战场，人人要有马革裹尸的雄心；在海上战场，人人要有鱼腹葬身的壮志，不管战场环境如何险恶，人人都要杀敌致果，坚持用最后的一发炮弹或一颗鱼雷，换取敌人的相当代价。"

国殇
抗战中的血色交通线

　　面对杀气腾腾的日本海军，陈季良表现得极为淡定从容。他一方面在江阴堵塞线内外布满水雷，在江岸升级炮台，架起当时最先进的德国造88毫米口径的防空炮，组成火力网；一方面在平海旗舰上指挥宁海、海容、应瑞、逸仙等轻巡洋舰固守防线；等待着与日军进行中国海军史上第一次海空对战。

　　从8月16日起，日本海军航空兵就出动了95式水上侦察机，对江阴防线进行空中侦察，意图炸开水上通道。

　　8月22日，日本海军12架舰载机从加贺号航母上起飞，直扑陈季良所乘的平海舰，想"于百万军中直取上将首级"。有人为陈季良的安全考虑，建议他降下司令旗。但陈季良坚决不向日军示弱。他对大家

宁海舰正在躲避日机的轰炸

说：平海舰是我军旗舰，必然是敌机轰炸的重点，但我绝不因此屈服而降下司令旗！在没有制空权的情况下，陈季良毫无惧色，镇定自若地指挥各舰高射炮迅速构成的防空网全力还击。日军机群在火网下四处逃散，很快一架日本94式轰炸机就被宁海舰舰炮击中，冒着浓烟一头栽入江中。

中国海军初战告捷。

一度不能入日本海军法眼的中国海军竟能主动出击，这大大出乎长谷川清的意外。

9月22日上午，日本海军决心加大轰炸力度，30余架攻击机和战斗机向江阴方向袭来，目标是击毁整个中国海军第1舰队。此次海空战持续2个小时，战况惨烈。中国海军击落日机3架，击伤8架，致敌亡6人，伤30余人，平海、应瑞两舰受伤。

9月23日，恼羞成怒的日军再次加大攻击力度，以73架飞机，分两批向陈季良的舰队呼啸而来。面对日机倾泻而下的炸弹，中国海军毫不畏惧，展开了惨烈的海空对战。是役，中国海军击落日机4架，击伤多架。由于敌我兵力过于悬殊，宁海、平海两舰在日军飞机轰炸下相继沉没。平海舰沉没后，陈季良转移到逸仙舰，仍高悬起司令旗，以逸仙为旗舰继续指挥作战。

9月25日，16架日军飞机飞临逸仙舰上空进行轰炸，在击落日机2架后，逸仙舰被炸沉。陈绍宽得知前线战况后，立即命令驻守南京下关一带的预备队第2舰队迅速前往救援。第2舰队司令曾以鼎当即以驱逐舰建康号前往江阴接防。建康号在开赴前线的途中遭到11架日机的围攻，舰体中弹沉没。曾以鼎换乘楚有号赶到江阴后，日机又连续两天对该舰进行轰炸，舰上官兵进行了英勇还击，但军舰被炸成重伤。此后，应瑞、青天、湖鹏、绥宁等舰在日军海空火力强大的攻击波中，一艘接一艘地沉没在长江的滚滚波浪之中。

在长达两个多月的海空大战中，中国海军共击落日机9架、击伤多架，自身被炸沉舰艇11艘，主力舰损失殆尽。鉴于此，中国海军官兵便从毁坏的军舰上拆下炮械，会同岸上的官兵一起在江阴水道两岸组成了海军炮队，继续与日军激战，直到12月1日奉命撤退。中国海军血战江阴，

有力地迟滞了日军的进攻速度，为长江下游军政机关、工矿企业的安全转移赢得了时间。

江阴一战，中国海军虽败犹荣。中国海军同强大的日军周旋也创造了世界海军史上的奇迹。当时在江阴海空战场观战的德国军事顾问团团长法尔肯豪森为中国海军英勇无畏的精神所震撼。他说："这是第一次世界大战以来，我所亲眼看到的最惨烈的海空战。中国海军如此英勇，中国军人如此无畏，中国必胜！"

事后海军部长陈绍宽有感于此，撰文写道："吾人不因物质上之损失而损及吾人抗战军事之进行。吾人所用以抵抗敌人暴力之唯一工具，精神与血肉以外，尚有其他种种策略，可以补助海军舰队实力不足，击破敌人企图而有余。……吾人只有抱定决心，与敌周旋到底，向抗建之途迈进，抗战必胜之信念立，然后建国必成之基始固，是在吾人之努力而已。"

虽然陈季良在江阴战役中表现英勇，但差一点就成了政治斗争的牺牲品。蒋介石明知以中国海军的实力根本无法取胜，但既然战败，就需要有人为这种结果承担责任，需要向民众有个交代。如此一来，陈季良就顺理成章地成了海军"作战不利"的"替罪羊"，要被南京最高军事当局革职法办。幸在陈绍宽的力保和社会各界有识之士的游说下，陈季良才勉强保住了性命。后来陈季良竟因祸得福，晋升为上将，继续担任海军部常务次长兼第1舰队司令要职。政治对于真正的军人来说，就是一道永远解不开的谜题。

1938年1月，国民政府决定撤销海军部，改设战时海军总司令部，并重新编组了第1、第2舰队。编组后的舰队司令仍由陈季良担任，司令部设于民权炮舰上，负责武汉下游防务。

沪宁线：
狼烟吞噬了整个江南

南京，中山门外树林荫蔽的四方城旁，一幢只有两间房的小屋外，蒋介石缓缓踱着步子，宋美龄挽着他的手臂，在一旁形影不离地陪伴着。

蒋介石停下脚步，轻声地问宋美龄："江南因山水秀美而闻名中国，唐代文豪白居易好像还写过一首词赞其良辰美景。夫人，你还记得是哪一首吗？"

宋美龄莞尔一笑，随口吟出那首《忆江南》。

"江南好，风景旧曾谙。日出江花红胜火，春来江水绿如蓝。能不忆江南。"

蒋介石却似乎没有听到，只是久久地待在原地，失落地仰望着天空。

宋美龄能感受到蒋介石此时的压力。

上海失守后，国军精锐耗损大半，军队已呈溃散之势，现正在向南京方向退却。反观日军，其陆军正沿沪宁线突进，其海军溯长江而上，会合南下日军，朝着南京水陆并进，合围之势似已不可阻挡。

几架日军94式舰载轰炸机出现在空中，如乌鸦般抖落了几声刺耳的呼啸，随即便朝着南京市区扑去。

钱大钧立即走上前来，对蒋介石说："委员长，日军现在得势猖狂。为避其轰炸，还请您回屋中休息。"

蒋介石看着钱大钧，坚定地说："不用躲！日本永远都摧毁不了中国人民的抵抗意志。"

随后，蒋介石又问道："会议准备得怎么样了？"

钱大钧说："高级将领和德国顾问都已来到南京。"

蒋介石转向一旁的宋美龄说："我去开个会，很快就回。"

宋美龄点了点头，对钱大钧说："请一定保护好委员长，中国现在离不开他。"

钱大钧立即挺胸说道："请您放心，这是我们的职责！"

随后，蒋介石驱车赶往市区参加由他召集的高级幕僚会议。

蒋介石召集高级将领和德国顾问共同商讨如何沿沪宁线守护南京的事项。李宗仁、白崇禧、唐生智、何应钦、徐永昌等悉数到会。

蒋介石进门后，大家立即起身致敬。

蒋介石看人到齐后，示意大家坐下，随后便问李宗仁："敌人很快就要进攻南京了，德邻兄，对南京守城有什么意见？"

蒋百里（1882—1938），原名蒋方震，字百里，浙江海宁人。民国时期著名军事理论家、军事教育家。1935年，任军事委员会高等顾问。1938年8月代理陆军大学校长。在1937年所著的《国防论》中首次提出了抗日持久战的军事理论，一定程度上影响了白崇禧等人。

李宗仁主张放弃沪宁线和南京。他说："在战术上说，南京是个绝地，敌人可以从三面合围，而北面又阻于长江，无路可退。以新受挫折的部队来坐困孤城，实难久守。从历史上来看，没有攻不破的堡垒，我军才从上海溃败而来，士气低落，又没有生力军增援。而日军携大胜之余威，士气正处于顶点。与其如此，倒不如我们自己宣布沪宁线和南京不设防，以免日军找借口烧杀平民。而我们可将大军撤往长江两岸，一面可阻止日军向津浦路北进，同时还可以防止日军西上，让日本人长驱直入，对抗战大局来说损失并不严重！"

蒋介石面色凝重，他又看了看"小诸葛"白崇禧，说："健生，你认为呢？"

白崇禧长期跟随李宗仁，见李宗仁发了话，自然要极力支持弃守南京。但他又不方便直接表示支持，他只能绕着弯说：我最近读了蒋百里先生的书，名字叫《日本人——一个外国人的研究》，百里先生在书中说，中日战争不仅是一场全面战争，而且还将是一场持续八年到十年的战争。在战争开始初期，中国军队在日军的攻势下会因丧失海岸线而后退至内陆省份，作为抗战后方基地。即便失去上海、南京等大城市，但这并不代表着失败。百里先生还说："一个纽约可以抵得上半个美国，一个大阪可以抵得上半个日本，中国因为是农业国家，国力中心不在都会，敌人封锁了与内地隔绝的上海，只是一个死港，点缀着几所新式房子的南京，只是几所房子而已，它们与中国的抵抗力量，完全没有影响。"我觉得，百里先生无愧于一个军事艺术大师！

白崇禧虽已表明了支持李宗仁的立场，但言语之中没有一句话说要弃守南京，这一种打太极的招式着实让蒋介石无话可说。

蒋介石本以为会有人站出来，力挺坚守南京，但眼前这些高级将领竟然没有人敢表态。

蒋介石将头转向总参谋长何应钦和军令部部长徐永昌。此两人皆异口同声地回答说："我们没有意见，一切以委员长的意旨为最高指示。"他们将难题像踢皮球一样重新踢回到蒋介石那里。

自从1931年东北丢失以来，蒋介石就被国人认为对日实行"不抵抗"政策。如果此次面对日军进攻南京，再次不战而逃的话，实在无法向国人交代，不但会让自己威信扫地，更会丧失整个民心。

想到这些，蒋介石只能硬着头皮对大家晓以大义："诸位所说，从军事上来看似乎十分有理，但大家可知道军事是政治的继续，在关键时刻哪怕做出必要的牺牲，也要服从于政治的需要。在我看来，沪宁线是江南的大动脉，南京作为国民政府首都，而且还是国父陵寝所在地。我们绝不能不战而退，我个人主张应该沿沪宁线开始布防，死守南京！"

会场上死一般的寂静。

最后，唐生智挺身而出，大义凛然地说："你们不守，我来守。我们不能对不起总理的在天之灵。值此大敌当前之际，我愿意牺牲自己，和敌人血拼到底！"

唐生智早年因反蒋而被迫流亡日本，直到宁粤合流后才得以重新回到南京，当了军事委员会委员。抗战爆发以来，一直任虚职，手上没有一点兵权。此次借日军沿沪宁线袭来的机会，掌握部分兵权，倒不失为一种权宜之计。

蒋介石听后大喜，立即说道："那就请孟潇兄筹划防务。南京就交给你了。"

唐生智随即声色俱厉地表示："誓以血肉之躯，与南京共存亡。"

李宗仁一眼就看穿了唐生智的如意算盘。会后，李宗仁拍了拍唐生智的肩膀，竖着大拇指说："孟潇，你真了不起！"

唐生智一本正经地说："德公，战事已至此，我们还不肯干，也太对不起国家了！"

无论唐生智当时是真心还是假意，南京一战中他率部英勇抵抗日军攻城，却是不争的事实。

随后，他们互道珍重，各自奔赴战场。

11月7日，日军参谋本部决定将上海派遣军与第10军统一编组为华中方面军，松井石根大将任司令官。东京统帅部明确要求，日军华中方面军司令官松井石根应以苏州、嘉兴为追击界限。而松井则简单地认为：迅速夺下沪宁线，直取中国首都南京，一定可以使中国人失去抗战的信心，而向日本俯首称臣。

虽然从1878年起日军的指挥权就归为统一，但其指挥体制也是问题重重、混乱一团。日本内阁与军部矛盾较大，日本内阁根本不能约束军部，而日本军部中陆军部与海军部也经常发生摩擦。日本军部自己也管不住甚至指挥不了自己的少壮军官。这种混乱的局面，使日军在战争中可以肆意妄为，其兽性得以不加任何掩饰地暴露出来。

在只有三百多公里长的沪宁线上，松井石根骄纵轻狂，一路追杀中国军人，甚至完全将交通线上的补给抛在了脑后。他还无耻地要求手下实行就地补给，实际上就是要日军放开手脚，按照谁抢了就归谁的原则进行烧杀抢掠。

一时之间，沪宁线成为中国人通往炼狱的苦难线，日军沿途所留下的罪恶，罄竹难书。

当李宗仁从南京出来，准备去徐州履行第五战区司令长官的职责时，遇到一名广西同乡的排长，刚沿沪宁线而来。

李仁宗询问这名排长："说说你在沿途看到的情况如何？"

排长说："说来惭愧。我在淞沪被日本兵俘虏，为了保命，我就骗他们说我只是一名刚入伍的炊事兵。日军听了就没杀我。"排长说着说着脸上露出了恐惧之色。

"日本人简直连牲口都不如。由于他们的交通补给没有及时跟上，他们就在当地找食物，但战乱时期，老百姓也没有吃的啊！"说着说着，排长竟流起泪来。

"沿着沪宁线，日本人见到比较胖一点的中国人就砍死，然后把肘大腿上的肉割下来，放入饭盒。当他们宿营时，就取出来烤着吃，还吃得津津有味。"

李宗仁听后，他破口大骂道："可恨的日本人，他们简直就是一群野兽。我发誓，一定要与他们死拼到底！”

关于战时"人相食"的问题，对于常人来说实在过于残忍，但对日军来说却成为一种常态。日军中还有人，嗜好将中国人的大脑放在瓦片上，烤熟后当做美味享用。

日军的狂妄和残暴在侵华战争中已无以复加，人性泯灭。

即便是身经百战的李宗仁，在听到日军的暴行后，情绪都失去了控制。放眼望去，昔日千里香屏、草长莺飞的江南已是哀鸿遍野、满眼凄惶。日军横行之处，烟硝山黛，碧血四溅，草木含悲。

宁沪线失守后，12 月 13 日，南京在一片昏暗中被日军占领。

接下来，日军所进行的长达 6 个星期惨绝人寰的血腥大屠杀使天地为之变色。

> 山河风景元无异，城郭人民半已非。
> 从此别却江南路，化作啼鹃带血归。

日军的狂暴只能更加激起中华儿女抗战到底的决心！中国军人压抑着心中的怒涛，期待着反击时刻的来临。

从山海关到汕头：
江山的一半没有了水

日本在侵华战争初期，针对中国海岸线的作战取得了一定的成效。中国从海外进口的武器、军需用品大为减少，国民政府的财政也开始捉襟见肘。但是中国毕竟拥有绵延上万公里的海岸线，纵使日本拥有强大的海军实力，也只能占领几个中国主要的大型港口，对一些中小型港口则难以兼顾。

除此之外，日军还有一个致命的缺陷，他们不敢对中国公然宣战。因为根据 1907 年《海牙公约》中第十三公约《关于中立国在海战中的权利和义务公约》第六条规定："禁止中立国以任何方式将军舰、弹药或任何作战物资，直接或间接供给交战国。"日本作为一个土地面积狭小、资源匮乏的岛国，许多资源，尤其是战略物资高度依赖进口。仅以1936年为例：当年日本石油的94%、铁矿石的93%、盐的65%都需要从外国进口。一旦日本对中国宣战，按照国际法的规定，日本将失去来自中立国的物资来源，而仅依靠本国的资源，日本还远远达不到保证现代战争需要的水平。

更让日本担心的是：如果对中国宣战，在国际上就要背负上侵略的罪名。如果被国际法庭裁定为侵略的话，经济上就会受到制裁。因此日本一方面对中国发动着疯狂进攻，另一方面在国际上还要极力装成希望"迅速恢复日中和平"的样子。

中国抓住了日本不敢向中国宣战的软肋，频繁使用第三国的船只，利用中小港口作为转运基地对战争物资进行补充。

日军发现前期的作战成效十分有限，于是在1937年8月，打着"切断海上交通线"的招牌，对中国船舶进行封锁。同时，日本海军还制订了新的"封锁作战"方案："1. 获得封锁部队的作战基地。2. 占据作为敌人补给基地的主要港口。3. 封锁作战敌人补给基地的主要港口。4. 禁止出入特定的港湾。"

日军决定以切断中国海上交通线为作战中心，最大限度地"断绝中国培养抗战力的源泉，阻止来自海外的援蒋物资的进入"。

在此之前，日军就已占领中国沿海的崇明岛、马鞍山岛、舟山及杭州湾附近上百个岛屿，并在这些岛上建立淡水供应地、物资集散场、港口、飞机场等设施。"封锁作战"方案出台后，日军立即将这些抢来的岛屿当做封锁中国海上交通线的军事基地。

此外，日本还企图以外交手段相配合，迫使西方国家和苏联停止对中国的武器供应。日军参谋本部军事课课长田中提出："应重视破坏第三国对蒋的支援。蒋介石政权的长期抗战，主要依靠外国支援。应促进对法、英、意、德、捷克的工作，以期停止援蒋，并努力阻止输送、转运的道路至为重要。"

日本海军第3舰队司令长谷川清看到参谋本部下发的行动方案后，急不可耐地充当了开路先锋。他立即就实施"封锁作战"方案的行动发表宣言，宣布封锁中国长江口以南至汕头的中国沿海交通。

> 本舰队自昭和十二年八月二十五日下午六时起，以属于本舰队指挥之海军力，遮断中华民国公私船舶与军舰，在自北纬三十二度四分，东经一百二十一度四十四分，至北纬二十三度十四分，东经一百六十度四十分之中华民国沿海交通。特此宣言。此项遮断，对于中华民国之一切船舶有其效力，然对于第三国与日本国船舶，不妨其在遮断区域内自由出入。

9月5日，日军决定扩大封锁范围，日本海军对中国沿海北起秦皇岛、南到广西北海的几乎全部中国海岸线都实施封锁作战。

1937年11月20日，日本将第2、第3舰队合编为中国海舰队，长谷川清被任命为司令长官，专门负责执行对中国海岸线的封锁任务。当天，长谷川清即气焰嚣张地下令：从即日起，中国政府所有与私人所有之船只，禁止在中国领海航行。

日军如洪水猛兽般不断涌入中国沿海的一座座城池。

1938年1月10日，日军占领青岛。

2月3日，侵占烟台。

3月7日，攻占威海。

陈绍宽作为海军总司令，眼睁睁看着自己的军港被敌人逐一掠去却无能为力。自江阴之战后，中国海军的主力舰艇几乎损失殆尽。陈绍宽不得不放弃对整条海岸线的防卫，将重点转向内陆航道，采用布雷游击战的方式层层阻击日本海军。随着海权的易手，中国海军失去了长风万里的海洋，转变为一支彻彻底底的江军。

但中国海军并没有坐以待毙，他们积极展开"海军突击战"和"布雷游击战"来拖延、阻止日军的军事行动。陈绍宽命令部队，利用日军运输交通线不断延长愈显单薄的弱点，趁日军舰队活动时潜入敌后，在长江、赣江、珠江、闽江、钱塘江等各航线间，施放漂雷，给予日本船舰以出其不意的袭击，以达到分散兵力、消耗物资，并限制截断日本海军交通线的作用。与此同时，中国海军布雷队还在各战场上对日军可能

到达的湖泊、港口和河流，均安放大量定雷，对日本海军进行反封锁，以打破日军海陆协同作战的企图。在整个抗战时期，中国海军顽强与日军周旋，在几乎完全丧失水面作战力量的情况下，采用漂雷、定雷、偷袭等手段，竟然先后炸沉日海军舰船300余艘，获得了意想不到的战果。

1938年5月，陈绍宽在海军司令部收到厦门港的报告：日舰近期调动频繁，似有进攻企图。

陈绍宽立即召见军衡处长林国赓，因林国赓曾任厦门港司令，对厦门具体防御事项较为清楚。陈绍宽作为福建人，无论如何都不能让自己的故乡轻易被日军占去。

陈绍宽问：福建与台湾遥遥相望，日本对之垂涎已久。日军曾用飞机协同军舰进攻厦门和汕头，均未得逞。随后，他们又集中兵力猛攻厦门。当时你是如何指挥海军人员和要塞各台，将登陆之敌击退的？

林国赓说：去年10月，日本海军占领金门后，便朝着五通、何厝、泥金方向驶进。我立即命令守军将从舰船上拆卸下来的大炮移置五通、何厝两岸。由于我们早已征用了三北航业公司和福建省盐务稽核所缉私船只数十艘，装满沙石后沉于闽江主要航道，形成阻塞线。趁日舰被堵之机，我们以巨炮夹击，重创了十余艘日舰。此后半年内，日军都没敢再来。

"好！打得漂亮！"

陈绍宽听到激动处，一拳砸到桌子上，杯中的水溅了一地。

陈绍宽接着说："我们截获情报显示，日本海军第5舰队舰艇的航空母舰和数十架飞机正在厦门附近集结。"

林国赓早就料想到日军不会对厦门善罢甘休，他说："现任厦门港司令，原是宁海舰首任舰长高宪申。他作战勇猛，曾在江阴海战中指挥宁海舰击落日军飞机十余架。我相信这次，他一定能再次击败日军。"

陈绍宽摇摇手说，如果真刀真枪地正面交锋当然不怕日军，就怕他们玩什么阴损手段。

果然，5月9日晚，当厦门各界举行纪念"五九"国耻（袁世凯接受日本提出的独占中国的"二十一条"的日子）火炬游行刚结束，日本海军舰队就趁着夜色偷偷潜入禾山五通浦口海岸处，不声不响地将主锚抛向海底。

10 日凌晨 4 时左右，突然一阵炮弹呼啸着朝海岸飞来，撕裂了黑暗的夜空。爆炸声震耳欲聋，此起彼落。日军向厦门守军的炮台和步兵阵地进行猛烈炮击。

大地在颤抖。

一阵霹雳般的炮击过后，日军山冈部队乘登陆艇，涉水埋伏在浅滩上。随后在密集火力的掩护下，开始强行登陆。

"鬼子来了，今天我们一定要让他们有来无回！" 中国海军守卫部队的枪炮向着海滩吐出一条条火蛇。

海面上 30 余艘日军战舰舰首朝前呈横队一线排开。日军第 2 联合特别陆战队司令官宫田义一少将，双手紧握指挥刀，站在甲板上一言不发。

宫田义一身边的参谋开始着急，说道："阁下，厦门岛上的中国正规军火力很强，我们以前多次攻击都没有成功……"

"住嘴！"

宫田看着厦门海岸上一排接一排倒下的日军，却冷静异常。他在等待着天亮后的飞机支援。

海平线上的太阳刚刚露出了头，日军 18 架飞机便咆哮着向海岸上的中国守军冲来，炸弹不断倾泻下来，压得中国海军官兵抬不起头。

中国空军也立即派出一个大队起飞迎战，轰炸日军第 5 舰队，虽然炸伤了日航空母舰及一艘驱逐舰，但终因势单力薄，败下阵来。

宫田义一见时机已到，大声向身边的参谋叫道："现在开始发起总攻！"

中国海军官兵虽拼死反击，无奈力量过于悬殊，几乎全部殉难，只有一名士兵脱险。

何厝、江头相继失守，禾山随陷。

同时，日军陆战队一部从海边的黄厝、塔头登陆，开始围攻胡里山、白石、磐石炮台。白石炮台的守军伤亡很大，退至胡里山炮台，至 10 日上午，20 多位海军官兵弹尽无援且伤亡过半，开始后撤。

当守军撤至金鸡亭、江头一带防线时，厦门警备司令韩文英率领预备队紧急增援。一路上由于遭到日机的狂轰滥炸，当韩文英的部队赶至

前线时已损伤近半。

很快，中日双方再次形成对峙局面。日军见中国军人如此顽强，无论如何强攻仍无法再前进一步时，再次使用卑劣手段。他们静伏于海滩之上，任由中国守军猛烈攻击，坚决不予以还击。

30多分钟过后，有人对韩文英说："小鬼子肯定是没有子弹了！"

"不要急，不要上了小日本的当！"

"快看，日本兵上刺刀准备发起自杀式冲锋了！"

日军象征性地用几个兵装作想和中国军人肉搏的姿态，向中方阵地冲来。

"来吧！来一个杀一个，老子正好手痒痒了……"

韩文英看到日军冲了上来，全身血液瞬间沸腾了起来，他大声命令部队："都给我上刺刀，跟小日本干！"

正当中国军人跃出壕堑要与日军进行肉搏时，后面的日军突然开始用机枪扫射。韩文英当即中弹，腿上血流如注。

日军趁势发起新一轮攻势。

一旁的团长说："韩司令，你已受伤，撤吧，这里由我们来顶。"

韩文英怒斥道："我打了这么多仗，从没有怕过死！这个节骨眼上，谁要是敢再在我面前说出'撤退'两字，老子立即就枪毙了他！"

一旁的中国官兵迅速为韩文英缠上绷带，随后含着泪拿起放在地上的枪，继续战斗。

这里成了中国守军最后的堡垒，中国军人一直苦战到最后一刻。韩文英在胸部再次中弹后，身体已无法支撑起他拿起手中的武器，他一头栽倒陷入昏迷之中。除3位士兵用自己的身躯保护着韩文英，送到后方医院抢救而得以幸存外，其余官兵全部壮烈牺牲。

当陈绍宽听到这一消息后，忍不住感叹道："在海军抗战以来，厦门一役，海军血战最烈……"此后他每每有感于此，专门撰文记下自己的心情："我们弱小的海军凭着什么能完成他们的任务呢？答案就是我们的民族精神！海军今日为民族牺牲了，在未来，他们必将随着民族的崛起而获得重生！"

残阳如血，黑暗开始吞没厦门。突然，城内响起一阵嘹亮的歌声：

我们是钢铁的一群!

担起救亡的使命前进!

武装不愿做奴隶的人们,

把战斗的火力,

冲向敌人的营阵。

不怕艰苦,

不怕牺牲,

为着祖国的解放,

为着领土的完整,

誓把宝贵的生命,

去跟敌人死拼!

    市区内的爱国青年和剩余的中国伤兵一起,依托街道和建筑物与日军进行巷战。战至5月11日傍晚8时,当中国军人流尽最后一滴鲜血后,厦门这座南中国最美的城市,从此坠入永夜。

    5月20日,日军在连云港登陆,将其建成日本陆军的补给基地和海军的封锁基地。

    6月21日,日军登陆汕头南澳岛。

    ……

中国海岸线上的防守链条,在武士刀的鬼刃下,戛然崩裂。

中国人的鲜血流入蓝色的汪洋,海面掀起一阵滔天巨浪。

粤汉线:
武汉成为抗战的分水岭

    日军在侵华战争中,常常表现得一厢情愿、好大喜功。

    参谋本部支那课课长永津佐比重大佐曾说:"只要派军队拿下平津,其余地方就会不战而降。谁知平津失守后,中国人民的抗日热情反而愈加高涨。日本华北方面军只能硬着头皮沿平汉线一路南下。"

　　紧接着，华中方面军司令官松井石根又说："只要攻陷上海和南京，中国便会投降。"松井发现，即便是采用最残忍和最无耻的手段，也没有办法让中国人停止抵抗。无奈之下，他只能继续厚着脸皮指挥军队在华东沿津浦路南北对进。

　　华北、华东的平汉线、津浦线和京沪线相继沦陷后，中国国民政府开始西移重庆，而国民政府的党政军要员则汇集于华中重镇——武汉。

　　武汉，素有九省通衢之称。平汉铁路、粤汉铁路的相继建成，让武汉逐步成为我国仅次于上海的水陆交通中心。据当时文献记载："盖国内所需一切海外军需资源及国民经济必需品，皆由九龙入口，进入内地；而同时输出货物及运送铁路材料，均以粤汉为出口或疏散之路线。"

　　日军原以为利用空军就可轻易切断粤汉线。1937年11月开始，日军出动飞机轰炸粤汉铁路，哪知炸了一个多月后，不见半点成效。1938年上半年，日机在空中侦察到庞大的中国军队和军需物资在粤汉路上穿梭不息，决定对这条"南北纵行第一干线"进行更加猛烈的轰炸。日本轰炸机平均18小时就轰炸1次粤汉铁路，每300米就投下1枚炸弹。据美国记者斯特朗的报道，日军在1938年2月在粤汉铁路上扔了约1.5万枚炸弹，到同年8月投弹数量增加了3倍。针对日军的轰炸，中国国民政府组织了抢修队，每隔10余公里就有1支当地人组成的应急抢修队。每当铁路被炸就迅速赶往现场，最快的一次抢修，仅用几个小时就完成铺设铁轨、重新通车的工作。抢修工人们取笑日本空军说：日本人花两万元在地面上挖个洞，我们只用十元钱就把它填满。虽然有不少工人被日军飞机炸死炸伤，但总有人不断补充进来。成千上万手无寸铁的民工，如同前线的战士一样，与强大的日本空军展开特殊的搏斗，他们用自己的生命保持着这条铁路大动脉的始终畅通。半年内，中国军队14个集团军、110万人通过粤汉铁路输送来到武汉，有力地阻止了日军侵略的步伐。

　　日军眼看无法切断粤汉线，索性将占领武汉、打通粤汉线列为其首要的作战目标。这一次，轮到日本大本营出来说话了，他们大声宣称：攻占武汉是结束中日战争最大的机会，只要能占领武汉，就能征服整个中国，继而南进太平洋。

日军还为此找出了理论依据。日本昭和研究会中国问题研究所经过长期研究得出一条结论："攻下武汉，对于中国政府来说，就意味着失去湖南、湖北的粮仓和中国唯一的大经济中心，不但会造成中国政府经济自给的困难，并且会减弱现在唯一的大量武器的输入通道——粤汉路的军事和经济价值。"

有了军事准备和理论基础，日本决定不再犹豫。

1938 年 6 月 15 日，日本天皇主持御前会议，正式决定攻占武汉！

日军海陆空三军杀气腾腾地向武汉汇聚而来。

日本陆军首先夺取开封，占领郑州，连接平汉线、津浦线和陇海铁路，为机械化部队的机动创造条件，准备在武汉周边歼灭中国军队主力后，一举攻下武汉。国民政府经过一番抉择后，下令炸毁黄河大堤，以水代兵，用黄河之水使豫皖苏地区成为一片人造泽国。国民政府以 89 万人被淹死、1200 万人流离失所为代价，延缓了日军陆上机械化部队的西进速度。

面对中国军队的顽强抵抗，日本陆军和海军在中国战场上磕磕绊绊地艰难前行，俨然一对难兄难弟的模样。

当初，中国海军在江阴构筑起第一道封锁线，给了日本海军沉重一击，延缓了其沿江西进的步伐，使日本海军无法发挥其强大的吨位和火力优势，没能迅速攻占长江中上游地区。日本海军只能依靠陆军才得以一路窜犯。

眼下，日本陆军又陷入中原洪泛区中的泥潭中寸步难行，这次轮到陆军的机械化优势被中国所限制。不得已之下，日本陆军只能求助海军协助拿下武汉三镇。

日本海军长期以来就计划依托大舰巨炮的优势，以水上力量支撑起侵华的各个战场。这次，日本海军认为是难得的出风头的机会，他们立即摆出一副志在必得的派头，将"制霸长江，攻略武汉"作为海军当局的最大任务，命令舰队向着中国在长江上的第二条水上封锁线——马当，溯江而来。

武汉，珞珈山，一款日本费时多年研制的新型舰载机——零式机，首次亮相。它们在武汉的上空用机尾刻下几道深深的烟痕后，便呼啸着离开。

自蒋介石从南京来到武汉后，日军的情报机构一直掌握着他的行踪。日军用这种特殊的炫耀方式警告蒋介石：我们很快就要来血洗武汉！

5月29日，华中派遣军司令畑俊六接到日本大本营的命令：立即与海军第3舰队协同作战，沿长江两岸攻占马当、湖口和九江，以此作为进攻武汉的前进基地！

马当位于赣东北与安徽的交界处，原是长江边的一个小镇。江北属于安徽地域，江南则属于江西范围。马当周围群山环绕，像长江中游的一把锁匙，战略价值极为重要。

为阻止日军西进，第16军军长兼马当要塞指挥官李韫珩专门请德国军事顾问设计工事结构，还在马当的江底设人工暗礁35处、沉船49艘，布水雷1765枚，并在马当修筑了120个碉堡。

马当属于第五战区辖区，因李宗仁旧病复发，由白崇禧代理司令官一职。

白崇禧对李韫珩说："日军这次来势汹汹，蒋委员长对你这可是高度重视！"

李韫珩笑着说："马当要塞是铜墙铁壁，仅海军在江中布下的水雷就够他们受的，他们要排清这些水雷，至少都需要一年时间，况且，长江两岸的巨炮也不是吃素的。只管让小日本来就是，准叫他们有去无回！"

白崇禧在陆战方面很有一套，但对海军作战可以说是外行。他见李韫珩如此有信心，也不再多说，随即返回了武汉。

回到武汉后，白崇禧仍旧放心不下，隔三岔五地给李韫珩打电话叮嘱他：日军随时可能进攻马当，你一定要驻守在马当，确保马当不要出事！

李韫珩明白，以当前的局势而言，马当也成了抗日的焦点，虽然现在马当看起来风平浪静，但真要有个闪失，那一定是要掉脑袋的。

6月中旬，李韫珩正在参加抗日军政大学的毕业典礼。突然，海军江防守备司令鲍长义一身尘土跑来，气喘吁吁地报告："出大事了，炮台失守了！"

李韫珩一听犹如五雷轰顶一般："快说，哪里失守了？你要是谎报军情，我现在就毙了你！"

鲍长义异常沮丧地说："日军的火力实在太强了，我们已经尽力了。我们在香山、香口阵地驻守的兄弟们基本都死完了，我是死里逃生出来给军座报告的。"

李韫珩一听，张着嘴巴、立在原地一动不动，像是被定住了一般。

这是日军的又一次偷袭行动。他们利用十余架战机对香山、香口两个炮台发动突然袭击，瞬间炸毁两个炮台及周边工事。同时，日本海军出动了5艘舰艇，用密集的炮火摧毁了我方设置的障碍。

日军在清除了水上障碍后，从容登陆，占领了香山和香口炮台。

良久过后，李韫珩才清醒过来，他分明已经听到了日军滚滚而来的脚步声。

"传我命令：1．所有抗大毕业学员立即返回部队；2．请求上级立即增援马当；3．马当指挥机关暂时撤至湖口。"

遭受打击过后，清醒过来的李韫珩还是体现出了一名将军在危急时刻处理问题的能力。

李韫珩的指挥部刚刚转移到湖口，一阵急促的电话铃声响起。

江防要塞守备司令王锡焘："报告军座！海军总司令陈绍宽率舰队前来！"

李韫珩听后，长舒了口气。他知道，有海军上将陈绍宽亲自坐镇指挥，日军在马当可有得苦头吃了。

陈绍宽对老对手长谷川清是再熟悉不过了，当他得知出云号出现在马当水域时，就料到不会有好事发生。

陈绍宽首先想到的是，日本海军必然会第一时间派出水雷队和潜水队排雷。他命令咸宁号炮艇前去马当要塞补充布雷。刚执行完任务返回途中的咸宁号，不巧遇到9架日本飞机。日本飞机立即对咸宁号轮番进行俯冲轰炸。咸宁艇长李孟元毫不畏惧，他站在驾驶台上迎着日机的弹雨，指挥组织反击。1架日机被咸宁号击中，机翼冒起了浓烟。就在这时，3颗炸弹相继重重地砸在了咸宁号上，猛烈的爆炸使咸宁号顷刻之间断成两截，咸宁号官兵全部以身殉国。

不久，长宁号炮艇也在完成布雷任务后，被日机炸沉，全艇官兵壮烈牺牲。

中国勇士不惧危险的布雷行动收到了回报。当日本第3舰队集中数十艘军舰，在马当炮台附近准备炮击时。中国守军立即集中火力向敌反击，日舰队阵脚大乱，1艘驱逐舰在慌乱逃跑中触上水雷，腰部被炸开了花。长谷川清见此情形，立即下令停止进攻，返回安全水域。

日本陆海军连夜召开会议，大本营已下达死命令，半个月内必须攻下马当。情急之下，长谷川清决定采用小艇突袭的方式再次发动进攻。

6月22日，一大早，日军出动10余艘汽艇企图利用晨雾作为掩护，突袭马当要塞炮台。

早有准备的海军炮兵官兵已料到日军会来此阴招。刘永钦队长下令将舰炮从碉堡中缓缓推出，对准江面，只等日军汽艇前来送死。

当日军汽艇靠近时，8门舰炮一齐怒吼，炮火在江面上竖起了一道弹幕。岸上的陆军部队也用野战炮向着日军汽艇喷射，一时之间万炮齐鸣。日军汽艇顿时失去了一半，落入水中的日本兵一通哇哇乱叫后，一个个沉入江底成了鱼虾们的食物。剩下的日军见势不妙，掉头就跑。这一次，长谷川清真是"赔了夫人又折兵"！

一贯骄横的日军怎能受此屈辱？

6月23日，日军波田支队在舰炮的远程掩护和空中火力支援下，欲用步兵通过抢滩的方式强行登陆。

要塞官兵寸土不让，跳出炮台手握大刀与日军展开肉搏。一时间，杀声震天，血肉横飞。中国军人有的冲进敌军人群中，拉响手榴弹，有的顶着日军的刺刀朝着对方的脑袋砍下。日军面对如此顽强的抵抗，匆匆丢下400多具尸体，仓皇撤退。

日军见海军偷袭失败、陆军正面强攻又行不通，于是想出一招：用海、空炮火在马当要塞正面，对中国守军进行牵制，用陆军从炮台后面迂回包抄。

这的确是一招毒计，因为马当要塞没有空军掩护，而以中国海军的实力又无法对日军进行火力压制，况且陆军武器更落后于日军。

6月26日，日军陆、海、空一齐出动，对马当要塞发起孤注一掷的攻击。中国守军坚决捍卫阵地，他们从死人堆中站起来，手握大刀和日军拼杀。阵地上尸横遍野、血流成河，方圆 2 公里内，布满了士兵们尸体。

陈绍宽见此情形，知道大势已去，他在电话中对王锡焘说："我们的战士们已经尽力了，命令他们立即突围！"

"可是，司令，我们还没……"

"执行命令！"

"是！"

王锡焘拿起电话接通刘永钦："迅速把炮闩卸掉，掩埋后突围，决不能留给敌人任何东西！"

26 日下午，马当要塞上飘起了太阳旗。

马当被日军从陆路攻占后，江中的封锁线依然岿然不动。日军一连数日，想从水下进行爆破，仅轰开一个能通过小汽艇的孔道，大舰仍不能通过。即使在日军陆军占领九江后，日本海军大型舰艇仍然受阻于马当河道，这些都为中国军队重新布置武汉防御赢得了宝贵的时间。

陈绍宽在田家镇设置了第三道防线，全力协助陆军进行武汉保卫战。海军炮队在田家镇苦战 20 天，先后击沉日舰 14 艘后，奉命掩护大军撤退。

10 月 24 日，中山舰奉命在武汉上游金口镇担负掩护部队转移和警戒任务。

中山舰舰长萨师俊，福建福州人，是海军名宿萨镇冰的侄孙。

上午 9 时许，金口上空忽然传来一阵飞机螺旋桨的声音，海军官兵立即进入一级战备。深入武汉上游，负责搜寻长江中国海军舰艇的一架日机，发现了中山舰。这架日机在军舰上空盘旋几圈后，意图对中山舰进行攻击。舰长萨师俊，待敌机进入舰炮的火力射程之后，下令进行火力驱逐。日机试探出中山舰的火力后，一个转身，重新隐匿于云端之中。

萨师俊对副舰长吕叔奋说：大战即将来临！这只是架侦察机，很快就会有日军机群过来。要大家保持警惕，随时准备战斗。

下午 3 时左右，6 架日机飞临军舰上空后，便呈一字鱼贯阵，轮番平行飞行投弹。顿时，长江江面上一浪高过一浪。随着萨师俊一声令下，舰首、舰尾、左右两舷的大炮、机关炮和机枪一齐怒吼。敌机因迫于中山舰炮火，一直不敢降低高度，只在半空中盲目掷弹。为躲避炸弹，按萨舰长的命令，

中山舰在水柱之间呈 S 状穿行，从容不迫。

战斗中，中山舰舰首主炮因发射过久而出现故障，子弹组成的火网现出一片空当。日机抓住了稍纵即逝的战机，将一颗炸弹投至舰首，散射开的弹片击中了萨师俊，切断了他的双腿，重伤了他的左臂。萨师俊瞬时变成了一个血人，但他强忍着剧痛，从血泊中支撑而起，靠在瞭望台残破的栏杆上，继续指挥作战。萨师俊对身边的士兵说道："到船舱中把我的衣服拿来，不能让敌人看到我如此狼狈。"

"是，舰长！"

萨师俊刚换的军装很快也被鲜血浸染。

吕叔奋见萨师俊伤势严重，生命危在旦夕。副舰长命令船员用舢板将萨师俊送到岸上进行救治。萨师俊坚决要与军舰共存亡，他说："中山舰是国父在广州蒙难时的座舰，我一生信仰三民主义，绝不会弃舰求生的。听我命令，架好机关枪准备迎接下一轮敌人的袭击！"

日机见中山舰火网已被突破，发动了一轮更凶猛的攻势，舰上的伤员也越来越多。

萨师俊命令负伤的士兵立即离舰。

伤员们异口同声地说："萨舰长不走，我们谁也不走。"

萨师俊含着泪激动地说道："没有死难，何以见我民族之忠义；没有来者，何以杀倭寇以争胜负？你们快下去，只是一定要记住，为中山舰报仇，为我报仇！"

一个水手将自己的衣服脱下，一边递给萨师俊一边说："舰长，日本飞机知道你是舰长，所以追着你轰炸。你换上我的水手服，让我来替你挨炸弹吧！兄弟们离不开你，国家也更需要你！"

萨师俊听后已泣不成声："今日之战，我意已定。军服是国家名器之象征，决不可易。古人死时尚正衣冠，我乃一革命军人，为国捐躯，怎能服装不整？"

日机又开始超低空飞行。

"哒！哒！哒"

一排排子弹扫向正在徐徐下沉的中山舰，日军飞行员兽性大发，他们不顾国际法的约束，连受伤的水兵和舰船也不放过。

残缺的火力，无法再应对日机恶狼般的攻击。

最终，一颗罪恶的子弹击中萨师俊颈部，萨师俊垂下了高昂的头颅，江水轻推着波浪慢慢地没过了英雄的脸颊。

中山舰在发射 200 余枚炮弹、打完 1000 余发子弹、击伤 3 架敌机后，于下午 5 时左右，缓缓沉入金口北岸大军山前的江底。萨师俊等 25 位忠魂，在水下永远陪护着他们的中山舰。

60 年后，中山舰在武汉金口水域被打捞起来。当人们在中山舰的祭日那天举行纪念活动时。一个满头银发的老者双膝跪地，轻轻地抚摸着冰凉的甲板，悲怆地问："萨舰长，兄弟们，我来看你们了。这么多年，让你们在水下受苦了！"两行热泪从这位当年中山舰上的水兵眼中滑落，在甲板上溅出几朵五彩的泪花。隔着半个多世纪的时空，抗战老兵们在心灵上重逢了！

金口之战是中国海军与日机最后一次面对面的作战。此后，中国海军从江军变成了陆军、炮兵、装甲兵，还有的进了空军，最后甚至有人还参加了游击队。海魂就是军魂，不管是什么军种，不管战斗在什么岗位，只要能保卫祖国、抵抗日寇，哪里需要他们，他们就会在哪里与敌人血战到底！

10 月 24 日当天，国民政府宣布放弃武汉。

不久，广播中传来蒋介石带有浓厚浙江口音的《告全国军民书》：

> 抗战军事胜负之关键，不在武汉一地之得失，而在保持我继续抗战持久之力量。自今伊始，必须更哀戚，更坚忍，更踏实，更刻苦，更勇猛奋进，以致力于全面之战争与抗战根据地之充实，而造成最后之胜利。

广九线：
广州成为最后一个沦陷的沿海大城市

1938 年 9 月，正当蒋介石被武汉会战弄得焦头烂额的时候，广东省

主席吴铁城发来急电：据悉，日军在进攻武汉期间将同时进犯华南。其登陆地点或将在大鹏湾，现敌已在香港筹备南侵计划。而整个广东防务，仅有第12集团军所辖7个步兵师担任。广东防卫兵力不足且驻地分散，一旦日军入侵，将很难形成有效抵抗。请求迅速给予兵力支援！

蒋介石拿着电报，大发雷霆。武汉会战用兵已捉襟见肘，广东不但不抽调兵力，还要求增兵，吴铁城的葫芦里到底卖的什么药？

但白纸黑字的电报就在眼前，如果真如吴铁城所说，那将如何是好？

蒋介石对广东发来的电报虽然将信将疑，但仍免不了一番担心。一方面他担心日军攻占华南后，沿广九线急进与武汉之敌形成南北夹击之势，那长沙、衡阳一带就将失去战略缓冲作用，武汉的上百万国军将士随时面临被包围全歼的危险。另一方面，蒋介石又认为华南一带英美法等西方大国利益较多，日本应该不会在这个时候铤而走险。

蒋介石思前想后，一时之间竟失去了主意，随后他召见何应钦前来询问。

蒋介石先没有将广州急电的事告诉何应钦，他问道：敬之，你是军政部长兼战区司令长官，负责闽、粤、桂三地沿海的防守任务，以确保我国海、陆军的补给线安全。如今，武汉战事已到关键时刻，如果此时日军突袭华南，沿广九线北进夹击的话，我们应该怎么办？

何应钦面对蒋介石突如其来的提问不知如何应答。他想了几秒钟后说：自七七事变后，各国输华军火80%是由香港经广九铁路输入内陆。其他如粮食、汽油等物资在抗战初期亦多由该铁路线输入。广九铁路的补给线作用是人所共知的。从军事战略上来说，此时正是日军进攻广州并切断援华物资补给线的最佳时机。但是……

何应钦一边说一边观察着蒋介石的脸色，琢磨着以下的话题应该往什么方向发展。

蒋介石听了心头一紧，他看见何应钦欲言又止的样子，狠狠地瞪了何应钦一眼，让他不要再卖关子。

何应钦只得继续往下分析：据我推测日本应该不会贸然进攻广州。如果要攻取广州的话，他们早就应该行动了，不必等到现在。广州地近香港，如日军进攻广州，必将损害英美法等国的利益，可能引起西方列强的干涉。日本人胆子再大，也不至于冒险去捋英美等强国的虎须。

何应钦的分析让蒋介石悬着的心暂时得以放下。

蒋介石深吸了一口气，点了点头：我觉得你的分析有一定的道理。

蒋介石接着将吴铁城所发电报单手递给何应钦。

何应钦一看电报，立即明白过来。

何应钦心想：看样子，刚才自己投石问路式的回答还算令蒋介石满意。

何应钦随即用坚定的语气说：当初淞沪会战时就收到情报，说日军要出兵华南，占领广州。最终还是因为惧怕英美的势力，故才撤离。

何应钦显然对吴铁城的情报不以为然，他继续说道：我认为这只不过是日本人玩的又一次小把戏而已，是日军利用谣言打的"宣传战"。看样子吴铁城上当了。

余汉谋（1896—1981），字幄奇，广东高要人。在 1938 年 10 月的广州战役中，任第 12 集团军司令，面对日军从海上登陆大举进犯，不战而逃。后因手握粤军军权，反升任第四战区副司令长官兼第 12 集团军总司令。1939 年时任第七战区司令长官。

蒋介石听了何应钦的话，进一步确信了日军不会向广州发起进攻，但他对广东的抗战形势还是放心不下。

整个广东党政军之间情况异常复杂：余汉谋作为第 12 集团军的总司令，手握军权以"广东王"自称。吴铁城则以"老前辈"自居，有孙科为后台，手握广东党务大权，总拿出"党权高于一切"的架式，想要吓住余汉谋。广州市市长兼西南运输处处长曾养甫则依仗着有张静江、宋子文和 CC 系为靠山，把余汉谋和吴铁城都不放眼里。如果日军果真向广州发起进攻，以这样的人员组合，恐怕难以抵挡日军凶猛的进攻。

何应钦看出了蒋介石的忧虑，他说道：自陈济棠被驱逐出广州后，我们就有悍将陈策出任广东虎门要塞司令镇守珠江防线。

蒋介石顿时眼前一亮：对啊，怎么没想到陈策呢？

陈策（1893—1949），字筹硕，海南文昌人，国民党海军广东舰队名将。曾协助孙中山在广州对抗陈炯明。抗战时镇守虎门要塞，痛击日本海军。1938年春，因病截断一腿，有"独脚将军"之称。在日军攻陷香港时，带领数十名英军成功突围，获英皇颁授帝国骑士司令勋章。

陈策，海南文昌人，抗战以来，以海军部次长、广州江防司令的身份，督战虎门要塞，率领广东海军和海军陆战队守卫中国的南大门，面对日本陆海军连续进犯珠江口，威胁广州，陈策每战必身先士卒，亲临一线指挥作战。后因病被截除左足，被人们称为独脚将军。

1937年9月6日，日舰炮轰珠江口的赤湾，占领东沙群岛。13日，又轰击大鹏湾，海军陆战队登陆。次日，日舰又攻虎门。负责虎门要塞防务的陈策见状，振臂一呼，立即命令肇和号和海周号等舰奋力还击，将部署在岸边的150毫米的维克斯大炮悉数对准日舰进行炮击。同时陈策还利用自己深厚的人脉资源请求广州空军司令部出动飞机攻击日舰，进行支援作战。一番激战过后，广东海军击沉日舰1艘，炸伤3艘，获得大胜。

日军在《防卫厅历史记录——帝国时代海军编》中详细记录了此次战斗：

    日舰以"疾风"、"追风"攻击"海周"，第5水雷战队旗舰"夕张"号集中火力打击"肇和"。这时候，在虎门要塞的陈策才接到报告，他只能登虎门炮台指挥作战了。陈策下令离舢板洲最近的沙角灯台岛炮台开炮支援"肇和"和"海周"。

    海上，灯台岛炮台受到射角限制，只能向攻击"海周"号的日舰开炮。"夕张"号的6门140毫米重炮则连连命中"肇和"舰。"肇和"号的炮塔是后面敞开的，因此"夕张"号上的日军用望远镜看到"肇和"每中一弹，甲板上的水兵就要倒下一片。但是"肇和"号的炮火可称炙烈火，它的2门150毫米阿姆斯特朗主炮虽然陈旧却依然准确，第三次齐射即命中"夕张"!

此战后，陈策在抗战中名声大震。其后，他更加重视在广东整顿海防，使日本海军不敢继续进犯珠江口。

蒋介石经过一番与何应钦的讨论，达成了两点默契：1. 英美势力在华南的利益，使日军不敢进犯广州；2. 有陈策镇守广东海防要塞，日军也不敢沿河道进犯广州！

蒋介石决定不但不向广东增兵，还要求余汉谋抽调 4 个师的兵力北上武汉，参加会战。

余汉谋向蒋介石诉苦说：广东的兵力本来就少，如果还向武汉调兵，根本无法抵挡日军发起的攻势。

粤军出身的余汉谋深得中国官场的生存之道，作为地方军的将领，如果手下无兵，那必将受制于人而任人摆布。但面对蒋介石每天的催促，余汉谋不得不将 4 个非嫡系的师派往武汉。

10 月 10 日，余汉谋再次收到蒋介石亲笔手令："无论如何，须加抽一师兵力向武汉增援。如能增此一师，即可确保武汉，否则武汉将失，粤亦不能保。只要武汉能守，则粤必无虑。切盼吾兄，不顾一切，勉抽精兵一师，以保全大局。"

余汉谋不禁哀叹：这分明是要放弃广九线，置华南于不顾。

事实上，这一次蒋介石出现了重大的误判。

日本对夺取广州、切断广九线是志在必得。

日本之前没有大规模进攻华南，一方面的确是因为担心引起国际关系恶化。但更重要的原因是：在武汉会战之时，日本陆军还在张鼓峰地区与苏联进行了一场激战。虽然日本海军坚决反对陆军与苏联交恶，主张南下打通太平洋通道，但日本陆军坚持先北后南的战略，主张进攻远东的西伯利亚，联合德国一起夹击苏联，等打败了苏联后再南下太平洋与英美等国一较高下。结果张鼓峰一战下来，短短几天之内，日本陆军损失十分惨重，参战部队 6914 人，死伤 1440 人。迫于无奈，8 月 11 日，日本驻苏大使重光葵和苏联外长李维诺夫签订了停战协定。

日军不得不重新评估苏联的实力，暂时放下北进计划，而选择南下

夺取广州就成了他们的当务之急。

1938年9月7日，日军大本营迫不及待地召开了大本营御前会议，决定"攻略广州以切断敌最大补给线——广九线"。

9月19日，大本营给长谷川清下达了《大海令第139号命令》。

1. "中国方面舰队"司令长官应协同陆军本着攻略广州及其附近要地之目的，切断敌主要补给线路。

2. 关于"中国方面舰队"司令长官，应着第5舰队司令长官实施本作战。

3. 关于与陆军协同作战，除根据附件"广州作战陆海军中央协定"外，其细节应由第5舰队司令长官和第21军司令官商定之。

4. 须尊重第三国领域及其权益，防止引起争端。

与中国在广九线防御上的麻痹大意形成鲜明对比的是，日军大本营极度重视此次作战。日军鉴于在广东与中国海军的交战经验，将广州作战定性为"大规模作战行动"，并为此抽调了得力陆海军部队。

日本陆军派出了第21集团军，下辖3个师团和1个飞行团。

日本海军派出第5舰队，下辖第8、9、10战队，第2、5驱逐舰队，第1、2航空战队，第2根据地队，第14航空队和高雄航空队等。

日军经过2个多月的精心准备，于10月9日，派出由106艘舰船组成的庞大护航舰队秘密向广东海岸靠近。

10月11日，首批运输舰船在20余艘海军舰艇护航下，趁黄昏时驶入大亚湾。为了确保大亚湾登陆的突然性，日本海军还在汕头企望湾发动了一次佯攻行动，意在转移中国守军的注意力。

大亚湾位于香港东北、惠阳南面。湾面宽阔，沿岸水势迂缓，利于登陆。而且内地为丘陵地带，沿海都通公路，便于日军大兵团机械化部队行动。

大亚湾防务由第12集团军第115师师长莫希德负责。第115师下辖两个旅和一个补充团。该师当时的位置是：师部和直属队及何联芳旅在惠阳，温淑海旅在广九铁路的深圳附近，补充团在离惠州约30公里的博

50

罗城。

10月11日当晚，第151师师长莫希德已经得知日军突然增兵大亚湾的消息。军人的直觉告诉他：日军必将在今夜登陆。

莫希德立即拿起电话向余汉谋报告："日舰大量出现在大亚湾，请求增援兵力。"

余汉谋冥冥中也预感到日军会来进攻广东，但没想到来得如此之快。余汉谋手下的七个师中有五个师被调去了武汉，现在偌大的华南只留下区区两个师的兵力防守。

余汉谋听到莫希德的报告后，心情十分复杂。他对蒋介石不顾劝告一意孤行地调走自己的部队感到气愤。同时还觉得有点好笑，面对蒋介石的失误，日本人的进攻，就好像是抽了蒋介石一个响亮的耳光。

余汉谋思考良久后，对话筒另一边的莫希德说："莫师长，第115师是我的嫡系部队，我就是从这个部队出来的。蒋委员长将我手中兵力抽走后，现已无兵可用。你只能依靠自己了！"

莫希德立即心照不宣，听出了余汉谋的言外之意。余汉谋是想让自己保存实力，相机撤退。

莫希德说："军座，我知道您的意思了。我这就收拢部队，回防待命。只是日军实在太强，如若防御不力，委座那里，到时应如何交代？"

余汉谋："只要你尽力，其余的事我会帮你运作的。"

"是，属下明白。"

余汉谋与莫希德很快达成了默契。他们的默契直接成就了战争史上的两道奇观！

余汉谋和莫希德在广东，长期以来通过各种途径大肆敛财。他们收入丰厚，生活腐化，对于需要流血牺牲的战争来说，充满了恐惧。当一切都显示日军即将登陆广东，向华南发起进攻时，莫希德的第115师在广州的各大娱乐场所、戏院酒馆张贴通告，要求他们的官兵立即回防待命。这种大战前的动员方式也成了军事历史上的一道"奇观"。

10月12日凌晨3时30分，日军登陆的第一梯队第18师团在没有遇到任何抵抗的情况下，在大亚湾的澳头附近成功登陆。随后日军第18师团立即向北突击，向淡水镇进击。

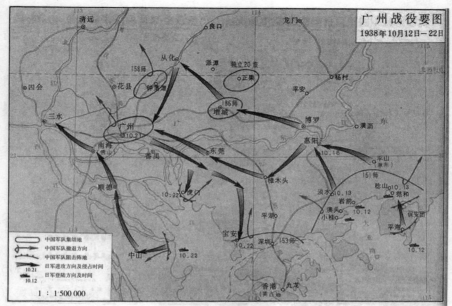

广州之战

　　莫希德的第115师还没来得及完成集结，一大队凶神恶煞的日军就已经登陆上岸。可怜的广东守军连象征性的抵抗都没有，就开始狼狈溃退。如此大规模的登陆行动，竟然连枪都没有响过一声。这是他们可以载入史册的第二个奇观。

　　日军占领淡水、惠州后，以主力渡江沿博罗至增城公路急进。

　　10月15日，余汉谋装模作样地在广州召集有关负责人开会研究作战计划。会议最终的决议就是："保存实力，避免决战。"

　　余汉谋不敢到一线指挥作战，前线作战部队迅速崩溃。余汉谋在电话中向蒋委员长一通哭诉后，仓皇撤离广州。余汉谋在没有通知部队转移计划、掩护行动等作战方案的情况下，一路北逃。当各部队得知主帅都自顾自地逃命的消息后，立即将轻重武器丢弃一空，争先恐后地溃退而去。

　　此时再看看广东三大巨头中另两个人的状况：吴铁城在几天前就

跑到粤北连县躲藏了起来；曾养甫则早早就从水路跑至四会县后不见了踪影。

日本陆军连自己都没料到，能如此轻易地一路高速挺进，直奔广州。他们仅用了九天时间，就已进占广州。

可怜的是，大批无辜的广州市民完全被国民政府所抛弃。直到20日夜里才有人从警察局中获知，日军已兵临城下。市民们立即在一片恐慌之中开始逃难，难民们拖儿带女，一路对没有责任感的国民政府和粤军进行咒骂。事后，还有人编了个小段子形容当时的三大巨头："余汉无谋、吴铁失城、曾养无谱。"就连一向温和的胡适也致电蒋介石称："广州不战而陷，国外感想甚恶！"

事后，余汉谋因手中还有广东的兵权，蒋介石不但没有惩罚他，反而任命他为第四战区副司令长官兼第12集团军总司令，1940年还晋升为第七战区司令长官。至于莫希德，虽然因"不战而退"的罪名被判了死刑，但经过余汉谋的一番请托运作之后，很快就得到释放，在广东做起了买卖。

与余汉谋的不战而逃形成强烈对比的是广东海军所展现出来的血性和顽强。

日本海军本预定于27日待陆军适当清除珠江沿岸的防御工事后，再从虎门一路溯江配合陆军攻占广州。但当得知陆军第18师团和第104师团登陆，出乎意料地快速进占了广州的消息后，日本海军决定提前发动"珠江作战"。

10月22日晨，日本海军出动了大批兵力，开始沿珠江逆水作战。日本海军此次行动的兵力主要包括：重型巡洋舰2艘，轻巡洋舰7艘，驱逐舰20艘，舰载机150架，中型攻击机12架，水上侦察机16架等。

日本海军首先要攻克的依然是那道多次将他们拒之门外的虎门要塞。

虎门要塞两侧有丘陵分布，地势险要，是从水路进入广州的门户。惠深丘陵，东临海岸，南连港九，西屏广州，是抗击从大亚湾登陆之敌的有利依托。

日军海军早就领教过虎门要塞150毫米维克斯大炮的威力，他们在

进攻中十分谨慎。日军先出动数架舰载机分批猛轰虎门要塞。持续 3 个小时之后，日军又采取诱骗战术，向虎门炮台炮击，诱使虎门炮台还击。当确定巨炮位置后，再以大口径炮舰对其进行摧毁。

此时，广东海军面对日军的大舰巨炮，毫不畏惧。他们在明知主动攻击日军舰艇必然有去无回的情况下，毅然出动了 4 艘摩托化鱼雷艇对日海军进行坚决反击。

日本海军看到弱小的广东海军竟然迸发出如此不屈的战斗精神时，不禁产生了一种敬佩之情。

但无论广东海军如何顽强，面对在海、陆、空都占有绝对优势的日军攻击时，还是显得力量过于单薄。日军在经过数小时激战击沉了中国 4 艘摩托化鱼雷艇后，攻占了虎门炮台。

当日本海军满以为可以长驱直入广州时，2 艘满载士兵的渔船和 1 艘运输舰因触雷沉入珠江之中。虽然日本海军在战斗中拥有绝对优势，但是面对珠江中星星点点的各种水雷，还是寸步难行。

日本海军用了整整七天的时间，在从水中清理出 303 个水雷后，才于 10 月 29 日到达广州。他们这种蜗牛一般的行军速度，遭到日本陆军的嘲笑。

随后，还有一件更让日本海军颜面大失的事奇迹般的发生了。

就在日本海军抵达广州的当天，日军在西江、北江岸边设置的炮兵阵地，竟然遭到了广东海军的攻击。

广东海军仅存的执信、坚如、仲元等 6 艘舰艇，在执信舰长李锡熙的带领下，主动向日军炮兵阵地发起炮轰。

日军岸上的一座炮台在顷刻之间变成了一堆瓦砾。

反应过来的日军立即利用岸上炮火进行还击，同时呼叫舰艇和战机前来围剿中国军舰。

只见 6 艘中国舰艇在风中昂然挺立，迎着弹雨与日军进行对射。日本海军哪曾见过这种阵势，竟然先后丧失了 4 处炮兵阵地。

眼看日军炮兵阵地即将被全部摧毁之时，几十架日机突如狂蜂一般从云层中斜刺出来，向中国舰艇进行俯射攻击。

由于内河河面周旋余地十分有限，领头的中国执信舰在日机集中攻击中，不幸中弹，因锅炉爆炸，全舰沉没。舰长李锡熙等23名官兵英勇殉国。

执信舰遇难后，坚如舰接替指挥，但因日军火力实在太过凶悍，战斗至太阳落山，也未能清除仅存的日军阵地，只能带伤返回西江。

英勇的广东海军，继虎门之战创造了中日海军舰艇首次正面交锋的纪录之后，又创造了中国海军舰艇第一次大规模成功出击的纪录。

至此，广东全部沦陷。

1938年10月，日本攻陷中国沿海最后一个大城市——广州之后，切断了中国东南沿海的海上通道。

海南：
太平洋上的"九一八"

日本海军司令部，作战室。

军令部第一课课长草鹿龙之介大佐，贪婪地看着挂在墙上1：2.5万的海南岛地图，他以双手为钳做出了一个龙虾般收拢的形状，就像把一堆珠宝揽入怀中一样。

"海南和台湾两岛互为犄角、对峙呼应，缺一不可。海南岛向北能封锁华南海上交通，向西可保障东京湾，此外还能控制西南太平洋和切断越南、新加坡与香港之间的交通运输线，战略地位不言而喻。但不知何种原因，大本营竟然没有将海南岛作为向南方扩展基地的意向。我的意见是，应该从当前的华南作战中觅得战机，在夺取广州之后，一鼓作气挥戈攻略此地。"草鹿龙之介颇有气势地说。

近藤次长在一旁取笑道："是啊，陆军一向都反对在没有价值的地方浪费作战兵力，而且现在海军省还不感兴趣，就连你们军令部自己也不热心！你看，要不等我晋升为第5舰队长官时，不待大本营同意，我们就直接攻下海南岛，如何？"

"海南岛除了其战略地位以外，还有大量的铁、锡、橡胶等资源。而这些资源都是我海军急需的作战物资。怎么能说海南岛没有价值呢？"

草鹿龙之介大声反驳说。

"那么请你拿出证据吧。陆军在占领广州后，曾在当地的中山大学地质调查部进行过详细的调查，据说海南岛资源并不丰富。"

"他们是在胡说。从陆军那里得来的消息你还信。陆军当然要反对我们攻占海南岛。他们是害怕海南岛的资源被我们海军独占！"

自 1921 年，永田铁山、小畑敏四郎、冈村宁次和东条英机四个少佐军人，在德国的旅游胜地巴登泡完温泉后，"军主政从"的思想就在日本年轻军人心中生根发芽，军国主义像一团水雾般弥漫开来，笼罩住了整个日本。此后，不断有军人放出狂言并做出惊世骇俗之举。在日本军界不经上级批准就直接行动已变得司空见惯。

1931 年，当时担任关东军参谋的石原莞尔，就越级说服参谋本部军事课课长永田铁山和新任关东军司令本庄繁，一手策划了九一八事变，将中国东北列为日本国防和经济的生命线，提出所谓"满蒙生命线"理论。石原莞尔的"满蒙生命线"理论此后一直被日本陆军奉为圭臬。长期以来，日本陆军和海军互为水火，双方的资源界限也划分得清清楚楚，从不共享。

日本海军部眼睁睁看着陆军部占据了中国东北，将东北庞大的资源悉数收入囊中，一直心有不甘。海军中不断有人呼吁：我们海军也应该建立自己的资源生命线！

当日本海军切断华南陆上交通线和封锁沿海交通线后，他们仿佛看到了以海南作为南进基地的希望。

海南岛就像一桌饕餮盛宴摆在了饥渴的日本海军面前，让其垂涎三尺。

作为军令部第一课课长的草鹿龙之介大佐，想牢牢把握这次难得的机遇。他想要成为海军中的石原莞尔，他要为海军的南进战略搭建一条稳定持久的资源"生命线"。

草鹿龙之介为了实现自己的价值，为了海军的荣誉，他决定先说服参谋本部。

当草鹿龙之介向参谋本部反复说明攻打海南岛的理由后，终于得到了参谋本部的理解。但得到的回复是："你说得很有道理，但陆军省有异议，难办！"

草鹿龙之介知道陆军胃口一向很大，他们绝不会允许海军独占海南岛的资源。如果过分强调海军的利益，陆军必然会反对拿下海南岛。

草鹿龙之介只有写下一封保证书，"在占领海南岛后，陆海军均不建立政治的、经济的地盘"，并加盖了两个课长的印鉴，这才取得了陆军省的同意。

随后报告报交了大本营，大本营担心对海南岛的进攻，会触及英国、美国在这个地区的殖民地利益，直接影响日本的对外政策。大本营考虑到日美之间签有《美日通商条约》，如果因此问题，美国不再与日本续约，那就意味着断绝了日本的战争资源。要知道仅 1939 年美国出口日本的石油就高达 330 万吨，占日本进口石油的 90.8%。

因此，大本营对海军急于攻下海南岛的想法持慎重意见。

草鹿龙之介决定一条路走到黑，他又找到并说服了第 21 军参谋长田中久一少将。田中久一则更为直接，他亲笔给天皇上书奏折，并报告称："海南不仅土地、物产丰富，而且可以切断香港至新加坡的海上运输线，既可作为占领南中国的跳板，还可作为囊括东南亚的基地。"天皇看后并没有提出异议和质问。按惯例，这就算取得了天皇的默许。

如此一来，日军攻打海南的方案在一片争议之中，在御前会议上得到了通过。

草鹿龙之介如愿以偿，成了日军侵占海南岛的始作俑者。

1939 年 1 月 19 日，大本营发出大陆命第 265 号：

1. 大本营为建立对华南航空作战和封锁作战基地，企图攻略海南岛要冲。

2. 第 21 军司令官应与海军协力，以军之一部，占领海口附近要域。

3. 关于细节，着参谋总长指示。

同日，日军参谋总长载仁亲王就作战细节发出"大陆指第 372 号"指令，规定陆军以台湾混成旅团为基干，海军以第 5 舰队为基干，辖第 8、第 9、第 10 战队，第 1、第 2、第 14 航空队，第 2 根据地队及陆战队、特别陆战队等，兵力包括重巡洋舰 7 艘、驱逐舰约 20 艘、舰载机约 150 架、中型攻击机 12 架、水上侦察机 16 架等。

关于部队的运送、护卫、登陆与协同作战，由第21军司令官安藤利吉和第5舰队司令近藤信竹协商作出计划。登陆以大本营进行指导。此次作战，陆军代号为"登"号作战，海军代号为"Y"作战。

日军精心选择了2月10日作为向海南岛发动进攻的日子。因为海南岛的冬天属于旱季，没有大雨与台风，有利于日本海军军舰的集结与登陆活动，同时，旱季也对日军的机械化部队在海南岛登陆后迅速地展开更为有利。

更重要的一点是，2月11日是日本的"纪元节"，传说是神武天皇即位的日子。日军想以一场大胜，作为向天皇的献礼。

负责驻守海南岛的中国守军是国军第62军，军长张达预料日军迟早会对海南动手，很早就率领该军第152师陈章部在海南积极备战。当日军进攻广州时，张达率陈章师奉命到粤北驰援，由保安副司令王毅担任琼崖守备司令一职。相对于海南岛1800多公里的海岸线而言，国军的防御力量显得极为薄弱。当时王毅手中仅有保安第11、第15两个团外加自卫总队7个中队和壮常队8个大队，总兵力不到4000人。而且，中国守军所拥有的武器陈旧，火力低弱，根本无法对日军的机械化部队形成有效压制，更要命的是连这点武器和弹药也是打完就没，无法得到任何一点补充。

王毅决定力量再弱也要和日军一较高低，他将琼崖守备司令部作为最高作战指挥机构，把手中的兵力划分至两个防守区域：第一地区由文昌、陵水、乐会等八县组成，指挥保安第11团，壮常队第1、2、4、5大队作战。第二地区由琼山、澄迈、临高等八县组成，指挥保安第15团，壮常队第3、6、7、8大队作战。并以主力担任海口府城、秀英炮台及尾港之守备，以一部任其他港口之警戒，负责与登陆日军周旋。

1939年2月10日凌晨3时，日本海军出动了全部第5舰队和第3、第4航空队的50架作战飞机，开始从海口市西文的海面向琼山县的天尾港强行登陆行动。

早有准备的中国守军在琼崖守备司令王毅的指挥下，待日军半渡之际予以猛击，相持至天明，日军一时之间竟无法突进。

日军见登陆部队遇阻，当即命令30余艘舰艇在海面上呈一字排开，炮轰秀英炮台及海口。日军50架飞机同时升空，负责掩护分载于小艇之上的步兵饭田混成旅团。

中国守军面对日军强大的火力压制，终因寡不敌众，忍痛退出，天尾港遂为日军所占领。

饭田混成旅团占领天尾港后，立即设立滩头阵地，并兵分一路向府城进攻。

中国守军保安第11团第2营及第5旅旅部直属之特务排在途中设阵地，顽强阻止日军前进。激战之中双方均伤亡惨重。午后，国军转退防守潭口龙塘一线，府城遂陷入敌手。

日军另一路出海口急进，于大英山一带与保安第15团激战。日军用大炮、战车、飞机等大举进攻，国军防御阵地大部被毁，仍固守大英山，使敌无法前进。后因府城不守，为避免腹背受敌，国军转退于十字路干桥一带，海口随即沦入敌手。

日军台湾混成旅团旅团长饭田祥次郎和海军第5舰队司令长官近藤信竹在攻下海口后，立即将占领海南岛的消息报至东京。

东京，代代木阅兵场上，《君之代》的乐曲声在庆祝"纪元节"簇动的人群上空跃动。当昭和天皇出现时，现场一片欢呼雀跃。

而此时海南岛上，却有一处场景相比东京的宏大庆祝场面而言，显得更加豪壮。

只见一个简易的台子上，王毅面对数千抗战将士和海南各界领袖登台演讲。

王毅说道："为实践长期抗战、誓死不屈之国策，本着宁为玉碎不为瓦全的决心，抗战到底！"

讲到激愤之时，王毅命人端上一碗酒，以战刀划开手臂，滴血入酒。王毅手捧血酒，一饮而尽，台下数千将士相继痛饮，人人面目通红。到最后全场中国人一致举右手宣读抗战誓词：

　　　　余等誓以至诚，戮力同心，驱除日寇、保卫乡邦，不做汉奸、不为顺民，如背誓言、神人共诛！谨誓。

誓言铮铮，声动山岳。

2月10日，当蒋介石听到日军攻占海南岛的消息后，第一想法仍是寄托于英美等国的干预。他在当天的日记中写道："敌军今晨在琼州海口登陆，声明占领该岛，此为开战以来对英、法、美国最大之威胁。此后战局必将急转直下。倭寇狂妄，已决心向民主世界开战矣。"

2月11日，蒋介石在重庆召开中外记者招待会，谴责日军侵占中国领土海南岛的行径。

记者问："日本此次进窥海南岛，其意究竟何在？"

蒋介石答道："海南岛登陆问题，我们应从远东海洋全局来观察，方可认识其意义影响之重大。海南岛在东亚为太平洋印度洋战略上主要之重心，日军若占领该岛，不仅可完全阻断香港与新加坡之交通，切断新加坡与澳洲之联络，而且使菲律宾也受其控制，此不仅直接威胁法属越南，实为完全控制太平洋海权之发轫。该岛若归日军掌握，则日本海军向西可由印度洋以窥地中海，而在东面即可断绝新加坡、夏威夷岛珍珠港英美海军根据地之联络，故日军此举，显然是对去年美舰访问新加坡的一种答复。"

有记者问："日本进攻海南岛，将对远东和太平洋产生何种重要影响？"

蒋介石指出："进攻海南岛和1931年日军进攻奉天一样，换句话说，进攻海南岛就是太平洋上的九一八事变，奉天是满洲事变的发源地，海南岛是太平洋事变的发源地。虽然一个是陆地，一个在海上，但影响却完全相同。"

随即蒋介石就此问题向英、美、法等国发出警告："奉天发生九一八事变时，除美国当时国务卿史汀生以外，其余各国当局都不予出面制止，致使日本得以继续在中国扩大侵略。8年之后，竟造成日本悍然独霸整个东亚的形势，助长了日本征服世界的气焰。今天，日本又开始进攻海南岛，如任其占领盘踞，可能不用到8月，其设计的海空军根据地就可初步完成，可以预料到时太平洋的局势将会大变。纵然法国在越南有海军基地、美国在关岛也有设防，但当日本决然南进时，太平洋局势将一发而不可收拾！"

最后，当记者问蒋介石："日军登陆海南岛对中国抗战有什么影响？"

蒋介石略抬了下头，说："日军在海南岛登陆，对于我国抗战并无多大影响，因为中日战争之胜败，必取决于大陆上军事之行动，一岛之得失，根本无关紧要。"

蒋介石如此回答确有苦衷。以当时国军的力量，对于日军出兵攻占海南岛实在是鞭长莫及。蒋介石除了大声呼吁英、美等国对日采取行动，以维护他们在远东的共同利益以外，基本上束手无策。

2月14日，日本海军从三亚、榆林、崖县继续登陆，至此海南岛沦陷。随后，日军相继占领东沙、西沙和南沙群岛，并公然宣布对这些岛屿统辖。

2月23日，一直让蒋介石满怀期待的英国参谋部终于有了回声：

> 重庆。委员长蒋：养电奉悉。现答复如下：（甲）海南岛被占，影响至巨，尤以新加坡至香港之航行大受威胁，英颇感形势险恶，但军事行动尚嫌过早。（乙）英重视欧洲问题，对于远东，迭用外交方式阻止日本一切超出轨道之行动，因距本国遥远，不得不如此。（丙）蒋元帅之提议，倘英国与日本在作战状态中，即考虑接受，现形势不同。唯提议之后部分，以义勇军助华一节，尚有实现之可能，拟建议贵国以外交方式提出于英外交部，再由英外交部与航空部商办，参谋部不必出面。现已将英方意见转告法方。

英国张伯伦政府继续玩弄着慕尼黑阴谋的老把戏，对日本在远东的所作所为一再妥协退让。更为过分的是，几个月后英国还与日本在东京签订了《有田—克莱琪协定》。协定规定，英国在华北限制抗日活动，削减英国在华北的驻军，接受日本在华北的独占地位。

蒋介石原本想借助英国援华制日的计划顿时泡了汤，一夜之间英国反而成为援日制华的对象。无奈之下，蒋介石只能眼睁睁地看着日本在切断了香港至新加坡的海上交通线以后，将屠刀挥向了香港。

香港：黯然失色的东方之珠

日本，东京，静谧庄重的皇宫内，裕仁正在阅读着奏折。他正将目光停留在一段文字上：

据美国国务院的《中国输入军火备忘录》统计：自"卢沟桥事变"到 1938 年年中，各国运入中国的军火有 75% 是经过香港运入的，可以维持中国军队 4 个月的作战需要。1939 年欧洲战争爆发后，国际关系更加复杂，英国开始限制中国通过香港进行中德、中苏物资贸易，日本也多次向英国提出交涉，但中国仍然能够通过香港获得外国的物资。据日军参谋本部估计，1940 年 6 月，中国由香港获得的国外物资约为 6000 吨，占该月输入中国物资的 20%。

裕仁不由得念出"香港"两个字。

此时，宫内突然传来了一阵急促的脚步声。

日军参谋总长载仁亲王亲自前来劝说裕仁，加快侵华战争的步伐。

作为晚辈的裕仁，见到叔祖载仁亲王，含笑着问道："有什么急事吗？"

载仁亲王作为军国主义最坚定的推行者之一，对于裕仁也不太避讳，直截了当地说道："我们必须要取得中国沿海交通线上最后的门户香港，为此，我们应不惜与英国直接开战！"

裕仁大吃一惊："夺取香港？与英国开战？"

他暗自思忖：怎么香港会成为了战争的焦点？

载仁亲王点了点头说："是的。我军虽已对中国沿岸海面进行了封锁，但仍有无数的帆船队以香港为中转基地，横行于华中华南沿海一带，到处都是通向中国腹地的走私通道。自中国事变后，中国先后失去了上海、武汉和广州。蒋介石虽已将政权迁移至重庆，但依靠英美列强的外援，却加强了彻底抗战的决心。现在，香港已成为中国最大的国际交通门户，承担了援蒋物资中转基地的关键作用。因此，只有攻下香港才能促使蒋介石政府彻底放弃抵抗。"

1940 年 6 月，法国面对德军的攻势显得不堪一击，英军也是在敦刻尔克才侥幸得以逃脱。英国在欧洲战场的失败，使其在东亚的殖民地处于孤立无援的境地，这让载仁看到了将英国清除出东亚取而代之的良机。就在此时，大本营海军部也已秘密制订偷袭美国太平洋舰队基地——夏威夷珍珠港的计划。

经过载仁的劝说，裕仁最终同意了攻占香港的作战方案。1941 年，日本大本营顺利完成"南方作战"的所有准备工作，只待伺机动手。

一切正如蒋介石在日军攻占海南岛后所预言的一样，日本已下定决心向民主世界开战！

1941 年的夏天，英国的局势如同丘吉尔的假牙一般，糟糕得让人难以忍受。让德国空军大将戈林搞得焦头烂额的丘吉尔，在此时收到两封来自香港的电报，香港总督和英军驻港总司令将日军对香港的压力，原封不动地传递到丘吉尔身上。最让丘吉尔哭笑不得的是，英军驻港总司令向其发出的增援请求。

丘吉尔看着伦敦街头的断壁残垣，听着天空中德军飞机的不断怪啸，无奈地摇了摇头。但作为英国的国防大臣，眼看着日不落帝国的东方明珠受到日本要挟，总不能拱手相送吧？

丘吉尔召唤机要人员记下一封似是而非的电文：

> 如日本对我开战，则无希望守住或救援香港。在那里增加我方损失，极属不智。不仅不应增兵，反而应将驻军减少到象征性的程度。那里发生的一切纠纷，都必须留待战后的和平会议解决。我方应避免在难以坚守的阵地上消耗实力。日本若对英帝国宣战，谅必酝酿已久，因而无论香港守军有二营或六营，都不会影响其决策。我宁愿那里的守军少一些，但任何撤离行动都必然引人注目，招致危险。

丘吉尔的话恐怕除了自己，谁也难以看懂意思。他当然不是打的太极，他有一番自己的考虑。

重庆，蒋介石一刻都没有放弃过努力保住香港在国际交通线上的地

位。他早就派出陈策率领重庆军事使节团常驻香港。陈策一到香港就建议港英政府组建华人义勇军，由英方提供武器装备，与华南的中方两个军协同作战，保卫香港。但英方一直担心中国会损害香港作为殖民地的利益，他们对于陈策的提议不置可否。

1941年1月，英国派台尼斯少将到重庆，担任驻华大使武官。台尼斯到重庆后，与中方密谈军事合作事宜：一旦香港遭到日军进攻，中国军队应向广东及日军后方采取攻势，以减轻香港守军的压力。

1941年6月22日，日军提前开始行动。日军第18师团一部在宝安奇袭登陆，攻占深圳。随后，该部队在深圳、宝安、沙头角等要地，完全切断了内地与香港的交通，为总攻香港做好准备。

1941年11月6日，日本大本营奉旨向中国派遣军总司令官畑俊六发出关于准备攻占香港的命令。

大陆命第557号

命令

一、中国派遣军总司令官应与海军协同作战，以第23军司令官指挥的第38师团为基干部队，准备攻占香港。

二、有关细节由参谋总长指示之。

昭和十六（1941）年十一月六日

11月起，第38师团以秘密行军的方式陆续将第228、第229、第230三个联队主力，集结在邻近香港的虎门、宝安、深圳一线。

此时香港英军总司令为马尔特比陆军少将。马尔特比曾参加过第一次世界大战，长期在印度英军中服役。他手下约有一个步兵旅和一个炮兵团的正规部队用于香港防御。加上其他宪兵、工兵、香港志愿军和刚刚从加拿大调来的两个营，总兵力1万多人。

马尔特比的标志是：在耳前有两束银灰色的鬓发、典型的英国绅士风度和迷人的笑容。当得到日军在中英边界一侧频繁调动，甚至将坦克车、装甲车和重炮开抵边界线的情报时，马尔特比依然不慌不忙，他对大英帝国的军队充满了盲目的乐观，在他眼中，日军始终是东方的军队，其武器数量和训练程度远不及英军。日军在中国战场上的成功，其原因在于中国方面不认真抵抗所致。他认为只要筑起一些防御工事，再加以必要的装备和守军，便能遏制日军的进攻。

开战之前，马尔特比在向加拿大军官介绍香港时还说："边境对岸的日军约5000人，只有为数极少的劣等装备，他们不能夜战。他们的飞机大部分是旧式的，由于驾驶员是近视眼，根本不会进行俯冲式轰炸。"

很快，他就为自己的轻敌付出了惨重的代价。

1941年12月8日，星期一。

当淡红色的太阳从深蓝色的海面跃出时，香港岛的维多利亚港显得流金溢彩。一切都如同以往繁忙的一天一般，街上开始人头攒动，渡轮来回穿梭，汽车奔驰于各个站点之间……

这时，一群飞机从远处向启德机场飞来，还有人庆幸地以为，远东皇家空军从新加坡起飞增援香港来了。

待机群飞近后，人们才看清楚机身上印着的膏药旗。47架日本零式飞机直奔英国驻香港空军核心驻地——启德机场。还没等英军飞机反应过来，在日军飞机的反复扫射之下，停在启德机场地面上的14架英军飞机全部损毁。瞬间，英军引以为豪的香港空中防卫力量，成为了一堆废铁。还没开战，日军便已牢牢掌握了香港制空权。

11时40分，日本天皇颁布对美、英两国宣战诏书。

随后，港督杨慕琦也发表了广播演讲：

> 本督今晚欲告诸君，战事虽已蔓延世界各处，而本港人士须紧急加入服务，但余之所以欲慰告诸君者，以本督能向诸君保证，吾人能坚强应付敌人，对于战事结果毫不加以疑问。
>
> 英、美领袖几月来努力防止此次战争之发生，但此方面已归失败，故吾人不得不参加作战。日本从未放弃恶毒目标，谋取邻邦主权，并欲破坏中国及其他国家之自由、博爱及正义。
>
> 诸君尽知吾人友邦中国多年来继续担任抵抗侵略者之光荣任务，吾人今日与中国人民及蒋委员长并肩作战，彼此互为同志。吾人有

伟大协约国，吾人当好自为之。彼等之抗战乃吾人之抗战，彼此一致前进。此战争或需时甚久，且甚为艰辛，本督请诸君努力，加以协助。在此次敌机空袭中，本港已表现极佳之通气精神，民团已加入大军准备作战。本督得与诸君共处，深觉荣幸。

杨慕琦将香港的防御希望完全寄托于马尔特比身上，而马尔特比则将希望寄托于横跨新界东西长达100多公里的醉酒湾防线。这条防线设有碉堡、炮台、战壕和地道，碉堡的水泥厚度达1.5米。防线由皇家苏格兰步兵团和印度旁遮普部队驻守。以马尔特比一战中的经验来看，凭借此条防线阻挡日军半个月左右应不在话下。

然而，日军快速占领了九龙城寨外可俯瞰醉酒湾防线的制高点，并架起了150毫米的大炮。日军从新界方向的缺口向守军两翼进军，很快便突破防线，英军全线崩溃。日军带着大批英军俘虏和武器，大摇大摆地开进九龙半岛。

开战不到一个星期，日军便完全占领了新界和九龙。

英军在日军强大的攻势下被冲得七零八落，这与马尔特比当初所设想的战争场面完全不一样。

骄傲的马尔特比当然不肯轻易承认自己的失败。他希望将主力保留在香港岛，利用海港作为屏障与日军竭力周旋。

日军占领新界和九龙后，在九龙最南端的尖沙咀与香港岛对峙。日军没有贸然渡海作战，他们决定先对英军采取劝降战术。

17日，一封信摆在了港督杨慕琦的办公桌上，杨慕琦打开一看，是日军的劝降信：

劝告书

我善战之攻城炮兵及勇敢之空军已做好准备，香港覆灭指日可待。香港命运已定，胜败不言自明。我攻城军念及贵军之命运及香港百万无辜民众，不能听任事态发展。溯自出战以来，贵军虽努力作战，但如继续抵抗，必将断送百万无辜男女老幼之生命，此皆为贵国骑士精神及我国武士道所不忍。望总督深思，立即承诺献城，否则余唯有忍泪动武，令贵军屈服。

帝国皇军第 23 军司令官酒井隆中将

杨慕琦看了信后，轻蔑地笑了笑，便将劝降信揉成一团，丢进了废纸篓中。他心想：毕竟英军主力还在，如果就这样轻易投降的话，那大英帝国颜面何存？

日军见劝降未果，便于 12 月 18 日夜，从维多利亚港东面的鲤鱼门渡海登陆，在香港岛的太古船坞等地与英军展开激战。

日军进入香港岛后终于尝到了苦头。英军在港岛最重要的战略据点黄泥涌道严密布防，等待着日军的到来。

由罗森准将所率领的加拿大部队以金马伦山、湾仔峡、马已仙峡的防御工事为据点，把守黄泥涌峡谷。

穿过黄泥涌峡谷，沿着渣甸山山脉往北走，可以很快到达湾仔和维多利亚城区；如果向南走，就可来到遍布富人的豪华住宅和娱乐场的深水湾和浅水湾。黄泥涌是香港岛的地理中枢，自然成为英、日两军争夺的战略要地。

罗森准将早料到日军在北角登陆后，主力必会沿山路南进。他立即从旅预备队的一个加拿大加强连中抽调了四个排的兵力增援一连义勇军守卫的渣甸山。

最先从北角登陆的是日军第 230 联队第 3 大队。当他们沿着山间小路猫腰急行时，一串机枪子弹准确地击倒了日军尖兵中队长海野中尉。日军遇到伏击后，立即派出自杀式小队，不断冲击加拿大军驻防的山头阵地。经过一番激烈的白刃战后，义勇军连连长荷姆斯上尉在战斗中牺牲。日军切断了英军东西两旅之间的联系，打开了南下直入黄泥涌峡谷的门户。

黄泥涌血战拉开大幕。

日军第 230 联队开始在峡谷中仰攻，英军驻守高信山和渣甸山西边高地用机枪居高临下进行扫射。很快，日军就在峡谷中扔下一堆尸首。

但日军的速射炮中队很快赶来，占据一侧高地后，开始阻击英军从跑马地和聂高信山增援黄泥涌的装甲运兵车队。如此一来，英军增援部队无法接近阵地，而日军增援部队却源源不断地汇聚过来。到10点左右，罗森见日军已经攻到了旅司令部周围，他用电话向马尔特比司令官报告："敌人近在咫尺，我将外出应战！"

放下电话后，罗森与司令部所有人员包括通信员、信号员一起走出掩体，与日军展开肉搏。英日两军在峡谷内展开一场生死战。

从英军的罗森准将到日军的东海林大佐，双方从士兵到将军都拿起手边武器，在黄泥涌的每一处可以战斗的地方捉对厮杀。

硝烟弥漫，血肉横飞。

日军在付出近1000人的伤亡代价后，占领黄泥涌峡。而罗森准将则成为在香港保卫战中牺牲的最高级别军官。

12月20日，日军调派重炮部队登陆香港岛参战，加上源源不断地从九龙方面增派的步兵以及空中力量和优势火炮的攻击，英军渐渐不支，开始节节后撤，岛上的主要阵地逐一沦陷。

日军沿黄泥涌道进入港岛南端，继续追击撤退英军，直到浅水湾酒店附近才遇到加拿大部队的阻截，双方进行了激烈的巷战，格朗兹上尉不幸牺牲。

其实在英军孤军苦战的时候，许多赤手空拳的中国人正在通过各种手段反抗着日军入侵。但英军宁可将大量的武器弹药空置于军火库中，也不愿将民众武装起来一起对抗日军。香港毕竟是英国人的殖民地，而中国人始终没有发言权，更不要说行动权了！

不久，香港岛南北两端的防线全部被日军攻破，英军已无法继续战斗。

杨慕琦见局势已难以支撑，电话报告丘吉尔说：香港败局已难挽回。

丘吉尔密令港督杨慕琦：宁可向日本人投降，也不可使香港落归中国人手中。

丘吉尔说：如果投降日本人，将来还有收回的机会，如果一旦落归中国人之手，就等于把香港拱手归还给中国。

香港弃守前夕，丘吉尔与港督最后通电，竟然变成了殖民地宗主国与入侵国之间的一种肮脏交易。

12月25日，马尔特比和杨慕琦亲自乘船渡海前往被日军占领的半岛酒店，正式向日军第23军司令酒井隆中将签署投降书。同日晚上，日本大本营正式宣布占领香港。

香港作为中国连接世界的重要国际交通门户存在了整整 4 年半，在 1941 年最为黑暗的圣诞之夜，失去了其东方之珠的光芒。

一年多后，日军又占领了法国殖民地——广州湾，封锁了中国沿海的最后一个出海口。这也意味着中国的海上通道全部丧失。

一条受伤的巨龙
蜿蜒于苍山洱海中
带血的钢爪将巨石碾碎
残缺的鳞片铺就出通途
如怒江般混合着尊严与屈辱
燃烧着仇恨的烈焰
滚滚向前

第二章

燃烧的血途

——铺筑滇缅公路

著名桥梁专家钱昌淦设计的昌淦桥，
1940 年 10 月建成通车，滇缅公路运输量迅速提升。
但桥刚通车仅 7 天就被日机炸中，桥的一半坠入江中。
钱昌淦闻讯立即乘飞机前往抢修，途中遭遇日机袭击，
不幸以身殉职。

打通滇缅国际交通线

1937 年 8 月 8 日，昆明机场，一架飞机冲破厚厚的云层，匆匆朝南京方向飞去。

"云南王"龙云坐在飞机上脸色凝重，一言不发，他的心情如同机窗外聚积的乌云。龙云心里清楚：此去南京参加国防会议，蒋介石当前一定是要团结各派力量，商量共同抗日的事情。虽然云南地处中国西南一隅，或许在不久就要担当起抗战大后方的职责。然而如何发挥云南的优势，既能为中国抗战出力，又不致让蒋介石的势力趁机进入云南，削弱自己苦心经营的地盘，这才是未来几年他需要考虑的重点。

飞机在轰鸣中，抵达国民政府所在地南京。此时的南京城已经是四面楚歌，市民们纷纷议论着与日本人开战的各种消息。

当龙云下机时，国民政府陆军部长何应钦等人已在机场等候多时。简单的欢迎仪式后，车队载着龙云迅速向北极阁宋子文公馆驶去。

8 月 13 日，淞沪会战打响。

8 月 15 日，国防会议结束后，蒋介石来到北极阁，专程拜访这位滇军统帅。北极阁上空一队日军九六式飞机来回盘旋，似乎在提醒着他们：一场中华民族的浩劫即将到来。

蒋介石简单寒暄后，眉头紧锁地问龙云对当前抗战局势有什么看法，蒋介石是在试探龙云抗日的决心。

龙云心领神会，立即说："现在国难当头，身为地方行政负责者，当尽以所有人力财力，贡献国家，牺牲一切，奋斗到底，俾期挽救危亡。"

蒋介石点着头说："忠贞谋国，至深赞佩！"

蒋介石又问："滇军可否出两个军的兵力到前线抗日。"

龙云答道："云南地方军队素有基地，就是出兵二十万也可以办到，但目前只能先出一个军，另一个军要看战争情况再定。"

龙云的回答虽然有所保留，但还没有让蒋介石失望。

当蒋介石向龙云谈到云南可能成为抗战的大后方时，龙云主动向蒋介石提出修建滇缅公路的问题。

龙云说："志舟（龙云字志舟）主政云南十余年来，一直把修筑境内的交通作为头等大事来抓。"

龙云看了眼蒋介石，将语气加重，继续说道："目前看来，上海的战事恐怕难以持久，南京又时时面临威胁，上海既失，国际交通顿感困难，南方战区可能扩大，而香港和滇越铁路都有问题。"

蒋介石知道龙云是话中有话，问："那你的意见怎样？"

龙云："我的意见是国际交通应当预做准备，即刻着手同时修筑滇缅铁路和滇缅公路，直通印度洋。公路由地方负责，中央补助；铁路则由中央负责，云南地方协助修筑。"

蒋介石心里明白龙云是想借中央的财政支持云南的交通建设，以提高龙云对云南的控制力。一旦云南真正成为中国抗战的大后方，那必将是今后中国持久抗战不得不倚重的地方。况且云南还与缅甸和越南等国有着漫长的边界线，有着建立高效国际交通线的先天优势。

鉴于日军的海空优势，中国沿海交通口岸很难依靠，开辟一条切实可行的国际交通线，以摆脱日军的封锁确实变得越来越紧迫。

蒋介石犹豫片刻后，点头同意说："好得很，好得很。我立即告诉铁道部和交通部照此办理。"

离开北极阁，蒋介石一路上仍在思考着国际交通线的问题。龙云的确说得有理，若再不打通滇缅公路，获得国际援助，前线抗战的军队就有可能被日军窒息而死。

蒋介石想到这里，不禁后背发冷。他立即令交通部次长前去昆明，火速筹办和加强公路工程处，务必全力以赴地修通滇缅公路，保证外援能够顺利进入中国。

其实早在1925年唐继尧主政云南时期，就开始修建昆明到下关的公路。1935年至下关公路通车后，各地区因利益纠纷对公路走向问题发生了意见分歧。有人提出公路必须经过腾冲，有人力主经过凤庆后到达缅甸的滚弄。多年来，对于两条公路的争论一直没有结果。

1937年10月底，国民政府交通部次长王生来到昆明，会同云南省政府及云南交通部门共商滇缅公路建设事项。短短几天，便确定了滇缅公路由下关经漾濞、永平、保山、龙陵、芒市、瑞丽出界的路线，并且明确了修路经费由国民政府补助。

当得知滇缅公路的线路已经由国民政府敲定后，龙云立即派缪嘉铭到仰光与缅甸政府协商关于修建滇缅公路问题，希望缅甸方面同意修筑腊戍至国界畹町河的公路，中国则修筑由下关至畹町河的公路。缅甸方面表示同意，并立即派人对腊戍至畹町段进行勘探。

滇缅公路我国境内由昆明至畹町全长为959.4公里，从畹町桥与缅甸公路衔接至腊戍186.7公里，腊戍至仰光902.9公里。

1938年，随着抗战形势的日益严峻，蒋介石严令：无论有多大困难，滇缅公路都要如期完工。

抢修滇缅公路的工作急如星火，云南省政府也对下面下了死命令：国民政府要求滇缅公路在一年之内全线修通，如不能按期通车，以贻误军情论处。省内各县县长纷纷收到了限期完成筑路任务的紧急公文：一封鸡毛信和一个木盒子。鸡毛表明情况十万火急，木盒子里装着一副手铐，言下之意，谁耽误了工程，就让谁掉脑袋。

滇缅公路修建过程中，英国大使馆参赞专门到修筑工地视察，他表示不相信中国能够在一年内修通滇缅公路。国际联盟也派一个法国籍专家来云南视察，他也对一年内完成如此浩大的工程表示怀疑。缅甸交通部部长现场看了施工情况后，也频频摇头，觉得不可能一年内完成滇缅公路修筑。

修建滇缅公路的压力落在了宋子良身上。此时，宋子良正掌握着中国的交通命脉，主管粤港、桂越、滇越和滇缅公路等几条国际交通线上的运输事宜。宋子良是宋氏三姐妹（宋霭龄、宋庆龄、宋美龄）和宋子文的大弟。凭借着当时宋氏家族在中国的影响力，宋子良顺利接管了权倾一时的西南运输处。在"三姐夫蒋介石给权，大姐夫孔祥熙给钱"的大力支持下，宋子良准备在大后方的交通建设上大干一场。

宋子良通过中国驻仰光总领事，将负责滇缅公路的徐以枋召来。

徐以枋，浙江平湖人，毕业于复旦大学土木工程系，全面抗战爆发以来，他奉派协助江西省公路局加固宁赣干道沿线桥梁，后又奉命紧急赶往云南负责修建国际通道滇缅公路。

宋子良傲慢地问道："蒋委员长对修筑滇缅公路极为重视，你们在修路过程中有什么问题可以向我提出来，我会尽量想办法帮你们解决。"

徐以枋直截了当地说："滇缅公路沿线越过横断山脉，山岭崇峻，水流湍急，开石修路的难度非常艰巨，何况还需要在山间架桥。云南自古属于偏远地区，当地人口稀少，因此用以修筑公路的劳力也不易招到。此外，云南少数民族较多，各民族的生活习惯大不一样，协调起来一起做工，难度也十分大。好在大家全都在为了抗日全力赶工。"

宋子良知道滇缅公路的成败更取决于途中架桥的问题。他继续追问道："那澜沧江和怒江上架桥的问题解决了吗？"

徐以枋逐条回答说："澜沧江上的功果桥是在 1938 年 2 月 25 日开工的。这条跨越澜沧江的临时桥，是一条柔性悬索桥，跨径 90 米，木桥面净宽 3 米，可以通过 7 吨的标准货车一辆。施工时，由于没有会吊装的技术工人，中国方面经多方打听到缅甸仰光有一个会这项技术的印度工人，于是就组织中国工人跟着学习。建桥时没有机器，就用原始方法解决，连绞车都用木制作。照目前的进度，最快于 6 月 5 日前可以通车。"

宋子良明白徐以枋将难题放在了后面，说："怒江上那座桥，还能用吗？"

徐以枋解释道："保山以西 92 公里处的怒江上面，原来筑有一条可以通过骡马和行人的悬索桥，叫惠通桥。桥是缅甸华侨梁金山捐款修造的。后经国民政府将此桥改造，建成一座桥面净宽 4 米、跨径 84 米、载重 10 吨货车的悬索桥。怒江上的惠通桥将于功果桥竣工后立即开工，预计到 1939 年 1 月全部完成。"

宋子良急了：什么？还要等到明年 1 月，不行！年底前必须完成改造任务。

"最后一个问题，"宋子良带着怒气问道，"滇缅公路什么时候才能全线贯通？"

徐以枋眼看已无法回避，想了半天，只好硬着头皮说："最快，要到 1938 年底前才可以修通。"

宋子良暗想：西南运输处总不能老依靠三姐夫蒋介石给权力、大姐夫孔祥熙不停地给钱，而什么成绩也做不出来，要做就做个惊天动地的大事出来，让天下人瞧瞧我的本事！

宋子良没有接徐以枋的话，转身离开了。

　　1938年10月，滇缅公路的第一期施工任务还没有全部完成，惠通桥旧桥面正在改建之中，突然从缅甸方向驶来一队卡车，车上载满了军火。正在指挥修桥的徐以枋一看，第一辆卡车的副驾驶上坐着的正是宋子良。

　　此时广州沦陷不久，原定在香港卸货的一艘苏联军火船改驶仰光，运来300门炮、2000挺机枪、70万发炮弹、4000万发子弹，总计5000余吨的武器军火。身为西南运输处处长的宋子良亲自负责押运。看着还没有修建完成的惠通桥，宋子良邀功心切，不顾工程进度，要求立即过桥。

　　徐以枋眼见已成骑虎之势，他心里明白：宋子良此次前来，是不过桥不罢休了！

　　徐以枋暂时先找人稳住宋子良，然后详细核算了旧桥各受力部件的最大荷载能力。他自言自语道："如果将军火卸下，空车过桥应该还可以承受。"

　　徐以枋按下担忧，对宋子良说："不如这样，为确保安全，您看，是不是可以人先乘空车过桥，然后再将军火分次运过桥后，装载上车。"

　　宋子良僵持了一阵，见势也不好再坚持，用鼻孔"嗯"了一声，算是同意了。

　　待工人们把军火卸下后，宋子良开始乘车过桥。

　　只见惠通桥摇摇晃晃地摆动着颀长的身躯，当卡车缓缓驶到桥中间时，蛇形起伏的悬索桥，竟出现了五六十米的上下落差。这情形看得周围工人与守桥士兵心惊肉跳。大家全都为宋子良捏了一把汗。

　　当卡车轮驶上怒江东岸后，宋子良的脸色才由白转红，兴奋之情泛在了脸上。

　　宋子良立即对外宣称："滇缅公路已经全线贯通！"

　　消息一经宣布，相当于一颗重磅炸弹扔到了抗战大后方，立即引起了国际舆论的注意。美国总统罗斯福听说滇缅公路已经通车的消息后，特命美国大使詹森，取道仰光沿滇缅公路赴重庆，以便实地调查情况是否属实。

　　当詹森的车顺利通过惠通桥时，他停下车询问了工程情况，并拍摄了照片。到达重庆后，詹森发表谈话："滇缅公路工程浩大，沿途风景极佳，此次中国政府能于短期完成如此艰巨工程，此种果敢毅力与精神，实令人钦佩。且修筑滇缅路，物质条件异常缺乏，第一缺乏机器，第二纯是人力开辟，全赖沿途人民的艰苦耐劳精神，这种精神是全世界任何民族所不及的。"

英国《泰晤士报》连续三天刊文报道，文章感叹"只有中国人才能在这样短的时间内做得到"，并把滇缅公路称为"可同巴拿马运河相媲美的世界奇迹"。随后，多国媒体纷纷报道了此事，滇缅公路在国际上立即声名大震。

而实际上直到惠通桥完成半年后，滇缅公路才能正式大量运送国际援华的各种物资。

铺石、铺路、铺血肉

滇缅公路东起昆明，横穿云岭、怒山、高黎贡山等山脉，跨越漾濞江、澜沧江、怒江等河流，西至缅甸的腊戌，经由仰光—曼德勒铁路，南抵仰光港，绵延千里与海运相连。沿途高山雄峙，河流湍急，地形复杂，气候恶劣。云南各族人民仅用了287天的时间，就在如此险峻的地形上，修建了一条伟大的公路，

惠通桥

这种壮举令世人景仰。

但谁又知道，这个中外筑路史上的奇迹掩藏着多少筑路工人的血泪与辛酸？

1937年底，春节将至，滇缅公路沿线30多个县的民众响应政府号召前来修筑公路。各个民族的民工汇聚到了一起，妇女、儿童、老人是这支修路大军的主力，青壮年的男人们都参军去了中原的抗日前线。有的孩子还带着自家的宠物：鸡啊、狗啊，还有小鹦鹉。傣族的孩子还带来了训练有素的猴子。工程开始之初，有人议论说："那么多的崇山峻岭，那么多的大江大河，即使徒手游历，也需要几个月的跋涉，才能完成旅行，更何况是劈山造路，过河架桥！"

云南每年仅雨季就达6个月，尤其是澜沧江和怒江两旁，雨季时瘴气特别厉害，连当地居民都不敢出门。当地有句谚语："要过怒江坝，先把老婆嫁"，可见当地疟疾等病的流行程度。

工程量最大最艰巨的还要属下关至畹町的548公里公路。这段看起来不长的路不仅要跨越漾濞江、澜沧江、怒江三条大江，还要翻过直入云霄的横断山脉。

沿途崇山高耸入云、河流汹涌澎湃，稍有不慎就会丧失性命。即使在如此困难的环境下，各族人民不分男女老少，有的是祖孙三代人都参加了筑路。许多民工上路都要长途跋涉三到六天，还要自带粮食、衣帽和修路的各种工具。工地没有住房，就砍树枝搭盖临时窝棚栖身，风餐露宿，忍饥挨饿，衣不蔽体。冬季，山风冰冷刺骨，则用火来取暖；夏季，热浪袭人，瘴疠瘟疫，疟疾肆虐威胁着工人们的生命。他们在没有或极少报酬的情况下，开山筑路，硬生生地用大锤、火药炮杆、十字镐等原始简陋的工具，一米一米地将公路往前推进。

为了调动大家筑路的热情，有人写下《筑路励民歌》并在工人中广为传唱。在澜沧江畔陡峭的高崖上、在怒江滚滚的急流上、在横断山脉的高树林中，高亢的歌声始终在蜿蜒的滇缅公路上空飘扬：

我辈当为难中难

竭力打开生命路

运粮利器到疆场

杀彼日魔

救我国亡!

二十多万无畏的开路先锋，日以继夜地奋战在工地上。各种不可预知的因素随时都会夺走他们的生命，爆破、开山、坠崖、落江、坍塌等，有许多人坠入山崖，死后连尸体都找不到。一个修路的工头曾描述过悬崖上工作的工人："就像是用面浆粘在上面一样，一阵风就会吹下江去。落江时，就像只鸟儿那么嗖地飞下去，在江水里卷起个漩涡，那便就是一切了。当然最惨的还是死于炸石的，一声爆响，或许打断一条腿，或许四肢五脏都被抛到了空中。所有悬崖陡壁都是这么斩开的！"

滇缅公路上有大小桥梁三百七十多座，几乎每座桥下都埋有中国人的尸骨。当时在《大公报》当记者的萧乾花了三个月的时间深入滇缅公路修建工地，写下了《血肉筑成的滇缅路》的文章，文章中记载了多则小人物的感人故事。在此，部分摘录"桥的历史"和"历史的原料"两段原文：

并不是"上帝说有桥，于是就有了桥"，每座桥都有它不平凡的来历。修胜备桥的桥基时，先得筑坝，把来势凶猛的江水迎头拦住。然后用田塍上那种水车，几十只几百只脚昼夜不停地踩，硬把江水一点点地淘干。然后还要筑围坝，最后下桥基。下桥基的那晚，刚好大雨滂沱。下一次，给水冲掉一次。这时山洪暴涨了，为了易于管理，一千多桥工是全部搭棚聚住在平坝上的。江水泛滥到他们的棚口，后来侵袭到他们的膝踝。可怕的魔手啊，水在不息地涨，终于涨到这千多人的胸脯。那是壮烈凄绝的一晚：千多名路工牵着手，男女老幼紧紧拉成一条受难者的链索，面对这洪泛（液体的坟土！）绝望地哭喊。眼看它拥上了喉咙，小孩子们多已没了顶，大人号啕的气力也殆尽。身量较高的，声嘶力竭地嚷："松不得手啊！"因为那样水势将更猖獗了。——半夜，水退了，早晨，甚至太阳也冒了芽。但点查人数的结果，昨夜洪流卷去了三四十个伙伴。

………

那一天，这汉子手下也许特别勤快。打完六个炮眼，回头看看，日头距峰尖还老高的。金黄色的阳光晒在大龙竹和粗长的茅草上，山岚发淡褐色，景色异常温柔；而江面这时浮起一层薄雾，一切都在鼓励他工作下去。

"该歇手了吧！"背着火药箱的妇人在高处催着他。她本是个强壮女人，但最近常觉得疲倦，一箱火药的重量可不轻呢！

他啐了口唾沫，沉吟一阵。来，打一个吧！

没有报偿，没有额外酬劳，甚而没人知道。这是一个淳朴的滇西农民，基于对祖国的赤诚而捧出的一份贡献。

但一个人的体力和神经的持久性毕竟有限，而自然规律原本无情，赤诚也不能改变物理因果。

这一回，他凿完了炮眼，塞完了药，却忘记敷上沙土。

轰的一声，没等这个好人爬远，爆炸了，人碎了；而更不幸的，火星触着女人的药箱。女人也炸得倒在崖边了。

江水还浩荡滚流着，太阳这时已没山了，峰尖烘起一片红光，艳于玫瑰，而淡于火。

妇人被抬到十公里外工程工段的茅屋里，她居然还有点微息。血如江水般由她的胸脯肋缝间淌着，头发为血浸过，已凝成稍粘的饼子。

过好一阵，而且就在这妇人和世界永别的前一刹那，她用搭在胸脯上的手指了指腹部，断断续续地说道："救救——救救这小的……"

随后，一个痉挛，这孕妇仅剩一缝的黑眼珠也翻过去了。

这时，天已黑了。滇西高原的风在旷古森林中呼啸着，江水依然翻滚着白浪，宛如用尖尖牙齿嚼啃着这悲哀的夜，宇宙的黑袍。

有一天你旅行也许要经过这条血肉筑成的公路。你剥橘子糖果，你对美景吟歌，你可也别忘记听听车轮下面咯吱吱的声响，那是为这条公路捐躯者的白骨，是构成历史不可少的原料。

从 1938 年 8 月至 1942 年 5 月，滇缅公路共抢运 50 多万吨军需物，在抗日战争初期发挥了巨大作用。滇缅公路成为中国与世界沟通的桥梁，是抗日战争期间运行时间最长、运输战略和军事物资最多的国际交通线。

要知道，当时如果日军切断了滇缅公路，中国国内的战争物资储备最多只够维持三个月。

因此，滇缅公路不仅是一条血肉铺就的运输线和生命线，更是中华民族用不屈意志筑成的抗击日本侵略者的钢铁长城。

日本人想方设法要毁掉滇缅公路

滇缅公路自通车以来至 1942 年 5 月这段时间里，是中国抗战大后方运输大发展时期。由于中国沿海、中越和西北通道相继被切断或名存实亡，滇缅公路成了唯一与海港联通的陆路国际通道，其战略地位进一步提高。

尤其是当美国总统罗斯福宣布"租借法案"适用于中国时，随之而来的不仅仅是数量众多的各种武器装备和物资，更重要的是滇缅公路的路况和运输能力得到了很大的提升。滇缅公路的运量从以往的每月 4000 吨激增至每月 1.5 万吨，运力在短时间内提高了 3 倍。

眼见滇缅公路上运送的物资源源不断地进入中国境内，日本人感觉到了巨大的恐慌，他们认识到滇缅通道就是中国抗战的生命线，因此决定不惜一切代价也要切断这条中国唯一的国际战略通道。

从 1939 年冬起，日本飞机开始轰炸滇缅公路两端最重要的两座城市：仰光和昆明。它们都是滇缅公路的重要枢纽，日军认为只要摧毁这两个中心，就可以使滇缅公路彻底丧失它的生命线作用。仰光是缅甸的首都和最大海港，中国进口的军用物资首先由海船运至仰光，再由公路或铁路运至腊戍，通过滇缅公路运到中国昆明。因此，仰光被列为日军轰炸的重点。日军占领泰国以后，多次出动飞机从泰国曼谷机场起飞，直接奔袭仰光。

昆明则是中缅、中越国际交通线的汇聚点，也是中国西南最大的铁路、公路和航空枢纽，战略地位的提升使昆明迅速成为西南最重要的抗战支

点之一，短短 2 年时间里，昆明的人口就从 30 万猛增为 50 多万。日军将中国大后方的物资集散中心——昆明，列为首要轰炸的目标。

从 1940 年开始，日本轰炸机先后出动上百架次在战斗机的护航下，空袭了中国空军的飞行训练基地、机场和机库、修理厂等军用设施。

5 月 9 日，27 架日本轰炸机空袭中国空军的飞行训练基地，30 人被炸死，50 人受伤。

9 月 30 日，日机 27 架，分 3 批袭击昆明机场。

10 月 1 日，又有日机 18 架来袭，造成巨大破坏。

10 月 7 日，25 架日本轰炸机由 6 架最新式的战斗机护航，轰炸昆明机场，击毁了 4 架鹰式教练机、1 架 E-15 歼击机。

10 月 13 日，日本出动 8 架俯冲轰炸机和 27 架轰炸机，由战斗机护航，袭击了机库和修理厂。

虽然在中国的空军基地周围也架有密集的防空高射炮，但这些高射炮的射程只有 2000 多米，而日机则在 5000 多米的高空进行投弹。因此，任凭中国的防空部队如何努力地向天空喷射着火舌，日机都丝毫感受不到危险的存在，在中国的天空中肆无忌惮地选择各种目标进行攻击。

1940 年 10 月的一天，昆明城内空袭警报突然响起。丧心病狂的日军派出几十架九六式轰炸机和零式战斗机开始了一场针对昆明无辜平民的大屠杀。在刺耳的警报声中，混乱的人群蜂拥到大东门至交三桥一带。日机将炸弹雨点般倾泻下来，经过一番疯狂的轰炸后，昆明顿时被燃成一片火海，房屋倒塌，尸体横陈，血肉渗进了焦土当中，往日繁华的昆明遭到了毁灭性的破坏。日本的战斗机知道昆明失去了防空能力，故意飞得很低，将机关炮朝着聚集在一起的惶恐的人群扫射。在残垣瓦砾中，哀鸿遍野，树枝上、屋顶上甚至电线上都挂着死人的断肠残臂，哭声震天，仅仅一瞬间，昆明就变成了人间地狱。

日本空军在彻底解除昆明中国空军的威胁后，又将目标集中到滇缅公路的桥梁上。

1940 年 10 月，法属印度支那北部沦陷后，日军堂而皇之地进驻了河内。不久，日军专门组建"滇缅公路封锁委员会"，并任命日本侵华海军司令部参谋长大川内传少将为"滇缅公路封锁委员会"指挥官。在河内的一栋典型的越南式木屋内，大川内传在一张绘有滇缅公路的军用地图前重重砸下一拳，对身边的参谋恶狠狠地说："从现在开始，我们要以滇缅公路上的主要桥梁为重点目标，一刻不停地进行大规模轰炸，一定要灭绝中国人抵抗日本的决心。"

几百架日军飞机从河内机场起飞，昼夜不停地盘旋在澜沧江和怒江上空发出阵阵怪啸，像饥饿的猎鹰搜索食物般在山林江河上找寻着滇缅公路上的重要桥梁。

大川内传将目光死死地盯在澜沧江上的功果桥和怒江上的惠通桥上，这是他们的眼中钉、肉中刺。

当时在功果桥上游 800 米的地方，有一座钢结构的悬索桥，是在修建功果桥时为了设计载重、为了抢修需要而临时修建的。后来因为滇缅公路的运输任务不断加大，由交通部桥梁设计处处长钱昌淦主持对此桥进行加固扩建。

钱昌淦是我国著名的桥梁专家，年轻时曾赴美留学，学成后回国参

抢修昌淦桥

如今的昌淦桥上还能通车

与建设钱塘江大桥。钱塘江大桥建成时，中国全面抗战已爆发，鉴于钱昌淦在建桥时的表现，民国政府任其担任交通部技术厅桥梁设计处处长。

钱昌淦设计的这座桥从 1939 年 4 月开工，到 1940 年 10 月建成通车，桥面坚固可以同时通过好几辆车，这使得滇缅公路的运输量迅速得到提升。但桥刚通车仅 7 天就被日机投出的轻弹炸中，桥的一半坠入江中。钱昌淦闻讯后，就像听到自己的孩子出了事一般，立即乘飞机前往抢修，途中遭遇日机袭击，不幸以身殉职。交通部为了纪念他，就把这座桥命名为"昌淦桥"。

功果桥虽然也多次被炸，但因澜沧江两岸高达 3000 多米的高山对峙，好似一对守护神一般，将桥依地势隐蔽了起来，因而在日机轰炸时往往有惊无险。

1941 年 1 月，一架日机在返航途中将剩余的炸弹投了下来，原本无意的行为，竟将功果桥炸断了。负责看护功果桥的是"永平第四工程段"，由一名叫黄谓泉的工程师任队长和 83 个工人组成"桥工队"，此外还有附近 5000 多名民工负责保障。这些勇敢的中国军民深知自己身负的使命，如果滇缅公路上国际物资不能及时运送到前线战场，那会有多少抗战将士血洒疆场？他们在飞机声还没远去时，就迅速从山里冲了出来，很快便将功果桥修复如初。

当时守桥的工程师和工人为了防止功果桥再次被炸断而影响物资的

运输，想出一个土办法来确保运输的畅通。当时，由于沿途运送物资的卡车非常耗油，在车子加完油后，就将空的汽油桶留在了路边。他们就把上百个汽油桶扎在一起，上面铺上木板，在两端各用 1 根直径 31.7 毫米的钢索扣紧浮筏，使它变成一只流动的渡船。这种临时渡船的浮力相当大，竟可以将 4 辆满载物资的美式"吉姆西"军用卡车安全运到河对岸。后来他们干脆把 10 只渡船再连在一起，使渡船变成一座浮桥。这样一来，既可以用浮桥来摆渡车辆，还可以用它来抢修炸断的桥。这种土制的浮桥在滇缅公路上发挥了很重要的作用。

日军的轰炸即使炸断了桥梁，但是他在这边炸，桥工人们就在那边修，运输基本上没有断过。从此，澜沧江上的国际运输线，成了炸不断的钢铁交通线。

怒江上的惠通桥也被日机先后炸过 6 次，日军飞机每次投弹极多，但极少能命中目标。惠通桥就像一个久经沙场的老兵一样，面对日机的轰炸，屹立不倒。有一次惠通桥东岸桥台被炸伤了，抢修施工队的汉子们，不顾天上日机的轰炸还在继续，也不管桥边的道路如何泥泞，他们只知道让车队像血液般在公路上流动起来，这就是赋予他们生命的意义。经过工人们昼夜不停地抢修加固后，惠通桥迅速恢复了原来的载重量。不久，惠通桥也和功果桥一样，在怒江上下游修筑了便道，搭建了浮桥，以备桥身被炸后，及时修复，保证运输的畅通。

在日军飞机的密集轰炸下，从 1940 年 10 月 20 日起仅仅 4 个月中，功果桥和惠通桥被多次炸中。但英勇的中国护桥员，像母亲看护孩子般昼夜守护着这些桥梁。任凭日军飞机如何狂妄、如何嘶吼，他们真正做到了随炸随修，使滇缅公路成为国际上著名的"炸不断的公路"。当时参加滇缅公路设计施工的徐以枋说："有时当功果、惠通两桥被炸之后，愚蠢的敌人得意忘形，广播中大肆叫嚣，说什么滇缅公路运输已被切断，3 个月之内没有通车的希望。实际上在英勇的筑路员工群策群力、顽强奋战之下，虽被敌机轰炸破坏过 20 次，但阻碍通车的时间，一共只有 13 天 10 小时又 15 分钟。"

日军发现对重要城市和桥梁的轰炸并未取得预期的效果，滇缅公路上依然行驶着各式各样的运货卡车。日军就派出特务潜入公路沿线，一旦看到满载物资的车队经过就施放信号，引导日机空袭。

　　当时中国共有 27 个汽车团负责抗战时期全国的交通运输任务，其中西南运输处就有十多个团一万多辆车奔驶在滇缅公路上进行运输，他们是运输援华物资的主力。汽车团每团配备大卡车五百多辆，型号为美国产的"吉姆西"和"司蒂蓓克"，还配有二十余辆各型"吉普"。在滇缅公路上进行运输的除军用卡车外，还有政府各部门的数千辆卡车，以及大大小小的私人运输公司购置的汽车。运送的物资也形形色色，除了军用装备外，还有棉纱、药品、汽车零配件以及布匹洋火、烟草等日用品。滇缅公路上运输场面可谓热闹一时。

　　经历过多年战争洗礼，这些滇缅公路上的汽车司机已经能镇定面对日机的轰炸和袭扰了。当日军飞机沿着滇缅公路寻找间谍提供的目标，追击扫射来来往往的各式车队时，司机们也变得无比机敏，当听到飞机声音远远传来时，就立即跑到山林中隐藏起来，等待敌人的飞机飞走后，再接着开车。

　　多年来，汽车在滇缅公路上左转右旋；飞机的轰炸声、机枪声混合着机车奔驶时的马达声；司机们的手脚在离合器、档位、方向盘、刹车、油门之间变换着节奏，这一个个画面仿佛化为一个个音符，被谱成一曲对生命线的赞歌，激励着黑暗中前行的中华儿女。正如当时滇缅公路上流行的《马达进行曲》歌词中所描述的一般催人奋进。

我们的雄心和马达共鸣，

我们的队伍向祖国前进；

我们的血汗作胜利保证，

在我们面前永远是光明。

这套好身手到今天显出救国本领，

马达快开动！

为了祖国，亲爱的祖国

担负起这次神圣战争的伟大使命，

我们很光荣，

与弟兄们前进！

在漫长的抗战烽火岁月中，从政府到民间、军队到百姓、国内民众到海外侨胞，他们中有手握刀枪奋勇杀敌者，有铺纸疾书传播正义者，有轮锤持凿修路架桥者，还有踩闸转盘驾车者……他们都是平凡得不能再平凡的中华儿女，他们都在各自毫不起眼的岗位上，为了民族的生存呕心沥血、拼尽最后的力量，正是千百万中国人的齐心协力，为滇缅公路的畅通作出了贡献，才使中国度过了抗战中最艰难、最黑暗的时刻。

日军眼看对滇缅公路的轰炸和封锁都没有效果，便迫不及待地谋划直接进攻缅甸，拿下仰光，直接占领滇缅公路，进而逼近中国西南门户云南，并将这一行动作为实施南进计划和发动太平洋战争的重要一环。

软弱助长了日本人的气焰

1940 年上半年，德军的攻势就像暴风一般席卷了整个西欧战场，整个英国都笼罩在一片黑暗之中。

5 月 10 日，英国伦敦，坐落在威斯敏斯特的白金汉宫在落日乱霞中显得焦躁不安。英国国王乔治六世紧急宣召丘吉尔赶往白金汉宫，授权他组织政府。

当天午夜，丘吉尔就任联合政府首相兼国防大臣。

在英国最危急的时刻，丘吉尔受命主持国政。丘吉尔回到家中，到凌晨 3 点才躺到了床上，一种强烈的如释重负的感觉包围着他。他在床上辗转反侧，盯着天花板，心里想：我终于获得指挥全局的大权了。

丘吉尔是幸运的，他以往的全部经历，不都是为了这个时刻吗？不都是为了承担这种考验而进行的一种准备吗？丘吉尔深信自己不会失败。他迫切地盼望天明后那些更加令人激动的未来。

早在 1937 年德、意、日结成法西斯同盟时，丘吉尔就敏锐地觉察到第二次世界大战的可怕信号就要出现了。可当时英国政府早就被德国人给吓破了胆，他们讨好德国人，乞求希特勒不要进攻英国。

在远东地区，英国人在日本人面前，昔日大英帝国的傲气早已不在。面对新贵日本，他们残留下来的只剩一副虚弱的躯壳。卢沟桥事变后不久，英国驻日大使克莱琪就和日本外相有田八郎签订了《有田—克莱琪协定》。协定声称：英国完全承认日本侵华战争所造成的中国之实际局势。承认日本在其占领区享有的特殊利益。凡有阻止日军或有利于日军之敌人之行动与因素，英国均无意加以赞助。

美国对日本也同样奉行"不干涉主义"的绥靖政策。1937年9月14日，正当日军对中国疯狂发动全面侵略的时刻，罗斯福竟然发表声明："禁止政府所属的美国商船载运军火前往中国和日本，其他悬挂美国旗帜的商船如运此类物资至远东，其责自负。"美国国务卿德尔·赫尔还以略带嘲讽的语气，要美国驻华大使转告中国政府"不要指望美国会有重大的经济、政治或军事援助"。

在当时的国际体系中，弱肉强食就是法则，适者生存就是铁律。谁叫近代中国如此贫穷，如此羸弱！以至于当列强们把中国国家利益作为交易的筹码在圆桌上讨价还价时，中国甚至连旁听的资格都没有。

丘吉尔的上台，虽然立即改变了英国对德国乞求和平的软弱态度，但在对日本方面依然坚持以往的绥靖主义。毕竟，到1940年6月时欧洲战场上只剩下英国还在孤军奋战。英军在刚结束的法兰西战役中惨败，虽然在敦刻尔克大撤退中奇迹般地将三十余万部队撤回英伦三岛，但所有重装备和车辆丢失殆尽。大英帝国，正变得奄奄一息。德军蓄力待发，在英吉利海峡对面集结了所有的空军，对英国形成大兵压境之势。

日本人自然清楚英国的处境。1940年6月19日，日本军方趁火打劫，强硬地向英国驻东京武官提出：避免日本对英国宣战的唯一方法就是关闭滇缅公路，关闭香港边界。

六天后，日本外务省更是连威胁带恐吓地要求英国政府立即采取措施，停止通过滇缅公路运送武器弹药、燃料、卡车及铁路器材等物资，并声称如继续过境运输，将对英日关系产生严重影响。

丘吉尔自然不会为了中国去得罪日本。在丘吉尔眼中，根本就没必要浪费过多精力来关注这时的蒋介石和中国战场。

7月17日，丘吉尔授权克莱琪再次与有田将中国作为交易筹码。英日之间达成《英日关于封闭滇缅公路的协定》，决定从次日起以后三个月间禁止武器、弹药、铁道材料通过缅甸输出到中国。

日本人经过精心计算，认为只要切断外国对中国的物资援助三个月，就可以如愿以偿地拿下整个中国。

丘吉尔其实也很心虚，为避免在国际舆论中落下话柄，他在下院的报告中振振有词地解释道："此项协定的目的是希望在滇缅公路停闭期间找到一种公平的解决办法，使中日双方均可自由接受。"

丘吉尔狡猾地回避了日本侵略中国、企图灭亡中国的事实，而把关闭滇缅公路说成是解决中日关系的需要。

英国为了一己之利，单方面关闭滇缅公路的做法在国际上引起轩然大波。

中国人失去了最重要的国际通道，抗战大后方中国军民急需的各种物资供应不上来，物价飞涨，抗战难以为继。所有这些，对本来就十分严峻的中国抗战形势而言，无异于雪上加霜。

交通部部长张嘉璈看到对外交通运输路线几近断绝，绝望地说："两年来，对于打通国际运输路线，在外交、财政、人事、工程、材料上之种种努力，咸成泡影，实为吾人交通作战方面最不幸之一个。我个人之垂头丧气，可想而知"，"南方国际交通阻断，影响于军需民需之汽油，以及车辆配件之供应至剧。设无补充，将血脉停滞，死亡立待"。

蒋介石则承受着更大的压力，但是作为一国之领袖，他还必须在表面上保持平静，不能让外界看到他的软弱。只有在浴室中，蒋介石才会大声痛哭。

蒋介石代表的中国抗日力量极力苦撑着气若游丝的中国。他一方面大骂丘吉尔这种损人利己的行为；另一方面还不能公开与英国撕破脸，以免失去国际上为数不多的支援。毕竟英国作为老牌帝国主义强国，瘦死的骆驼也比马大，它依然是中国值得去争取的对象。

蒋介石明白面对困难抱怨是没用的，找出解决办法才是当务之急。为了尽快恢复滇缅通道，蒋介石派中国驻英大使郭泰祺于 1940 年 7 月 15 日向英国外交部送去书面抗议。第二天，中国外交部发表声明指出：英国举动违反国际公法之原则、中英各项条约和国联历届之议决案，不独极不友谊，而且还属违法，缅甸运输之继续维持，对于中国之抵抗侵略，至关重要，自不待言。英国接受日之要求，已给予侵略者以巨大利益，

故英国之举动，无异帮助中国之敌人。

7月28日，蒋介石为了做到在国际斗争中有理有节，还致电丘吉尔，晓以利害地指出："中国抗战是中英两国共同利益之所系，唯有中国战胜并保持独立，英国在远东的利益方能保存。"

英国的行为自然也遭到了中国共产党和各类爱国组织的谴责。中国共产党主办的《新中华报》就严正指出："英国反动政府的这种无耻企图不仅违反了国际公法，而且违反了英国为首的国联历次援华决议，特别违反了中英历次签订关于中缅通商之一切条约……"

《群众》杂志进一步指出："英国对日寇这个助纣为虐的协定，不管以后是不是可以改变，但从当前看来，分明是在帮助日寇、迫胁中国投降的……这种损人利己、背信弃义的行为，引起了全国民众的愤慨，引起了全世界有正义感的人士的愤慨！"

斯大林也立即发表声明对英国进行指责。

就连一向与英国称兄道弟的美国，对英国这种不光彩的做法也看不下去了。罗斯福公开对丘吉尔关闭滇缅公路表达了不满，美国国务卿赫尔则发表声明，反对英国封锁滇缅公路，谴责英国和日本签订关于封锁滇缅公路的协定。

可英国依然对中国的抗议以及来自全世界反法西斯力量的谴责无动于衷。

英国人心想，只要日本专心对付中国，英国也可以充分利用这段时间集中所有力量来对付德国的致命攻击。英国本来就不关心中国战场发生了什么，只要英国能够生存下去，就是牺牲中国的领土和主权，来满足日本的侵略要求，也在所不惜。

英国人的如意算盘打得啪啪作响，他们期望以牺牲中国来抚慰日本，从而暂时平息日本人在太平洋上的愤怒。但是，英国的低调并没有换得日本的尊重。日本人岂是如此容易就满足的？他们的最终目标是称霸整个亚洲太平洋。

其实，日本对英国的挑衅才刚刚开始！

英国对日本作出的臣服姿态，让日本人坚信它达到称霸亚洲的目的不再遥远，同时更激起了法西斯德国侵占他们的欲望。

就在滇缅公路关闭5天之后，日本大本营便向中国派遣军发出大陆命第439号，要求"迅速处理中国事变"，同时对第三国进行必要的作战准备。这个第三国主要就是指英国和美国。

1940年8月，不列颠之战打响，德军出动1500多架飞机，向英国发动全面进攻，使英国损失惨重，精疲力竭。9月，德国空军再次飞过海峡，对已被炸得残破不堪的伦敦城实行大规模的空袭。

与此同时，日军也发动突然袭击，强行进驻印度支那北部，并迅速侵占谅山、同登等重要城市。日军距离美国的菲律宾基地和英国的新加坡基地不到800英里。日军对美国和英国在远东的利益垂涎欲滴，一块肥肉就放在嘴边，怎能不吃？

1940年9月27日，日本决定不再对英国遮遮掩掩，公然与英国的死敌德、意两国缔结三国同盟。这相当于给了英国一记响亮的耳光，宣告了英国的绥靖政策彻底失败。

丘吉尔这才恍然大悟，决定重新审视自己的远东政策。

美国总统罗斯福面对日本咄咄逼人的气势也失去了耐心。为了适度遏制日本人的野心，他命令没收日本在美国的所有资产。

英国亦步亦趋地追随着美国，英国外交大臣艾登立即对外宣布：英国同美国始终保持一致，美国准备走多远，它就走多远。美国准备走多快，它就走多快。他们也宣布没收日本在英国和英帝国内的资产。但英、美对于日本人凶残的本性还了解不够，他们以前种下的苦果，将会让他们在战场上用牺牲无数生命的代价去品尝。

搬起石头砸了自己的脚

日本人的冒险在英国人的软弱面前获得了丰厚的回报，他们决定向英法荷的远东殖民地下手，以加快实现它独霸亚洲的野心。继1939年冬在中国广西钦州、防城登陆，侵占南宁，截断中国通往越南海防的国际交通线之后，日军于1940年9月侵入越南，攫取了进攻东南亚国家的海空基地。中国的滇越路国际交通线被截断后，马来西亚、新加坡、缅甸

等英国的殖民地也危在旦夕。

直到此刻，英国才认为，中国是一支可以利用的抗日力量，也许将来可以借助中国来遏制日本的进攻。

丘吉尔开始承认："迁就中国并打通滇缅公路，这是争取世界胜利所不可缺少的措施。"接着，英国决定于 1940 年 10 月重开滇缅公路，并在新加坡设立远东军总司令部，统一指挥驻扎在马来西亚、缅甸、北婆罗洲和当时的香港的英国军队。

蒋介石投桃报李，于 1940 年 12 月 9 日照会英国，表示愿意派遣 16 万士兵赴缅甸作战。

可是丘吉尔对蒋介石的建议不感兴趣。他表示，英国只愿意在英日两国开战后考虑与中国进行合作。

丘吉尔说，如果日本只是攻击云南，而不攻击英国东南亚殖民地的话，则英国仍旧打算维持中立。

英国的拒绝并没有使中国退缩。1941 年 2 月，中国派出了由商震带领的军事代表团，到缅甸、印度、马来西亚等地实地了解英国防备。当中国方面提议派遣远征军到缅甸东南部，修建碉堡并预防日军从陆地上进攻仰光时，英国给予断然拒绝。在英国人眼中，中国方面的提议简直是天方夜谭，他们不相信日军能沿着这么困难的路线来进攻缅甸。他们最担心的反而是中国军队进入缅甸，会激怒日本从而攻击缅甸。

英国对中国提醒日本将来进攻缅甸的计划总是嗤之以鼻。尤其是英国军方自负地认为，日本最多只能派出一两个师团进攻缅甸，而英军对付这种小规模的攻击绰绰有余。中国从 1940 年至 1941 年所有对英国的建议与劝说，都被英国人无理地加以拒绝。

直到珍珠港事件爆发前，英国依然相信，仅仅凭借自己的力量就足以保卫南亚和东南亚殖民地的利益，并坚信日本不可能派出大量部队进攻缅甸。

1941 年 4 月，莫斯科，当苏联代表莫洛托夫和日本代表松冈洋右签订《苏日中立条约》的那一刻起，罗斯福和丘吉尔这才明白，想将日本这股祸水引向苏联，看样子是不可能了。美国决定援助蒋介石共同对付日本。美国派出隐蔽的军事代表团帮助中国改善滇缅公路的运输状况，并负责援华军用物资的分配与使用；美国还派出工兵部队帮助中国改造滇缅公路，使输往中国物资的数量增加一倍以上。

罗斯福、丘吉尔和蒋介石之间似乎越走越近，这让斯大林感到了威胁。当斯大林得知蒋介石要派兵进入缅甸和泰国协助英国作战时，立即发来电报称，强烈敦促中国不要派遣军队进入缅甸和泰国作战，因为中国可能会被英美出卖。

蒋介石看到电报后，差点儿笑出了声。蒋介石和斯大林心里都十分清楚缅甸是中国和西方联系的唯一命脉。如果缅甸失守，中国只能完全依赖于苏联。到那时，中国的命运岂不都由斯大林说了算？蒋介石一眼就识破了斯大林的伎俩。

1941 年 12 月 7 日凌晨，太平洋中部群岛的海面如同黑夜般沉寂。美国海军太平洋舰队的战列舰、潜艇和飞机，在夏威夷基地珍珠港内被沉静包裹着，享受着海浪轻抚的酣睡。

忽然，一大批日本九九式俯冲轰炸机和零式战斗机冲破茫茫迷夜，向美军发起进攻。

日本的屠刀砍向了美国！短短 2 个小时内，日军就炸沉炸伤美军舰艇 40 余艘，炸毁飞机 200 多架，毙伤美军 4000 多人，美军主力战舰亚利桑那号被击中沉没，舰上 1177 名将士全部殉难。

袭击开始后 40 分钟，日本驻美国大使才把"最后通牒"交到美国人手中，美国国务卿赫尔愤怒地说："我供职五十年，从未见过这样一份满篇卑鄙的谎言和歪曲的文件！"

1941 年 12 月 7 日，美国总统罗斯福作为陆海空军总司令要求国会宣布："美国和日本帝国之间已处于战争状态！"

"太平洋战争爆发了！"

英国外交大臣艾登小心翼翼地将这个消息告诉了丘吉尔。

"爵士，这可是天大的好消息啊。"丘吉尔挪动着肥胖的身体，直起身向外交大臣艾登爵士喊叫着："你看看！日本人可真够愚蠢的！"

接着，丘吉尔兴奋地从椅子上弹了起来，"无论如何，在美国牛仔的屁股上捅上一刀，都不会有什么好结果。你等着看吧，我们不会再单独作战了！"

正所丘吉尔所料，当天夜里，罗斯福就打来了电话。罗斯福说道："现在我们大家是风雨同舟了！"

12月7日当天，英国、澳大利亚等10个国家同时向日本宣战。

隐忍多年的蒋介石见时机已经成熟，也于12月9日正式对日本、德国和意大利宣战。中国在极其困难的条件下，独自对抗日本人的入侵已经长达4年多之久，终于在第二次世界大战的东方战场，与美英结成共同对日作战的同盟。自此，中国的抗日战争成为世界反法西斯战争的重要组成部分。

不过，日本人既然敢冒天下之大不韪公开与英美等国为敌，自然也是做了充分准备的。两天后，在日本的要求下，德、意也对美国宣战。法西斯轴心国宣称将共同使用一切手段，互相配合，把对美、英等国的战争进行到底。

12月9日，日军突然袭击马尼拉，仅两天时间，便全歼美国驻菲空军，赶走美国亚洲舰队。

12月12日，日军强渡柔佛海峡，进攻马来半岛和新加坡。

12月22日，日军在菲律宾登陆，只用两天时间，就把只有2.4万正规军的美菲联军打得七零八落，才晋升为美国陆军上将的麦克阿瑟匆忙逃到巴丹半岛。麦克阿瑟在狼狈不堪地逃离菲律宾时，还不忘带着他心爱的狗。

12月25日，香港沦陷，港督马克·扬爵士向日本投降。

在太平洋战争开始不到半年的时间里，日军就横扫泰国、马来西亚、新加坡等地区。

日本人的行动让英国朝野震惊。丘吉尔这才意识到，由于英国早期远东的错误政策助长了日本人入侵的野心。现在英国再想限制日本对东南亚的渗透，已经力不从心了。

美国和英国在被日军痛击后，才亲身感受到与日本人作战的艰辛与不易，他们充分体会到了面对日本侵略中国人民所经历的苦难。

尝到苦果的丘吉尔终于承认："英国为本身生死存亡斗争的时候，不能顾及对中国的义务。"并对当初关闭滇缅公路的做法进行了认真的反省："当时在滇缅公路上对日本让步，是怕日对英将宣战，只能暂为停闭中国的抗战生命线，以求英国能度过德军侵袭的危险时期。"英国开始寻找机会，以弥补当年所做错误决定的过失。

罗斯福和丘吉尔希望蒋介石在日本侧翼进行攻击，把日本的兵力尽可能多地拖住在中国战场，以便让美国赢得重整太平洋军备的时间。罗斯福为此专门对中国外长宋子文说："我已和丘吉尔首相商定在华盛顿组织军事会议，并在各战区设立联合指挥部，此后太平洋局势由中、美、英、荷、澳组织共同机构来协力保卫。美、英希望中国提供日本地区的气象情报，并使用中国的空军基地去轰炸日本本土。此后决定以大量武器援华，并且可不限于借贷方式。"

其实，罗斯福对自己人的说法才暴露了他们的真实想法。他说："把中国军队建设起来，以便利用中国的全部力量去对付日本，在尽可能少牺牲美国人性命的情况下，在尽可能短的时间内打败日本。"

1941年，虽然山城重庆早早就进入了多雾的季节，但蒋介石官邸里的决策者们却为日益明朗的形势所鼓舞着。

滇缅公路重新开通和美英共同宣布对日作战，让蒋介石暂时缓了口气。刚刚熬过一段艰难困苦的时期，接下来是否应该意味着否极泰来？

12月23日，在蒋介石主持下，中、美、英三国军事代表在这里召开联合军事会议，讨论对日作战问题。会上中国代表和英国代表发生了不愉快的一幕。

英国既想要中国主动配合它，又觉得中国实力太弱。他们想让中国出兵缅甸，又担心中国人的势力影响他们对亚洲殖民地的统治。即使中国人诚心诚意地想要帮助英国，但英国代表始终摆出一副不屑一顾的样子。

英方与会代表是大名鼎鼎的韦维尔上将，从冷峻的外表和笔挺的军装上就可以看出他出身于军人世家，眼光中透露出的傲慢似乎在提醒与会的每一个人：以他一战中的表现以及在欧洲、非洲和亚洲多个战场身经百战的经验，就应该享有比在座的所有人在军事上更大的发言权。

韦维尔带着点轻蔑的语气说："如果由中国军队来解放缅甸，实在是我们英国人的耻辱！"

显然，中英两国根本就没往一块想，争执变得不可避免。

英国当时最想要的是运往中国的物资和对援华志愿航空队的控制权。会议刚开始，韦维尔就直接向蒋介石提出两个要求：一是将现驻昆明作战的美国志愿航空队的1个中队调驻仰光；二是将美国根据租借法案已运到缅甸的援华武器和物资拨出一部分供英军保卫缅甸之用。

早在这次军事会议之前，中英之间就已经摩擦不断。驻缅英军在仰光港霸占美国货轮载运的援华物资，强行闯入中国运输管理局驻仰光办事处抢走150辆卡车等不光彩的事件，使纪律松散的英军在蒋介石脑中留下了极坏的印象。

韦维尔明明知道英军所有的蛮横行为，还提出如此过分的要求。

蒋介石强忍怒气，一言不发。

军政部部长兼总参谋长何应钦坐不住了，他站起身来，愤怒地说："中国愿将所有在缅甸的租借物资全部退还美国，停止中、英、缅合作！"

韦维尔看也没看何应钦，只是侧过身不停地与美国陆军航空总司令勃兰德进行交谈。英美代表表现得狂妄自大，完全没有把中国放在眼里。

第二天，蒋介石与美英军方代表共进早餐时对韦维尔说："如果驻缅英军有需要，中国可以派遣8万军队赴缅作战。"

韦维尔只是礼节性地轻点了下头，然后用冷冷的语气回答说："我们只需要美国的援华物资就可以了！"

来而不往非礼也，蒋介石面对一再冒犯的英国人，用讥讽的语气说："我们中国有句格言'人无信则不立'。中英两国现在可算以得上是患难之交，理应彼此互助互谅。美国运给中国的援助物资，就像前次的那些卡车一样。如果贵国真有需要，在借用前不妨先与中国商洽一下。"

韦维尔听出了言外之意，脸色变得铁青，早餐的气氛尴尬起来。

美国人勃兰德不想让中英矛盾影响扩大化，立即从中调和，使中英之间的争执暂时搁置起来。很快，中英之间在重庆签订了《中英共同防御滇缅路协定》，并成立了中英军事同盟。英国政府后来也对驻缅英军抢占物资和卡车的事件表示道歉。但是，中英之间在重庆的龃龉，为今后三大盟国之间的协同带来了许多本可避免的困难，也为盟军第一次保卫滇缅公路的作战，埋下了失败的种子。

韦维尔身为印度英军总司令和盟军南太平洋战区总司令，仅把缅甸作为保卫英国殖民地印度的屏障。他错误地以为日军正在全力进攻马来西亚和菲律宾，不会对缅甸采取重大行动。更不可理解的是，韦维尔还认为日本会慑于大英帝国以往的威名，不敢对缅甸轻举妄动。

日本战车在南进的侵略道路上疾驰！泰国、缅甸、马来西亚、中国、印度等一连串的国家，早就被规划进了日本所谓的"大东亚共荣圈"的版图上。

在日军的作战计划中，以第 15 军先进驻泰国为入侵缅甸做好铺垫。日军的作战计划主要包括：1. 为保证马来方面作战军的侧背安全，先行摧毁缅南盟军空军基地，同时也为进攻缅南铺平道路；2. 攻占仰光一带，为大举击溃驻缅甸的中英联军做好准备，加强对中国和印度方面的压力。

可悲的英军对虎视眈眈的日军几无戒备，他们骄横、犹豫的态度和错误的情报，使其在缅甸的防御计划漏洞百出。驻缅英军在缅南的防御十分薄弱，不过他们并没有忘记抢修出一条通往曼德勒和连接滇缅公路的山路，以备随时放弃缅甸退守印度逃跑时用。

对于中国出兵缅甸的时间节点，英国更是前后矛盾，出尔反尔。从太平洋战争爆发后的两个多月中，英国人一会儿动员远征军入缅，一会儿又要远征军停止待命，一会儿又准备东调，如此反复折腾，最终贻误了防御缅甸的最佳战机。

英国在中英缅甸作战问题上的消极和愚蠢，让它自己吃尽了苦头，付出了代价。同时，也连累了中国军队，致使中国远征军在缅甸战役中陷于被动。

1942 年 1 月 12 日，日军第 15 军开始行动，日军旨在切断滇缅公路的"缅甸战役"正式打响！

3.5 万名日军，从泰缅边境急速突击，杀气腾腾地向缅甸南部地区发起进攻！这里正是英军防御上的软肋。英国急忙调派增援部队，将原定增援新加坡的英印第 17 师和英国第 7 装甲旅改派到缅甸。

英印第 17 师到缅甸后，与日军一触即溃，师长史密斯当即带领部队进行撤退。可是"屋漏偏遭连阴雨"，在撤退途中英印第 17 师不仅被日军包抄，还被自己的飞机一顿狂轰滥炸。待史密斯率先头部队过了锡

唐河上唯一的一座桥梁时，日军追击部队已经紧随其后来到桥边。史密斯惊慌失措，命令炸桥，将英印第 17 师主力留在了对岸。第 17 师尚未来得及渡河的部队立刻陷入绝境，遭到日军追击部队的重创。最终第 17 师仅有 3000 多人设法渡过锡唐河，其中只有不到一半人带回 1400 支步枪和几挺机枪，其他坦克、装甲车、重炮等重型武器装备全部遗弃给了日军。

此后，一边撤退一边扔掉完好无损的重型武器装备，几乎成为英军撤退的标准模式。

追击的日军也不客气，悉数将这些武器装备尽收囊中。具有讽刺意味的是，日军到后来竟然利用英军武器把自己装备成了半机械化部队。

丘吉尔惊叹：英军在锡唐河的惨败是一次极大的灾难！

史密斯不得不承认：他指挥的是"一场糟糕透顶的战役"，"日本人高速行驶；而英国人挂二挡，没有人来调整或控制这部机器"。

更坏的消息继续传来：英军炸桥，也没能阻挡住日军的追击。日军工兵已在锡唐河上游搭建起一座桥，日军主力已经渡过锡唐河。

此时，日军与仰光中间，只剩一条勃固河防线了。

英国派兵临时增援的计划失败了，只好再想其他办法。

面对如此不堪的英军，丘吉尔自嘲加无奈地说道："我们如果不能派遣一支部队，无论怎样总能派遣一个人吧。"

1942 年 3 月 5 日，丘吉尔把陆军上将亚历山大派往缅甸，接任驻缅英军总司令一职。

亚历山大将军曾指挥过敦刻尔克大撤退，以勇敢镇定著称于英军。据说亚历山大在敦刻尔克撤退期间，为了稳定军心，曾冒着德军的炮火和轰炸，穿着锃亮的皮靴和笔挺的马裤，在海滩上吃早餐。丘吉尔在缅甸局势危难之际，调来这样一位统帅，其寓意不言自明——鼓舞缅甸守军的士气，以求挽救缅甸的败局。

"尽可能守住仰光，失利时则向北面撤退，保卫上缅甸，同时与其左翼的中国军队保持接触"，这是丘吉尔给亚历山大的命令。但是，这一次，亚历山大没能创造"敦刻尔克"的辉煌。亚历山大守住仰光的信心仅维持了一天，就重演了"敦刻尔克"式的撤退悲剧。

3月4日，日军击溃刚调赴缅甸不久的英军第7装甲旅，突破了仰光以东最后一道防线勃固河，于3月7日占领佛都勃固。仰光已经唾手可得。

7日下午，亚历山大下令炸毁仰光的大炼油厂、港口设施和供水系统，销毁大批包括美国租借物资在内的来不及运走的物资。仰光上空浓烟滚滚，空气中弥漫着呛人的焦煳气味。当地军政机构人员和英军纷纷往上缅甸转移。仰光一片混乱。

3月8日上午，日军第15军第33师团步兵第215联队，兵不血刃，占领仰光。

仰光仓库里还存放着大量英军没来得及运走的物品。堆积如山的数千打威士忌洋酒，让日军如获至宝，痛饮狂欢不止。就连日军南方军司令部也电告侵缅日军，"请送一车洋酒来"。喝得酩酊大醉的日军第33师团竟然忘记了战斗还在继续，他们整整醉了一天。幸运的英军充分利用这一天的时间得以逃脱。

虽说洋酒救了英军的命，但日军也达到了其缅甸第一阶段作战的预定目的：封杀美国援华物资的入口；获得海路物资补给的良港和控制缅甸制空权的空军基地，为下一阶段侵占缅甸全境创造有利条件。

仰光失守，意味着中国丧失了大批囤积在此处的国内急需的各种物资，更重要的是从此可能断绝了西方援华的唯一途径。这时，丘吉尔在发给罗斯福的电报里感叹道："使滇缅公路畅通无阻，并同蒋介石保持联系具有极重大的意义。"

节节败退的丘吉尔终于扛不住了，英国人开始主动请求中方速派远征军入缅增援。

美国派了一个倔老头担任中国战区参谋长

1942年的新年，华盛顿的天空愁云惨淡，如同太平洋战争中节节败退的局面一样，没有一点儿喜庆的气氛。

美国陆军参谋长马歇尔找到史迪威进行谈话，"你来华盛顿已经有些日子了，能不能谈下你对目前战争局势的看法？"

史迪威1904年毕业于西点军校步兵科，历任美军在华语言教官、天津美军步兵第15步兵团的一名营长以及美国驻华公使馆的陆军武官。

史迪威焦虑地摇了摇头，说："日本人发了疯一般的狂攻，远东地区即将沦陷。我担心，如果形势这样发展下去，还没等我们在大西洋发动攻势，整个远东就已经成了日本的大东亚共荣圈。"史迪威对美国政府制定的"先欧后亚"战略有些不满，他认为目前对美国最直接威胁的是日本人。

史迪威说：陆军中不少人认为，应当首先扫清太平洋，然后再转向东面。

马歇尔虽然也不太赞同罗斯福总统的战略，但决策一经做出，只能执行。

马歇尔转移了话题："前天我向阿卡迪亚会议提交了一份备忘录，建议成立以蒋介石为最高统帅的盟军中国战区，这个战区辖整个中国、中南半岛及泰国，我们还建议在中国成立盟军的联合作战参谋部。第二天，罗斯福总统把这一安排电告蒋介石。蒋介石非常高兴地表示同意，并希望美国能派出一名美军高级将领担任中国战区的参谋长。"

史迪威心里清楚马歇尔接下来的谈话意思了。

马歇尔继续说道："陆军部长史汀生对你在中国以往的表现了如指掌，他非常欣赏你，并希望你能去担任这一职务。"

马歇尔把一些有关的文件交给史迪威，对他说："你今后在中国的任务是协调各方，理顺关系，维持滇缅公路的畅通，同时使中国的各派力量联合起来，争取掌握指挥权，给他们下达总体的作战任务。美国会在经济上和装备上给予大力支持。"

马歇尔看见史迪威面露难色，问道："有什么问题吗？你是否能担此重任？"

史迪威担心的是对中国军队的指挥权问题，他向马歇尔解释道："其他的工作都没问题，就是掌握中国军队指挥权这一条十分难办？我们都清楚，蒋介石把军队视为自己的命根子。不知道蒋介石能不能在这个问题上让步？"

史迪威希望在就任新职务前，马歇尔能帮助他解决这个难题。

马歇尔表示："我们会向蒋介石提出这个问题，并期望他能明确答复此事。"

马歇尔给史迪威吃了颗定心丸后，接着说："如果你出任这一职务，将会被晋升为中将军衔。"

马歇尔清楚地知道史迪威从来没有实战经验，也没有接受过高等的指挥教育，其以往军旅生涯的大部分时间是坐在办公室里。受命之际史迪威刚担任少将师长不久，因担任联军参谋长当以中将为宜，这才特例拔擢他为中将。

随后，史汀生约见中国长驻美国的外交部部长宋子文，向他通报了美方准备派史迪威担任蒋介石的参谋长的决定。史汀生还表示：如蒋介石能将中国军队交由史迪威指挥，美国还将增加华南和缅甸地区的美国空军，并向所有交由美方指挥的中国军队提供全部武器装备。

1月22日，蒋介石经宋子文向美方答复："联军参谋长须受统帅之命令而行，此点应先决定，则其他问题皆可根本解决也。"

美方知道了蒋介石的态度——中国军队指挥权可以考虑交给参谋长，但参谋长必须听从司令员指挥，这是前提条件。马歇尔和史汀生，分别将最后决定告诉了史迪威，并要求史迪威立即着手上任前的各项准备工作。

史迪威受命后，立即带着军人对战争所特有的热情进入工作状态。他开始仔细研究越南、泰国、印度、缅甸等地区和中国抗战的情报，同时与向中国提供租借物资的各部门取得联系，以取得他们的支持。

史迪威心里十分清楚他就任中国战区参谋长的使命，目前最紧迫的任务就是如何将入侵缅甸的日本人赶走，以保证美国援助中国的物资能顺利经由滇缅公路从仰光运送昆明。只有保持中国唯一的国际运输通道畅通，才能使中国有拖住日本人的资本，从侧面减轻美国在太平洋战场上的压力。

但是，缅甸战局已出现了将要崩溃的局面。日本第15军的第33、第55师团已越过泰缅边境，攻入缅甸南部。而驻缅英军简直不堪一击，根本无力抵挡日本人的攻势。

史迪威已经听说中英美三国重庆会议上，蒋介石与韦维尔之间的矛盾。现在英国人虽然向中国求援，但却坚持要把中国远征军交给英国人指挥。蒋介石虽然决心保卫滇缅公路安全，但绝不会甘心受制于无能的英国人。

眼下，蒋介石虽然可能会向史迪威让渡部分中国军队的指挥权，但蒋介石想利用美国人对付英国人的企图，可谓司马昭之心世人皆知。

史迪威想了想，心里有些凉。他不禁感叹自己掉入了一个同盟国之间复杂矛盾而形成的旋涡当中。

1942年2月9日，罗斯福总统在白宫召见了史迪威，他喋喋不休地向史迪威讲了20多分钟的大道理。史迪威装着认真地听着，一言不发。他事先曾通过史汀生向罗斯福提出了一个要求，希望罗斯福能给蒋介石写一封私人信件，方便到了中国后向蒋介石表示，罗斯福对自己的支持。

史迪威看准机会，趁罗斯福讲话的间隙，问了一句："总统是否有信要带给蒋介石？"显然，罗斯福已经把这件事给忘了。罗斯福只是说："告诉蒋介石，我们永远支持中国的事业，我们一定会坚持到底，直至中国收复全部失地。"

就这样，1942年2月11日，史迪威带着罗斯福的空头口号，乘机离开华盛顿，飞机跨加勒比海经巴西，向东飞越大西洋，尔后再绕道尼日利亚，在整整10天后到达埃及首都开罗。

此时在埃及战场，有"沙漠之狐"之称的德军将领隆美尔正带着德意联军对英军进行反攻，英军溃不成军，损失惨重。

接着，坏消息再次传来：入侵缅甸的日军，已于2月9日突破萨尔温江，正在向锡唐河一线推进。

如果日军顺利攻下缅甸和印度后，德军又占领了埃及，那么轴心国将会打通各自的欧亚通道，胜利会师中东！

史迪威顿时感到一阵眩晕，"这到底是怎么了？难道世界就这样崩溃了吗？"

史迪威不停地用自己的使命提醒着自己，以免太过悲观。

他自言自语道："守住缅甸，保证美国援华物资能顺利运往中国，使中国战场尽量牵制住日军，缓解美军在太平洋上的压力；只有守住缅甸，才能阻止日军西攻印度，避免同盟国被德日军队拦腰斩断。"

可是现实毕竟太残酷，眼前同盟国几乎在每一个战场上都在溃败，在这种形势下要用中国远征军守住缅甸，听起来有点像天方夜谭。

时间紧迫，史迪威马不停蹄地赶往印度新德里，出席了2月25日英印军总司令部召开的会议。当史迪威问起缅甸的战局时，除一位英军军需主任简单介绍了一下后勤供应情况外，其他人对缅甸战况几乎一无所知。当时，英印军总司令韦维尔上将已出任盟军西南太平洋战区最高统帅，正在爪哇指挥作战。英国人既没有缅甸防御的全面计划，也没有与中国军队协同作战的方案，甚至连日军在缅甸的兵力、部署和作战意图都不清楚。据英国人说，盟军在爪哇的联合指挥部已经解散，韦维尔马上就要撤回印度。第二天，史迪威离开新德里，飞往加尔各答，准备在那里等候韦维尔。

2月28日，史迪威在加尔各答见到韦维尔。这位英军在远东的最高统帅早已失去了在重庆时的傲慢，他神情沮丧，眼神呆滞，原本笔挺魁梧的身体变得佝偻下来。半个月前，韦维尔在从新加坡撤退时，从码头上摔下，还跌伤了腰。

韦维尔向史迪威讲述了日军在东南亚地区的强大攻势，从香港的陷落、马来西亚的溃退、新加坡失守，一直讲到爪哇的惨败。

缅甸的形势也十分危急。五天前，日军击溃了锡唐河防线，正在向仰光的侧后推进，仰光已陷入一片混乱。韦维尔目光低垂，仿佛有些羞愧地说："这是历史上最惨重的军事灾难。日军的凶猛进攻、狡猾的战术和空中优势，使英军产生了一种难以名状的恐惧感和自卑感，几乎完全丧失了战斗意志。"缅甸能否避免重蹈东南亚失败的覆辙，他似乎是毫无把握。

3月3日，一架载着史迪威及其随行人员的银灰色双引擎飞机徐徐降落在腊戍机场。飞机停稳后，商震、林蔚、董显光、侯腾等中国军政要员马上迎上去，同史迪威一一握手寒暄。

缅甸北部的腊戍，是滇缅公路上的重要交通枢纽。这里铁路通曼德勒，公路南通东枝，北通中国云南，与畹町相距约130公里。美国的援华物资，

就是从仰光经铁路运送到腊戌火车站，再由汽车沿滇缅公路运往中国的大后方。这里也是中国军队入缅作战的必经之路。

蒋介石此时也在腊戌。蒋介石是3月1日来到腊戌的，主要是为了向入缅的第5军和第6军进行训诫动员，同时再与英美商讨作战指挥与协同问题。

当初，日军没有进攻缅甸时，英国人死要面子不接受中国军队的协助。当英国人感受到日本军队强大的威力时，又不停地要求中国增派兵力。为了保住中国西南的最后一条国际交通线，最终蒋介石还是决定派第5军、第6军和第66军入缅作战。第5军负责东吁至曼德勒一线的防御，第6军在泰缅边境北段布防，第66军在云南保山一带集结待命。3月2日，蒋介石与韦维尔商定，以仰光至曼德勒的铁路为界，中英两国军队分别负责东西两线的作战。3月3日，蒋介石在腊戌召集第5军军长杜聿明、第6军军长甘丽初和驻滇参谋团团长林蔚等人训话，大体规定了中国军队在缅甸作战的任务，并要杜聿明统一指挥先期入缅的第5军和第6军。

史迪威来到腊戌时，蒋介石的训话还没有结束。不多久，蒋介石在训话结束后看到了史迪威。

一身整洁军服的蒋介石，仔细打量着史迪威：史迪威身体单薄，瘦骨嶙峋，削得短短的黑发已经有些斑白，脸上布满皱纹但是表情果敢坚毅，身体看上去硬朗。他希望这位深受马歇尔、史汀生赏识，由罗斯福亲自推荐的美国参谋长，能给中国战区带来不一样的气象。同时蒋介石还暗自盘算着要借用这位美国将军与英国人争夺缅甸战场的指挥权。蒋介石的确非常厌恶英国人，但要是面对面地与英国人较劲，还是有些胆怯。

而在史迪威眼里，蒋介石尖尖的头顶，光光的下巴，看起来就像颗花生米，于是史迪威给蒋介石起了个绰号"花生米"。

与蒋介石进行礼节性会面之后，史迪威经昆明飞往重庆。蒋介石也随即赶回重庆。

1942年3月6日，史迪威来重庆正式就职。当晚，蒋介石为史迪威洗尘接风，与宋美龄亲自步出门口迎接，重庆总统官邸彩带飞舞、鲜花簇拥，文武官员列阵迎接。史迪威在拜谒蒋介石之际，向蒋介石报告了他来中国战区的使命和职权，并谈了他对缅甸作战的初步想法。

史迪威向蒋介石报告："我已经向马歇尔提出军援器材清单，其中包括加强空军、装备30个陆军师的一切必需武器，另外还会派遣运输、通信、医药、炮兵、装甲兵等各方面专家来和中国军队合作。"

蒋介石听了十分高兴，因为这些援助正是他长期以来希望美国人提供的。

史迪威接着说："一旦物资有了着落，将马上向中国输送。"

当史迪威谈到他最关心的指挥权问题时，蒋介石面露不快。但蒋介石考虑到无论如何还需要借助英、美等同盟国的力量才能战胜日本的因素，沉默了一会儿，想了想还是答应将中国远征军的指挥权交到史迪威手中，并决定尽快将史迪威派至缅甸战场。

史迪威顿时感到如释重负："这使我松了一口气。现在我不用每天早晨在惶恐不安中醒来，搞不清楚我究竟能做些什么来证明我的存在价值了。那种日子实在令人难以承受。"

正如史迪威日后所写：中国人能够接受我的身份，这简直就是奇迹。因为这是中国近代史上第一次，外国人得到指挥中国正规军的权力。

但史迪威手中毕竟掌握的是蒋介石用德式武器精心武装的机械化军队10万精锐的性命，而不是美国军人的性命。要知道，史迪威以前从来没有过带领一线部队作战的经验，更何况对手是日本的精锐师团。

史迪威看出了蒋介石的担忧，他补充道："本人为钧座之参谋长，直接受钧座之指挥。所有的作战行为都是为了取胜，而且我会尽一切办法去赢得胜利！"

蒋介石对与史迪威的第一次谈话，总体上还是比较满意的。两天以后，他正式任命史迪威为盟军中国战区参谋长，并负责指挥中国的入缅部队。但是，就在同一天，仰光失守，日本人切断了滇缅公路的出海口。而且英国人在放弃仰光的时候，根本就没有通知中国的联络官。

3月9日晚上，蒋介石和宋美龄在他们的黄山别墅举行宴会，招待已就任中国战区参谋长的史迪威。黄山位于重庆以南十几公里处，蒋介石的住所建在向阳的山坡上，绿树掩映之中，显得十分幽静。从这里可以

眺望参差错落的重庆山城和在城中交汇的长江和嘉陵江。宴会之后，蒋介石夫妇把史迪威留下来，再次同史迪威进行了长时间的交谈。

蒋介石虽然也想向日军发动攻势，争取夺回仰光，但他更担心自己的精锐部队会被打光，他对史迪威反复强调了"谨慎"二字。

蒋介石说："很明显，英国人可能会逃跑。如果把大批中国军队贸然投入第一线，可能会招致重大损失。"

史迪威建议：趁日军立足未稳，迅速集中兵力发起反攻。

蒋介石却主张采取"纵深防御"战术，先建立起稳固的基地；如果日军没有新的增援，西线英军能守住阵脚，那时再发动攻势也不迟。

蒋介石对英国人始终充满了怀疑和不满。他怒气冲冲地对史迪威说："那些狗娘养的英国人，他们撤出了仰光，却没有通知我们的联络官。我绝不会服从他们的命令。我要给罗斯福总统发电报，让他转告丘吉尔，必须由你来担任缅甸盟军的指挥官，否则我就要把入缅部队全部撤回来。"

史迪威心情非常复杂。他既不喜欢英国人，也不相信蒋介石的决心和力量。但缅甸毕竟是英国人的地盘，在作战区域上属于韦维尔将军领导的西南太平洋战区。美国需要中国人作战，同时也需要英国人作战，他不想成为蒋介石对付英国人的筹码。

史迪威打着圆场说："我们在缅甸的利益比英国人要多，英国人需要的只是在印度前面筑起一道屏障，而我们则需要仰光这个港口来保证物资供应。如果我们积极作战，或许英国人也会坚持战斗，这样我们就可以从中获利。"

但是，蒋介石显然不吃这一套，他对英国成见已深。

史迪威这才更清楚地意识到，自己成了中英复杂矛盾中的"夹心面包"，他暗自想，这可是我有生以来所承担的最棘手的工作！

蒋介石果然立即给罗斯福发去一封电报：

> 仰光昨午已被敌占领，今后缅甸作战不得不重订计划，尤其中英两军必须统一指挥，方能收效。英军在缅兵力只有残余两师，而我派赴缅甸各军，其数超过英军 4 倍以上。中国在缅军队，已命史

迪威担任指挥；在缅英军，宜应由史迪威统一指挥。希即转商丘吉尔首相，酌予照办。

性格倔强的丘吉尔怎能受此屈辱？罗斯福自然也不会为此事得罪英国，蒋介石的这一计划泡了汤。

史迪威根据蒋介石的授权，准备立即赶赴缅甸，指挥第5军和第6军作战，并与英军商谈作战协同问题。临行前，蒋介石反复叮嘱史迪威说："第5军和第6军是中国的精锐部队，这次入缅作战只能胜不能败。"

史迪威虽然从心底里不认同蒋介石，但知道让一个外国人来指挥中国军队，这对蒋介石来说已经做了巨大的让步了。他向蒋介石表明："我一定会重视这个问题！"

蒋介石才略有放心地说："今天早上，我已命令在缅的第5军和第6军归你指挥，并命令杜聿明、甘丽初两位军长和驻滇参谋团林蔚团长绝对服从你的命令。"

3月11日，史迪威重返腊戍，决心与日本人一决高下。

滇缅路保卫战

缅甸地处欧亚洲战场的结合部，是从大西洋、印度洋到太平洋环球交通线的重要环节，美国希望经过滇缅公路将武器运进中国，支撑中国抗战，继续将百万日军牵制在中国战场。英国则希望将缅甸当作印度的屏障，以保护这个"英国殖民皇冠上最璀璨的明珠"。日本则想切断滇缅公路，威胁中国西南大后方，再以缅甸为跳板，西进印度，与德军会师于中东。此时的滇缅公路成为美、英、中、日四国争夺的焦点。

在太平洋战争爆发的同时，日军飞机就开始轰炸仰光，1942年1月，日军从泰国进入缅甸，攻占缅甸南部要地土瓦，随后占领缅甸第二大海港毛淡棉，并强渡萨尔温江，向仰光发动猛烈的攻击。仰光一旦失守，意味着中国的国际交通线将要被切断。面对英军："仰光告急，请速派军队入缅!"的再三请求,蒋介石急令中国远征军第5、第6、第66军从滇西出发驰援英军。

1942年2月25日,中国远征军第5军开始跨出国门赴缅抗日。

蒋介石决定让第5军第200师作为箭头,担任入缅的先头部队。第200师是蒋介石的嫡系,也是当时中国唯一的摩托化步兵师。该师的前身是1936年初中国建机械化部队时的一个战车营。1937年全面抗战开始后扩充为装甲团,杜聿明任团长。1938年春扩编为第200师,编成内有两个战车团和两个摩托化步兵团。由苏联军事顾问帮助训练。杜聿明是第200师首任师长。1939年1月,又以第200师为基干,扩编为第5军。杜聿明升任军长,戴安澜继任第200师师长。

戴安澜,黄埔军校毕业,是中国军队里一名能力出众的铁血将军。他治军有方,身先士卒,作战勇敢。九一八事变以来,戴安澜率部参加过长城抗战、台儿庄战役、武汉会战、昆仑关之战等重要作战,有勇有谋,指挥出色,在抗日疆场上屡建功勋。尤其是在1939年12月的昆仑关攻坚战中,戴安澜指挥第200师担任正面主攻任务,消灭号称"钢军"的日军第5师团主力部队,击毙旅团长中村正雄,夺取了重大胜利。戴安澜因此荣获四等宝鼎勋章,并被誉为"当代之标准青年将领"。

派出这样一支装备精良、训练有素的王牌部队参加保卫仰光之战,足以见中国方面保卫滇缅公路的决心。

这是中国军队自甲午以来第一次到境外作战;而出国在境外帮助友军作战,还是有史以来的第一次。远征军将士们乘坐军用卡车,沿滇缅公路蜿蜒行进,长达数里,烟尘相接,蔚为壮观。卡车上贴满了用中缅两国文字书写的标语:"抗击日寇,保卫缅甸!""中国军队为保卫缅甸人民而来!""加强中英军事合作!"这气派,大有气吞山河之势。

远征军官兵高昂着头,信心满怀地踏上征途。他们个个士气高昂,兴奋异常。整条滇缅公路上旌旗飞舞,飘荡着将士们所唱的《中国抗日远征军战歌》歌声:

中国不会亡,

中国不会亡,

远征军健儿浴血拼杀上战场。

枪，在我们肩上，

血，在我们胸膛，

庄严的军旗在炮火中飘扬。

宁死不后退，

宁死不投降，

日寇强敌不敢挡，不敢挡！

中国不会亡，

中国不会亡，

远征军健儿浴血拼杀上战场。

枪，在我们肩上，

血，在我们胸膛，

到缅甸去吧，走上国际的战场。

宁死不后退，

宁死不投降，日寇强敌不敢挡，不敢挡！

第5军第200师3月1日刚抵达腊戍，3月3日，蒋介石就亲自飞往驻地，对戴安澜和第200师官兵面授机宜。

直到夜里11点，蒋介石仍放心不下，一天之内第三次召见了戴安澜，并反复叮嘱他：作战之前一定要小心谨慎周到，对地形、敌情详细研究，与友军及民众保持联络，决定作战以后，则应期必胜；否则纵全部牺牲，亦所不惜，以保我国军之信誉及对外之信仰。

戴安澜毕恭毕敬地站在一旁，对蒋介石的授意一一应允，牢记于心。

当英军放弃仰光仓皇向北撤离的时候，在同古却是另一番景象。这座小城平时寂静的街道突然喧闹起来，一支列队整齐、精神抖擞的中国军队正浩浩荡荡向南开进。这正是中国远征军第5军第200师。在师长戴安澜的率领下，该师9000余名官兵3天之内便由腊戍到达同古。

同古是南缅平原上的一座小城。城内数十座大大小小的佛塔在阳光下反射出金黄色的晕圈，将这座城市衬映得更加炫目迷离。

同古南距仰光 250 公里，北距曼德勒 320 公里，扼公路、铁路和水路要冲，城北还有一个机场，是仰光至曼德勒铁路线上的重要战略要地。它与西线的普罗美和东线的毛奇相互呼应，构成阻止日军北犯的屏障。

对盟军而言，坚守同古，向北可防御曼德勒、腊戍，向南可以出击仰光。对正猛攻仰光的日军而言，一鼓作气拿下同古意味着又多了一条北上缅甸、进攻盟军后方的通路。

3 月 7 日，戴安澜到达同古当晚，就率领一队参谋人员对战场进行考察。

当戴安澜到达英缅第 1 师在同古的驻地时，发现英军司令部一片狼藉，作战参谋脸上充满了迷茫与惶恐。营区内英军士兵都面呈菜色，昏昏欲睡。看得出英军根本就没有进行战前准备，他们只等着中国军队来换防，好让他们及早解脱，在中国军队的掩护下，尽快撤往普罗美。

戴安澜暗想，看样子，外界对驻缅英军军纪松弛的传闻一点儿不假。

当戴安澜与第 1 师师长斯科特交涉接防事宜时，问斯科特："敌情如何？"

斯科特回答："不知道！"

又问："日军战法是怎样的？"

斯科特答："不清楚。"

戴安澜再问："那食宿又该如何解决？"

斯科特显得不耐烦地说："自己想办法吧！"

戴安澜这才明白，这又是一个"一问三不知"的英军师长。

戴安澜内心充满了苦闷，开始沉默不语。

第 200 师长途跋涉上千公里，在一个完全不熟悉的地方和一个毫无斗志的盟友，与数倍于己的虎狼之师较量。种种迹象都显示，这里不是决战的好地方。戴安澜冥冥中有种不祥的预感。

第 200 师进驻同古原本是支援英军守住仰光，并掩护中国远征军主力集中，准备与日军展开决战。出征前，中国军方曾召开高级军事会议，研究了第 5 军入缅后可能遇到的情况及对策。现在守卫仰光的时机已经被延误，而第 5 军主力尚未集中。日军如果立即进攻同古，第 200 师只能死守同古，等待第 5 军大部集中后再进行反攻。

戴安澜注视着眼前的英缅第1师，他们显然已被日军的进攻吓破了胆，士气低落到极点，他们既不了解敌情，也不做任何防御准备，别说第200师的食宿未做任何安排，连他们自己都是吃了上顿不知道下顿会怎样。

戴安澜的预感没有错。英美将领对于第5军的部署各有打算。英军力求中国军队能掩护他们安全后撤，遂要求第5军在他们安排的时间地点与日军交战，甚至不惜隐瞒仰光失陷的消息；中国战区参谋长史迪威则希望第5军主力能集中力量对日军进行反攻，以求入缅以来的第一场胜利；而蒋介石给戴安澜的命令是，"在平满纳、同古间占领阵地，掩护第5军主力集中"。

而实际情况是，在英军的拖延下，第5军所属另外两个师，新编第22师和第96师，一直在滇西边境芒市等待英国的运输车辆，直到第200师准备撤出同古战斗，主力部队也未赶到。

这意味着，面对瞬息万变的战局，中美英各行其是，没有一个统一的行动计划。更意味着，主力部队无法及时赶到，防守同古的第200师只能孤军奋战了！以不足1万人的兵力，对付有绝对制空权的日军第15军第55师团的2万多人！

1942年3月19日，戴安澜早早就闻出了空气中弥漫着一股硝烟与血腥的味道。他拿起挂在胸前的望远镜，看着死一般沉寂的南缅平原，以他多年来对日军的作战经验，他知道大战即将来临！

不出所料，第二天同古保卫战就正式打响。日军第55师团在航空兵的配合下，首先向同古外围阵地发起攻击。日军先以飞机轮番轰炸第200师阵地工事，随后在炮火的掩护下，地面部队如洪流般涌向第200师，向他们连续发起猛攻！

日军充分利用先前占领的仰光机场，每天都有上百架次的日机对同古进行地毯式轰炸。戴安澜率领第200师官兵上下一心，拼死抵抗。为了坚守每一块阵地，士兵们个个视死如归，每天都有官兵拉响手榴弹，与日军同归于尽。

经过一周的激战，同古的机场被日军占领。双方伤亡重大，战场上血流成河，横尸遍野。第200师从外围阵地退守城内坚持作战，同古城依然牢牢地控制在第200师手中。

日军还从未遇到过如此宁死不屈、顽强抵抗的军队。

日军第55师团长饭田中将向军部报告："这是第一次与强敌遭遇。由于轻敌致使进攻受挫，而且从前线不断传来攻占敌阵地的误报，使指挥陷于混乱和苦战。"

日军军部大骂饭田废物，令其不惜一切代价，尽快攻下同古。

久攻不下的第55师团恼羞成怒，竟然向第200师施放毒气弹。远征军中毒者全身红肿，伤口糜烂，浑身痒痛难忍。由于守军伤亡过大，部分阵地被日军突破。

关键时刻，英军第1师师长斯科特对戴安澜说："我们接到上级命令，现在就要撤出同古。"

戴安澜一听怒火中烧，大声质问斯科特："什么？战事进行得如此激烈，你们竟然要撤退？"

斯科特摘下帽子，用一个英国绅士所独有的姿势回敬戴安澜，说："仗由你们打吧，大英帝国的绅士们还要到印度去享受。"英军以令人难以置信的速度撤出了阵地。英军撤退后，阵地立即出现一个大缺口，日军将第200师三面围在同古，同古城内只剩下第200师孤军奋战！

战火中，戴安澜做好了最坏的准备。这位久经沙场的将军，早已将个人生死置之度外。他要求全师上下必须做好在敌人重兵包围下孤军作战的准备，他组织召开军官会议，通告全体官兵："如师长战死，以副师长代之；副师长战死，以参谋长代之；参谋长战死，由步兵指挥官替代，各级照此办理。"各级指挥官纷纷效法，全师上下同仇敌忾，抱定誓与同古共存亡的决心。

此时戴安澜早就将生死置之度外，在激烈的枪炮呼啸声中，戴安澜给妻子写下遗书：

余此次奉命固守同古，因上面大计未定，与后方联络过远，敌人行动又快，现在孤军奋斗，决以全部牺牲，以报国家养育！为国战死，事极光荣。你们母子今后生活，当更痛苦。但东、靖、篱、澄四儿俱极聪俊，将来必有大成。你只得苦几年，即可有福，自有出头之日矣，勿望以我为念。我要部署杀敌，时间太忙，望你自重！

并爱护诸儿，侍奉老母！老父在皖，可不必呈闻……

戴安澜决心已下，战死同古，报效祖国！在日军进攻到师指挥所时，戴安澜卷起衣袖、端起机枪，跳出战壕对日军进行扫射。指挥所的全体士兵眼见师长的壮举，也都奋不顾身冲出战壕与日寇死拼……此时，援兵从城中杀出，从敌人东西两面夹攻，将敌人杀退于大桥的东南方。

日军第55师团遭遇到了自太平洋战争开始以来从未有过的顽强抵抗。

第200师坚守同古已达十日之久，伤亡愈两千人，为英军的顺利撤退和第5军主力的到来，赢得了宝贵的时间。

然而，英军原本承诺的策应掩护呢？第5军的主力增援呢？

根据中英两国拟订的作战计划，英缅第1师撤往西线的普罗美，与那里的英印第17师、英装甲第7旅等英军部队共同布防。其任务是，保证东线同古中国远征军第200师侧翼安全，并掩护第5军主力南下，发动会战，反攻仰光。

但是，西线英军不仅没有采取积极行动予以配合，反而准备从普罗美防线继续撤退。

3月24日，同古血战已进入第五天了，英方对于"何时可以开始输送"远征军主力上前线，还是没有明确答复。英方的延误，致使中国远征军第5军后续部队未能按预订计划开到同古前线。第200师只能以一己之力苦苦支撑。

史迪威看到英国人的表现，感到无比震惊："天啊，英国军人的这种表现实在让人难以容忍，大英帝国怎么能不走向衰落呢？"

3月29日，第200师没有等到援军，日军号称"龙师团"的第56师团却抢先赶到同古支援作战了。日军兵力陡增至4万多，是第200师的4倍多！

盟军预先设计的同古会战，已经变成了同古保卫战。

第200师独守孤城，四面受攻，眼看弹尽粮绝。英勇的官兵一个个倒在血泊中，阵地逐渐被压缩，师部也遭日军第56师团的侧后袭击。戴安澜拔枪打算自尽殉国，幸被部下劝阻。在师长勇于牺牲精神的鼓舞下，

第200师官兵奋不顾身，跳出战壕，以密集火力击退已冲入师部的日军。

而第5军主力则受阻于同古以北约20公里处的叶达西一带，虽牵制了部分同古之敌，但仍无法与同古守军会合。

至于英军那帮乌合之众，还是一打就散，一溃即逃……就在3月24日那天，同古之战正打得难解难分之际，英军驻缅甸马格威空军基地遭到日机袭击后，数十架英机迅速撤出缅甸飞往印度，根本没有用于支援血战同古的第200师。缅甸的制空权已完全被日军掌握。

在这种形势下，保卫同古显然已经没有了实际意义。蒋介石和第5军军长杜聿明都认为，当务之急，保存远征军实力最重要。没有了精锐部队，再多的美援武器也没用。

在蒋介石的批准下，杜聿明不顾史迪威的再三反对，下令第200师于29日晚从同古以东突围，沿锡唐河东岸抵达叶达西，与第5军主力会合。另令新22师于30日向同古南阳车站之地佯攻，以牵制日军，掩护第200师撤退。

戴安澜接令后，对突围进行了周密部署，命令负责守城的师步兵部队指挥官郑庭笈派出一个营由锡唐河大桥对敌佯攻，掩护第200师主力渡河突围。戴安澜则亲自前往河边指挥接应。

到30日拂晓，戴安澜一直等到第200师官兵，包括担架上的伤员和炊事班的伙食担子，全部安全撤离同古渡过锡唐河后，才最后一个撤离锡唐河。

第200师数千人撤退，日军居然始终没有察觉，第二天清晨依旧以飞机大炮对同古一通狂轰滥炸。到中午12时左右，日军攻入城内后，才发现同古早已人去楼空。

同古保卫战是滇缅路防御战中作战规模最大、坚守时间最长、歼灭敌人最多的一次战斗。第200师在仰光失陷的不利形势下，同兵力、装备都占优势，并拥有制空权的日军苦战12天，歼敌5000余人，掩护英缅军顺利撤退，为远征军后续部队集结赢得了时间，并确保全师最终安全转移。

虽说盟军以同古为基点，实施反攻收复仰光的目标没能实现，但是，这仍是一次虽败犹荣的战争史上的奇迹。

蒋介石当面称赞戴安澜打的同古保卫战是"黄埔精神战胜了日本武士道精神"！不久，蒋介石签发"寅艳奖电"，通令嘉奖戴安澜率第200师保卫同古的战绩。

就连一直看不起中国军人的驻印英军总司令韦维尔和驻缅英军总司令亚历山大也对远征军大加赞扬，称"同古中国军队英勇善战"，同时"对中国军队在同古掩护英缅军第1师撤退表示感谢"。

日军则总结道："师团于30日占领同古，正面守军为重庆第200师。该部队自始至终意志旺盛，特别是其退却收容部队，固守阵地，抵抗直至最终。虽是敌军，但令人佩服！自司令官饭田中将以下各将官无不赞叹其勇气。"

但是，由于中、美、英指挥层各自为政、互不服从，造成重大战略性失败。同古失守使东线日军得以沿着同古至毛奇的公路长驱直入占领腊戍，被切断了后路的中国远征军顿时陷入苦战的泥潭之中。

5月18日，第200师紧随第5军主力向国内方向撤退时，在途中遭到日军第56师团的伏击，戴安澜身负重伤，血流不止。第200师官兵就用担架抬着师长，继续向国内方向撤退。戴安澜伤口感染后，终日高烧不退，一直处于昏迷状态。5月26日，第200师历尽千难万险，抵达缅北茅邦村，距离国门已经近在咫尺。但戴安澜将军已经生命垂危，弥留之际，他要求换上整洁的衣帽，嘴里喃喃道："反攻！反攻！祖国万岁……"当天下午，这个在抗日战场上驰骋十年，身经百战，建立无数功勋的一代名将在缅北茅邦牺牲，时年未满38岁。半年后国民政府颁布命令，追晋戴安澜为陆军中将。12月31日，批准戴安澜将军入祀首都忠烈祠，同时入祀省、县忠烈祠。

1943年4月1日，国民政府在广西全州香山寺为戴安澜将军举行了全国性的悼念大会。国共两党主要领导人蒋介石、毛泽东、朱德、周恩来等都赠送了挽联、挽诗、挽词，深切悼念这位气吞山河、为国捐躯的抗战英雄。

仁安羌——一场长达半个世纪的误会

1942 年 3 月 7 日，驻缅英军从仰光撤出后，便已无心恋战，他们在缅甸唯一的任务就是一路撤退，把西线防务全部交给中国军队，让中国军队作他们的挡箭牌，同时不断要求中国远征军掩护其撤退。英军放弃缅甸、退守印度的意图一目了然。

战争中总不乏可怜的逃兵。滇缅路保卫战中，经常可以看见这样的场面：当中国远征军星夜兼程地奔向战场时，驻缅英军却可耻地放弃阵地。英军的行为完全出卖了中国远征军，而远征军也经常陷入日军的多面夹击之中。

可笑的是，英军即算一路撤退，居然也能被日军切断后路包围起来，最终还要向远征军求援。

1942 年 4 月，缅甸的热带雨林开始进入一年中最难熬的时节，天气酷热难当，气温已经高达 42 摄氏度了。

一队英军官兵，艰难地走在丛林杂草中。虽说英国军队的装备比中国军队强多了，身穿料子军服，脚蹬皮鞋，背包都有骡马驮着，士兵行军只背枪和子弹，非常轻便，但是，这支队伍却显得疲惫不堪。他们衣衫不整，饥渴难耐，东倒西歪，互相搀扶，几乎站立不稳。

这是撤退中的英国驻缅第 1 军主力。

仰光失守后，在缅甸的英军各部陆续北撤，来到距仰光约 240 公里的普罗美一带。随后英方将英缅第 1 师、英印第 17 师和英军第 7 装甲旅合编为缅甸第 1 军，担负缅甸战场西线伊洛瓦底江方面的作战。军长是英国斯利姆中将。该军拥有战车 150 辆，战机 52 架，总兵力约 6 万人。

这支表面看来装备齐整、人数众多的军队，却没有一点战斗意志。

用他们的军长斯利姆的话来说，要想让英军守住一个阵地，"就像引诱一只胆小的麻雀到你窗槛前栖息那样的困难"。

亚历山大将军也承认，他的部下"对日本人谈虎色变"。

自从 4 月 1 日弃守普罗美之后，英军再次上演夺路狂奔的"撤退闹剧"。他们抵挡不住日军第 33 师团的进攻，一路溃逃，半个月内，便将西线要地阿蓝庙、马格威等地拱手让出。

但是，令英军万万没想到的是：追击的日军第 33 师团，行动竟然比英军的撤退还快。没等英军从马格威撤抵仁安羌，第 33 师团由作间大佐指挥的 1 个步兵联队就已经绕到英军后方，潜伏在仁安羌。

仁安羌，在缅语中意为"油河"，是当时缅甸和整个中南半岛上最大的油田，也是滇缅公路上盟军油料的主要来源。对于战线越拉越长、资源日益短缺的日军来说，石油的重要性不言而喻。攻占仁安羌，拿下大油田，正是日军第 33 师团的主要任务。

日军作间大佐的联队抢在英军之前，在仁安羌东、北、南三面设伏，将陆续从马格威败退下来的英缅第 1 师和英军第 7 装甲旅包围在仁安羌东北、宾河以南地区，切断了英军的退路，并在北岸建立封锁线阻截英军援兵。在抢占油田的同时包围了英军主力，也算是日军的意外收获。

不可思议的是，拥有各型重型武器的 7000 多英军官兵，被一支只有 2000 人的日军先头联队包围。英军根本就没想到要去拼死突围、消灭日军，而是惊恐万状，不停地向驻守曼德勒的中国远征军求救。

远征军第 66 军新编第 38 师，主要任务是保卫缅甸中部重镇曼德勒。新 38 师师长孙立人是中国军队中最具西方思维的一位军人，早年在清华大学因成绩优异被保送美国普渡大学深造，后来又转入弗吉尼亚军校学习军事，和美国陆军参谋部部长马歇尔是校友。孙立人是一位文武双全的将领。新编第 38 师的前身是隶属财政部的税警总团。淞沪会战时，孙立人担任总团下属第 4 团上校团长，他身先士卒，负伤达 11 次之多。

虽说税警部队算不上是正规军，但是，财政部长宋子文利用手中财政大权，为自己这支部队配备了清一色的美式武器。孙立人也利用自己在美国军校学到的军事理论，将这支部队训练成战斗力超强的精锐部队。就连军统局局长戴笠也对这支能征善战的部队垂涎三尺，曾想占为己有。

尽管如此，亚历山大和斯利姆仍在怀疑中国军队的战斗力，放心不下中国的这些"草鞋兵"。他们不断要求新 38 师多派解救兵力，尽速赶到仁安羌。斯利姆甚至亲自赶往前线协调中英两军的行动。

直到亲自会晤了前来执行解救任务的第 113 团团长刘放吾，并同赶赴前线的孙立人一起，视察了第 113 团的战斗部署，斯利姆这才放下心来。

当斯利姆看到身材瘦削的刘放吾时，有点担心地问道："你知道你的对手是谁吗？"

刘放吾的脸上透出一股刚毅，他一个立正回答道："当前我们面对的是战斗力强、配备也精良的日军第 33 师团……他们不但有战车和大炮，还有一队飞机。"

在叙述战况时，第 113 团团长给斯利姆留下了深刻印象。

斯利姆继续问："能简单谈谈你对本次作战的方案吗？"

"我们计划在协同作战的英军战车及配属炮兵的掩护下，向宾河北岸的日军采取两翼包围态势，进行攻击。这样一来，日军腹背受敌，形势不利，但估计仍会负隅顽抗。我军除施以两面夹击外，还将在敌正面反复冲杀……"刘放吾的表现，赢得了斯利姆的赞赏。

刘放吾为了进一步打消英国人的疑虑，说道："如将军方便，可去我团营部看看。"

在距离前线已经相当近的营部，斯利姆详细查看了部署后十分满意。

正当他准备返回后方时，刘放吾又说："我们还想邀请将军再往连部走走。"

斯利姆听闻后心中一惊，在战斗即将开始之际，往连指挥所跑，这不是送死吗？

但出于英国人的傲慢，斯利姆只能硬着头皮继续向前走。

待一行人涉水来到连部，进攻的枪炮声已经响成一片。

走在最前面的刘放吾转过身来，正想对斯利姆将军说话。

斯利姆抢先说道："我看排部就不用去了吧！"

刘放吾只是望着斯利姆露齿一笑。

第 113 团刘放吾团长，在枪炮轰鸣的前线沉着镇定的表现，让斯利姆这个英国军长有点自惭形秽。

新编第 38 师第 113 团合计 1000 余人，奉命于 4 月 17 日晚赶到仁安羌实施解围。该团连夜完成攻击准备，第二天拂晓就对当面日军展开攻击，至中午，已将宾河北岸用于阻截英军增援部队的日军肃清。待第 113 团转而进攻南岸时，遭到日军猛烈打击。

此时，日军兵力已增至两个联队 4000 多人，分别控制着 501 高地、仁安羌以北地区、仁安羌以及沿河地区，另有日军炮兵集中于 501 高地西麓通往大桥的公路两侧。这些都是解救英军的极大障碍。

由于宾河南岸地势高，且日军兵力 4 倍于己，不利于第 113 团进攻。为了避免无谓的伤亡，孙立人遂命令暂停攻势，观察地形，摸清敌情，准备重新部署后于第二天继续进攻。

是日，被围英军也曾配合第 113 团攻势发动突围，但被日军击退而毫无进展，死伤惨重。英军听到枪炮声停止，几乎崩溃。刚从同古撤出来的英缅第 1 师师长斯科特，向军长斯利姆连续打来告急电话称：本师粮尽水绝已两日，官兵一刻也忍不了了，势将瓦解。他哀求斯利姆催促第 113 团加速进攻，及早解围。

孙立人面对英军将领的惊慌失措和不断催促，十分冷静，他让英军务必再坚持一日，"中国军队一定在明天将贵军解救出来"。

斯科特质疑道："你们有多大把握？"

孙立人斩钉截铁地以死来担保："中国军队，连我在内，纵使战到最后一个人，也一定要把贵军解救出险！"

斯利姆听到这句话，大为感动，紧紧握住孙立人的手……

第二天拂晓，第 113 团再次向日军发动猛攻。在炮火的掩护下，担任主攻的第 1 营在团长刘放吾的亲自率领下，迅速涉水过河，登上南岸，从正面突破日军 501 阵地。第 2 营居右翼，第 3 营为左翼，掩护第 1 营主攻。

战斗较之前一日更为激烈。尤其是在上午 8 时 30 分到午后 1 时许，日军以大批飞机及火炮反复轰炸和炮击第 113 团阵地，其步兵在强大火力掩护下，向第 113 团发起全线反扑。第 1 营与日军展开肉搏战，阵地三易其手。

第 3 营营长张琦率部增援左翼阵地，几次冲锋都被日军密集火力阻止。营长张琦奋不顾身，冲在最前面，最后身负重伤倒地，还在拼死呼喊"弟兄们，杀啊！"直到流尽最后一滴血。第 3 营官兵在营长的鼓舞下，一鼓作气一直冲上油田。遍地的油管、油罐、油桶在枪炮声中燃起熊熊大火，火势随着油流四处蔓延。敌我双方在烈火硝烟中混战。

仁安羌大捷纪念碑塔

当时中国军队由于是渡河作战，身上衣服还没有干。而日军则一直处在火焰包围之中。渐渐在面对面的肉搏中，中国军队占据了优势。最终，第1营控制了501高地，掌握了战场主动权，也将日军包围英军的态势打破。

至下午5时，第113团终于击溃日军，攻克了整个仁安羌油田区域。趁日军溃逃之际，第113团首先将被俘的英军、美国传教士和新闻记者500余人救出，接着掩护英缅第1师和英军第7装甲旅等7000余人和战车30多辆以及1000多匹军马，渡过宾河，向北撤退。

精疲力竭的英军官兵见到第113团官兵时，个个热泪盈眶，竖起大拇指高呼"中国万岁！"他们与中国官兵拥抱致意，甚至有人当场下跪，感谢中国军人的救命之恩。后来新38师转至印度伊姆法尔，又和英缅第1师相遇。彼此语言不通，相互以目光表达感情，有的英军官兵竟然眼含热泪，依依不舍。

仁安羌大捷是中国远征军进行滇缅路保卫战以来，第一次主动进攻日军取得的重大胜利，给危急中的缅甸战局带来一线生机。第113团以少胜多，以劣胜优，以伤亡500余人的代价（牺牲204人），击毙包括日军联队长在内的1200余人，不但解救了英缅第1师和装甲第7旅，也挽救了东面的英印第17师免遭仁安羌日军的围歼。

仁安羌胜利的捷报轰动了中美英三大盟国，一扫太平洋战争爆发以来英美军队接连失利造成的沉闷气氛。英缅军总司令亚历山大致函孙立人，"谨代表我英缅军第1军及其他英帝国军队，对阁下热诚相助及贵军英勇部队援救比肩作战之盟军美德，深表谢意"。英国官方将英军在仁安羌脱险称为"亚洲的敦刻尔克奇迹"，将4月20日定为"光复仁安羌解救英军日"。

为表彰孙立人及其所部新38师第113团在仁安羌援救英军的重大战功，英国国王乔治六世后来授予他"大英帝国司令"勋章。孙立人还获得了中国的四等云麾勋章和美国的丰功勋章。

第113团团长刘放吾获得一纸奖章执照，上书：

陆军新编第三十八师一一三团上校团长刘放吾，因缅甸战役著

有功绩，今依陆海空军奖励条例第三条第一款，呈准国民政府，给予陆海空军甲种一等奖章一座，核发执照，以资证明。

军事委员会委员长蒋介石

中华民国三十五年一月

仁安羌大捷后，刘放吾率领第113团奉命继续掩护英军、第5军杜聿明部队和新38师撤退，转战卡萨击退日军，突出重围，开始追赶新38师主力。

第113团经过连续20多天的激战，根本无暇休整，弹尽粮绝。面对渡江点被日军封锁的情况，刘放吾只能带领第113团另从野人山中开辟小路，翻山越岭，艰难地向印度转进。

经历了一个月的艰苦行军，第113团终于在5月30日抵达南先庆，趁着夜色，避开日军炮艇的夜巡，泅水横渡清得温江，进入印度，6月8日到达伊姆法尔，归还建制。

第113团成为远征军中最后离开战场的"最光荣的一个团"。

就在渡江之前，望着对面一江之隔的印度，不时游弋江面的日军炮艇，和随时有可能追击而来的日军，刘放吾百感交集，成败在此一举！

刘放吾当即令话务员发出两份电报，一份发到军令部给何应钦，一份发给师部孙立人。电报只有一句话："刘团今夜渡江，不成功，便成仁！"

渡江之后，电台浸水，无法和外界联系，传言四起，说刘团全军覆没。远在贵州的刘放吾的妻子闻讯后当场昏厥。

第113团在印度归还建制途中，刘放吾因为心力交瘁，身染重病，最后的路程是士兵们抬着担架走完的。师长孙立人闻讯，赶来看望第113团官兵。当孙立人见到担架上的刘放吾时，心里是又气又喜。气的是，自己手下的团长没有跟着自己的路线，而追随了第5军杜聿明走野人山的错误路线，导致损失惨重。喜的是，毕竟是成建制地来到了印度，也算立了一功。孙立人带着点埋怨地说："懵了头，为什么跑不出来？"

刘放吾不知道孙立人与杜聿明之间的矛盾，他满怀期待地见到自己的长官，却没有半点安慰。这让他原本回归亲人怀抱时的喜悦，顿时变成钻心的刺痛。刘放吾回答道："我们是在作战，不是在作旅次行军啊！"

说完颓然躺倒，侧过身以袖拭泪。

孙立人没有野人山九死一生的经历，的确很难想象第 113 团命悬一线时的艰难。

孙立人走后，刘放吾忽然想起了久未联系的妻子，不由悲由心生，随口吟出唐朝诗人陈陶的《陇西行》：

> 誓扫匈奴不顾身，五千貂锦丧胡尘。
>
> 可怜无定河边骨，犹是春闺梦里人。

刘放吾性格内向，不善言辞，就连对他的家人也绝口不提当年的英勇事迹，历史记载中也将功劳主要归结于孙立人。但他一直将仁安羌之战时英军军长斯利姆写给他的亲笔手令和在该战中缴获的一面日军军旗，细心保存。每当看到这些，他都会想起和他一起浴血杀敌的战友，还有那些战死疆场的英魂。

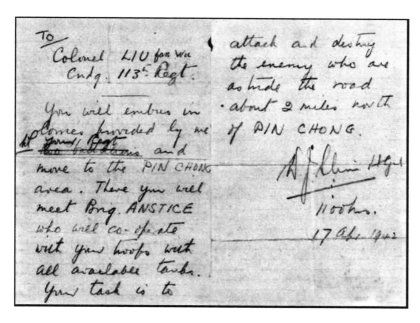

斯利姆手稿

二十多年后，当身在异国的刘放吾看到描述二战时的电影《最长的一日》后，含着眼泪久久不肯起身。在儿子问起他缘由的时候，他才将压抑在心中的那段战争情结，缓缓解开。

就这样，一名抗日老兵刘放吾在仁安羌大捷中的作战细节，才逐渐为人们所熟知。

半个世纪后，英国首相撒切尔夫人握着刘放吾的手说："我听说过你的英勇故事，感谢你当年救了7000多英国人的性命。算算看，7000英军、500多美国传教士及记者等，他们现在该有第三代、第四代了。我今天代表英国政府与人民对你表示深深的感谢与敬佩，希望将来有时间听你讲述你是如何打赢这场战役的。"

已经93岁的刘放吾眼里溢出泪水，他回应道："我是军人，打仗是我的职责。英军是并肩作战的友军，友军遭危难，援救友军是分内之事，不能列为战果。"

撒切尔夫人与刘放吾握手

面对媒体对他"骁勇善战""赫赫战功"的赞扬时，刘放吾总是释然地说："这只是身为一名军人本分罢了。"

不久，台湾当局专为刘放吾颁发了一枚迟到了50年的奖章——"陆海空军甲种一等奖章"，终于了却刘放吾深埋心底的一桩憾事。

两年后，刘放吾撒手人寰，与那些先他而去的抗战英烈们重聚于九天仙境之中。

台湾当局补发刘放吾将军陆海空军甲种一等奖章

日军在仁安羌遭到痛击，伤亡惨重，锐气大挫。新38师师长孙立人决定集中全师兵力乘胜反攻，歼灭日军第33师团，稳定西线，确保中路中国远征军主力右翼安全。英缅第1军军长斯利姆也建议赶快组织对曼德勒的防御。

但是，韦维尔主意已定，指挥英军继续向西北印度方向撤退，同时，不惜以谎报敌情的手段，对中国远征军隐瞒其撤退意图，驱使中国军队为其殿后，掩护撤退。

就这样，侵缅日军如潮水般反扑过来，缅甸八莫、腊戍、密支那等重镇相继失守，中国远征军回国的退路也被日军切断，不得不走上了全面溃退之路。

惠通桥——中日两国军队在滇缅公路的怒江两岸对峙

历史总是巧合得令人惊奇，一系列事件的错进错出，使结局看起来是如此必然。当人们望着滇缅公路中途横跨怒江两岸的惠通桥时，总是在感到惊险后，才长舒一口气。

为了保卫滇缅路，中国远征军付出了极其惨重的代价。出征时的10

万抗日健儿，回国时仅剩下 4 万人左右。仅杜聿明率领的第 5 军 4.2 万人，牺牲官兵就多达 2.1 万人。中国军人的鲜血染红了滇缅公路。

1942 年，10 万远征军在缅甸被打败后，各部队按照自己的想法寻找归路。日军则一刻也不想让中国人喘息。日军第 56 师团打上了瘾，他们死死咬住了远征军，想看看中国军人能逃到哪去。

滇缅公路上的腊戍火车站囤积的各类物资，堆积如山。眼看着这一堆堆国内战场急需的物资落入日军的手中，远征军也顾不得那么多了，毕竟"留得青山在，不怕没柴烧"。

一块巨大的馅饼从天而降，砸到了日军手里，最重要的是军需物资一应俱全。日军将腊戍火车站遗留下来的崭新美式军用卡车加满了油，运载着一车车步兵，带着刚缴获的战备物资，意得志满地沿着中国抗战时的交通大动脉——滇缅公路高歌猛进。

第 56 师团指挥官坂口少将确信，中国军队已没有任何抵抗能力。他看着一车车满载着士兵的卡车和轰鸣中一辆辆威武的坦克从自己面前驶过，幻想着日军一路攻城拔寨时的情形。

坂口语气坚定地对身边的参谋说："下达命令！我们将进军到任何我们可能到达的地区，不要停止前进的步伐！"

日军沿着滇缅公路迅速逼近滇西重镇畹町。畹町漫山遍野都是仓库货棚。这里既无国防工事，又没有重兵布防。当听说日军到来的消息后，中方管理物资的人员大多丢下物资逃命去了。有部分人不忍心把物资留给日本人，一把火把仓库烧掉了。日军还没到来，畹町就已成为一片火海，大火一直烧了三天三夜。当日军占领畹町时，看到化为灰烬的物资，除了捶胸顿足地感到惋惜以外没有任何办法。

从畹町到怒江的路上，数千辆汽车、战车和几万名难民、溃军在滇缅公路上夺路而逃，路上堵成一团。汽车一昼夜最多只能缓缓地向前驶上二三十公里。

眼前就是怒江。坂口心里十分清楚，在滇西只要能跨过惠通桥越过怒江和澜沧江，那取下昆明、攻陷贵阳，甚至兵临重庆便是指日可待的事。

1942 年 5 月 4 日，滇缅公路上连接怒江两岸的惠通桥，比以往显得更加拥堵不堪，汽车的喇叭声、难民的咒骂声、孩子的哭喊声夹杂在一起，时空都仿佛被胶水粘住一样，所有的一切都在艰难地向怒江东岸挪动。每个人心里都明白过桥就意味着生存，留下来就会被日本人杀掉。

日军早料想到这种情形，他们使出屡试不爽的阴招——化装成难民，混在逃亡队伍中，企图通过惠通桥后控制怒江两岸。

此时负责守桥的中国军队中，除了宪兵队有一点作战能力外，其他的工兵团、化学兵团和小部分滇军基本没有与日军相抗衡的能力。

见惯了各种撤退状况的守桥士兵，对眼前的这种混乱状况早已麻木，哪里知道死神离他们正越来越近。

眼见着悲剧将要上演。这时一辆从保山方向开来的卡车来到桥边，他们想要在难民流中逆向过桥。走到桥中时，由于难民人数实在太多，而桥实在过窄，车子卡在人流中无法前进，悬索桥开始剧烈地摆动，载重明显已超出了负荷，眼看情形马上就要失去控制。

宪兵队的人立即拿着枪，挤到卡车旁，命令车主立即掉头返回。车主自恃有靠山，不听指挥。谁知宪兵本也是霸道惯了的人，挥起手来就是两个响亮的耳光，逼着卡车掉头回来。带着羞辱的卡车车主在调头时与另一辆车撞在了一起。这下大桥基本上完全被堵死了。而混在人群里的日军士兵也无法过桥。

少校宪兵队长张祖武急了，说道："妈的，快把卡车推进江里，要不谁也走不了！"

卡车车主本就有气，坚决不同意。眼看形势要陷入僵局，谁也不肯让步。张祖武一不做二不休，下令手下把这个车主拖下去，乱枪打死。

恰在此时，伪装成难民的日军士兵，一听到枪声，以为被中国守桥士兵发现了。他们也立即从衣服里抽出枪来进行还击。怒江峡谷枪声四起。惠通桥上中弹的无辜难民，不停地跌入江中。

张祖武立即意识到，日本人就在人群中。他知道，日军的大部队马上要到了，以宪兵队的力量与日军交战，那根本就是以卵击石。张祖武急中生智，眼见日本人就要冲过大桥，他立即下令，引爆埋在桥上的炸药，坚决阻止日军过江。日军士兵眼看宪兵在引爆炸药，便不顾一切地向桥边冲来。

在千钧一发的危急时刻，守桥工兵立即炸毁惠通桥，"轰！——轰！"伴随着几声巨响，怒江东岸桥塔及主索被炸毁，日本兵也随着桥体的残骸坠入汹涌的江中，被湍急的江水冲走。

坂口的第56师团听到枪声和爆炸声，知道前面已经交火，但不清楚部队是否过了怒江。日军车辆急驶至江边，见桥已被炸毁。气急败坏的坂口当然不肯善罢甘休，他怒吼着命令："炮兵立即进入桥西松山公路处设立阵地，另派一个大队乘橡皮筏渡江！"

5月5日上午8时，第56师团后续部队1000人，以装甲车为先导，汽车载运步兵到桥西，见桥被炸断，不能前进，只能用橡皮艇强渡怒江。日军架桥部队在后面跟进，准备在江面铺设临时浮桥。怒江西岸的日军辎重部队随时准备跟进过桥。形势危急。

正在这时，一支全员装备德式装备的国民党精锐部队赶来，同过江的日军展开激战。

蒋介石知道远征军在缅甸溃败后，料想日军定会沿着滇缅公路追击进犯滇西，深入中国的抗战大后方。

5月4日深夜，蒋介石迟迟无法入睡，不祥的预感阵阵袭来，让他在"西安事变"时受伤的腰更加的疼痛。蒋介石拿起电话接通第11集团军司令兼昆明防守司令宋希濂中将。

宋希濂，湖南湘乡人，黄埔一期生，曾在黄埔军校时秘密加入共产党，在1926年中山舰事件后退出共产党。由于他一心认为蒋介石是革命领袖并代表真正的革命路线，死心塌地追随蒋介石。有鉴于此，蒋介石才放心地将自己的嫡系部队——第11集团军交给宋希濂来带领。

其实蒋介石嫡系部队，当时只占全中国军队的1/10左右，但他能成为公认的抗战领袖，原因就是因为他的嫡系军队凝聚力和战斗力比其他各派系的武装力量要强，而且他们的忠诚度高、抗日决心强烈。

危急时刻蒋介石想到宋希濂，他将腊戌、畹町失守的消息通告宋希濂，此外林蔚的参谋团也有一天多没有任何消息，不知情况怎样。蒋介石要求宋希濂立即设法联系上林蔚，并急调滇西的第71军第36师沿滇缅公路西进迎击日军。

蒋介石最担心的是：日军渡过怒江天险，一旦西南门户被打开，则重庆岌岌可危，抗战前途将会一片黯淡。

宋希濂听出了蒋介石的忧虑。在电话前毕恭毕敬地听完蒋介石的指示后，他回复道："请委员长放心。我立即下令离怒江最近的第36师火速西进，另派出驻昆明附近的军队跟进支援，坚决守住西南门户。"放下电话后，宋希濂立刻从驻昆明城翠湖的司令部赶往郊外黑林铺的滇缅公路运输总局，要求停止一切运输，调集一切可使用的车辆，将官兵运往滇西前线。

宋希濂返回城内后，立即与第36师师长李志鹏通电话，命令其部火速赶往怒江惠通桥处，阻击即将到来的日军。

其实蒋介石和宋希濂并不知道惠通桥当时的紧急状况，凭着军人的直觉，他们在危急时刻做出了正确的决策，从而挽救了中国抗战。

第36师师长李志鹏随先头部队第106团的两个连最先到达老农田附近。眼见在日军猖獗的炮火掩护下渡过江的日军士兵和后续部队正在修桥时，他立即和副师长各指挥一个连，进入怒江东岸的公路高地向日军射击。

本以为过江后将顺利配合辎重部队过江的日军先头大队，受到攻击后，就像受伤的野兽一样，立即组织疯狂反击，他们仰攻着向李志鹏所率部队的山头阵地冲来。

第36师本非等闲之辈，是中央军的7个精锐"德式师"之一。他们清一色的德式装备，并经德国军事顾问的系统训练，又经历过淞沪会战、南京保卫战和武汉会战的残酷考验。

何况，第36师现在处于居高临下的有利地形，再加上师长亲自在一线参战杀敌，士兵们比平时更加士气高涨。经过近一下午的激战，日军始终无法攻克怒江东岸滇缅公路两侧的山峰。

日军渡江士兵经过几番攻坚战后，兵力锐减近1/2。至5月5日黄昏时，兵力不到500余人，已无法展开进攻，只有招架之力。而怒江西岸的坂口第56师团只能在对岸看着自己的士兵处于被动局面，无法渡江支援。

相反，至5月6日，国军第36师增援部队第107、第108两团陆续到达阵地，迅速投入战斗。又经过四个小时的鏖战，歼灭盘踞在东岸的日军 200 人，但仍有少量日军负隅顽抗。

宋希濂作为第 36 师的老师长，对他的老部队寄予厚望，当他接到惠通桥战斗情况汇报时，连夜驱车赶赴前线，并于 7 日一早来到怒江岸边的第 36 师指挥所。此时第 36 师已全部到达预备阵地。而对岸的日军仍没有放弃渡江的计划，在火炮掩护下，企图过江支援先头部队。

宋希濂立即召开作战部署会议，与到会师长和各团团长决定 5 月 8 日发起反攻，彻底歼灭东岸残敌。

8 日的清晨，怒江水面波澜格外起伏，仿佛在为日军士兵奏响一曲挽歌。随着第 36 师冲锋号的吹响，抗日健儿纷纷从阵地跃出向日军冲杀而来。面对面的肉搏，刺刀对刺刀的拼杀，杀红眼的第 36 师官兵，恨不得将日本兵撕成碎片。

日军渡江大队已无法再坚持下去，在西岸火力掩护下，除勉强乘橡皮筏或泅水逃跑的几十人外，其余悉数被歼。宋希濂来到阵地前看着地面上横七竖八躺着的日军尸体，心想终于可以向老蒋交上一份满意的答卷了。

这时身边的参谋将伤亡统计送来请宋希濂过目，宋挥了挥手说："报来听听！"

"是！歼灭日军 400 人，缴获轻重机枪、步枪 80 支……"

坂口看着宽阔的怒江江面，无可奈何，只好放弃东突计划。恼羞之下，日军将尚未来得及渡江的中国难民赶到河谷中全部残忍地杀害。接着，日军全面进占滇西腾冲和龙陵两个地区，并在松山一带构筑防御工事，以炮兵加强封锁东岸公路的交通运输，同时沿江进行警戒，防止被国民党军队过江反击。

与此同时，昆明行营专门设立了"滇西破路工程处"，并下令立即征派数千人，配合第 11 集团军对怒江东岸交通线路进行破坏，将惠通桥以东 50 公里内的涵洞、桥梁全部炸毁，道路一律破坏，以防日军过江后迅速突进，也为中国军队预留一个战略缓冲地带。

从此，日军与中国军队形成隔江对峙局面。滇缅公路的国际运输也被迫中断。

滇缅公路被切断，意味着日本对中国的封锁从太平洋延伸到了印度洋，几乎切断了中国所有的陆路和海路的国际交通线。大西南后方失去了最后的国际交通线。中国与英、美之间的物资联系被迫中断，军需物资无法运抵中国，中国战场的数百万军队的战力骤降。中国处于抗战中最艰难的时期。

战鹰似流星般划出一道闪亮的弧
以冲锋的姿态
定格在终年积雪的喜马拉雅山上
请不要在悲伤和暴风中徘徊
英魂已化作暗夜中的明灯
为勇士们点燃生命的希望
照亮胜利的征程

喜马拉雅山上的战鹰
——飞越驼峰航线

正在装弹的 B-29，准备轰炸汉口目标

上帝在关上一扇门的同时也会打开另一扇窗

　　美国同日本全面开战后不久，宋子文就以蒋介石私人代表的身份走进了白宫。此时，罗斯福总统正在椭圆形办公室内等待着中国方面有什么好的消息传来。

1943 年 5 月，罗斯福与宋子文在白宫

　　宋子文向罗斯福转达了蒋介石对他的问候，随后简要介绍了中国抗战中的局势。

　　罗斯福对这个彬彬有礼的哈佛博士抱有一定的好感，毕竟宋子文从小接受的就是美式教育，他们沟通交流起来比较容易。

　　宋子文一边谈着战争局势，一边观察着罗斯福的脸色。当他感觉到罗斯福对中国坚持抗战的决心和态度比较认同，立即将话锋一转，提出："当前日军在太平洋扩张迅速，缅甸公路的安全受到严重威胁。中国战争物资即将消耗殆尽，我们现在急需新开辟一条到中国的交通运输线。"

　　罗斯福十分认同宋子文的建议，他微笑着向宋子文点了点头，说：

我与先生的想法不谋而合。在 1 月 30 日的内阁会议上，我就提出开辟通往中国的空中运输线和另一条陆上补给线的可能性。至于采用什么方式和选择什么路线，不知阁下有没有更加具体一点的方案呢？

宋子文看到如此顺利地进入正题，眼睛突然一亮，兴奋使他讲话的语速加快了许多。宋子文说，我们认为，开辟一条从印度东北部阿萨姆邦地区飞越喜马拉雅山到中国云南昆明的航线是可行的。在 1940 年 11 月，中国航空公司就对这条线路做了探测性飞行，并且取得了成功。经过评估，我们认为只需要有 100 架飞机，便可以在空中复制一条滇缅公路。

宋子文讲话一贯天马行空，为了尽快争取到美国的支持，他在没有经过考察的情况下，随口就代表蒋介石向罗斯福开出了条件。

罗斯福觉得宋子文说得很有道理，对他的观点表示赞同。2 月 9 日，罗斯福致电蒋介石："我们正迅速增加非洲和印度到中国的运输。我现在可以向你明确保证，即使仰光遇到更多挫折……我们可以通过空运维持从印度到中国的补给线。"

1942 年 1 月，当宋子文在美国进行游说的时候，中国作为世界反侵略宣言的签字国之一，一跃跻身于"世界四大强国"之列。蒋介石也想利用中国是"世界四大强国之一"的威望，积极争取印度对中国抗战的支持，以求尽快开辟一条援华物资进入中国的新途径。在这一点上，蒋介石对美国总统罗斯福是心存感激的。在国际上，只有美国在想尽办法帮助中国提升威望和声誉，而英国和苏联从来都不觉得中国是一个大国，它们经常将中国视若无物。蒋介石对这种尴尬的局面心知肚明，他时常提醒自己，中国的新国际地位远远超出中国的真实国力。正如蒋介石在日记中记录的一样："我国始列为世界四强之一，甚恐名不符实，故更戒慎不胜也。"

正在此时，英属印度总督林里斯哥邀请蒋介石访问印度，事情开始在波折中发展前进。

当月，蒋介石即偕宋美龄率同国防委员会秘书长王宠惠等从重庆起飞，中经缅甸腊戍、印度加尔各答，于 2 月 9 日飞抵印度首都新德里，开始对印度进行正式友好访问。这是蒋介石第一次以"元首"的身份出访。当时，亚洲各国受到日本"大东亚共荣圈"口号的蛊惑，正积极开展反

对殖民主义，争取国家和民族独立的运动。印度的甘地公开宣称不与西方合作。中国作为整个亚洲唯一反抗法西斯的国家，想要说服其他国家推迟民族独立、将抗日放在第一位，其难度之大可想而知。

蒋介石虽然在检阅军队、出席欢迎宴会、与英印高层举行一系列军事会谈等活动中，勉强保持着微笑，但他知道最关键的环节还是与尼赫鲁和甘地的会晤。

当尼赫鲁见到蒋介石时，开门见山地向蒋介石表示，国大党同情世界反法西斯战争，不会接受日本的占领。目前印度人民未充分动员起来参加抗战是由于英国不愿意解除它加在印度人民身上的殖民枷锁，但是一旦日军入侵，印度人民将协同英军抵抗，绝不回避责任。

蒋介石不甘心，仍想争取印度主动参战。经过再三请求，他终于见到了印度人民的精神领袖甘地。甘地长时间地向蒋介石介绍"非暴力不合作"的斗争策略。蒋介石也对印度人民要求民族自决的愿望表示同情："我以中国国民党员资格前来印度访问，与印度革命友人会谈，主要目的，就是在联合反抗侵略势力，以奠定中、印两民族求得自由的基础。"

甘地则表示："我们不妨碍中、英之间的合作，并愿接受蒋委员长的忠告，不打算特地制造纠纷。"无论蒋介石如何劝说，甘地依然坚持将民族独立放在第一位。

当蒋介石看到甘地取出纺车，坐在地上，纺起纱时，他知道他的印度之行至此已经结束了。

1942年2月21日蒋介石夫妇回到了重庆。

此时重庆正被雾霭笼罩，蒋介石驻足嘉陵江边，看着滚滚而逝的江水。滇缅路保卫战的败局已现，蒋介石再次陷入无尽的苦恼中，他的抱怨越来越多，脾气也越来越差。

蒋经国回忆说："长这么大，目睹父亲脾气最坏的时候，就是缅甸战败那段时期，中国最后一条通道彻底被截断后，父亲明显憔悴，整个人一下子老了许多，那些天，身边的人连大气都不敢出。"

蒋介石对英国人是了解的，他之所以反复叮嘱史迪威在缅甸小心用兵，是因为他预料到保卫滇缅公路的战役获胜可能性并不大。但第一次和盟军联合作战，就如此快地溃败下来，这却大大出乎他的意料。蒋介石更加坚信：和外国人打交道时必须要有所保留。

眼看缅甸战局已无法掌控，罗斯福担心蒋介石会被压力击垮而退出战争，他向蒋介石保证："不管日本人取得什么样的进展，我们总会想方设法把飞机和军需送交蒋介石委员长的军队。"美国将开辟新的国际战略通道，设法保持与中国战场的物资和精神上的联系，将日军牵制在中国战场而无法进行新的战争冒险，列为美国亚洲政策的重要内容。

一份份电报如雪片般从缅甸前线传向重庆，其中没有一条是好消息！

3月9日，仰光沦陷；4月，腊戌被攻；5月，密支那告急……

日军入侵缅甸，并如此迅速地切断了滇缅公路，这件事在美国高层中也炸开了锅。

美国高层开始围绕中印之间是否需要开辟新的空中运输线一事，进行了激烈的讨论。两种意见针锋相对：一派认为无须再援助中国，中国不久将会投降；另一派认为为了盟国的利益，应该坚决援助中国，以拖住在中国战场上至少超过50万的日军。

罗斯福驻印度私人代表刘易斯·约翰逊上校和美国驻印度技术代表团亚赫·赫林屯上校认为，滇缅路保卫战的失败对中国影响是灾难性的，中国肯定不会再对日本继续抵抗下去，即使是从空中运输援华物资也不会有什么作用。他们坚决反对开辟中印空中运输线。

以美国国务院政治关系顾问斯坦利·霍恩贝克和远东司司长汉密尔顿为代表的一些官员则认为，美国应立即以空运援助中国。他们认为："中国没有空军力量，可悲地缺乏大炮和高射炮，缺少机关枪，而且武器和弹药的贮存也十分有限"，"现在缅甸将要沦陷，这种紧要关头，美国不应该放弃中国，而应该立即运送物资援助中国"。

当天，汉密尔顿就以备忘录的形式向罗斯福提出：美国应该刻不容缓地开辟空中运输——以使中国保持同其他盟国之间的关系。假如中国政府再从重庆迁徙，会对中国人的士气产生灾难性的影响，甚至联合盟国的经济、心理状况也会因此极大地受损。

罗斯福表示，"经印度通往中国的补给线可以采取空运办法保持畅通"。因为"局势在逼着一切有关的人士认识到缅甸的极端重要性，我们必须立即让航线通航，还必须开辟一条边远公路"。

史迪威作为美国派往中国的最高军事代表，也同意罗斯福的主张，认为在滇缅公路被切断后，必须建立一条飞越喜马拉雅山的空中航线。这对中国和美国的战略利益来说是必不可少的。但史迪威还认为，仅仅是驼峰航线还远远不够，最根本的办法就是要通过空中、陆地、水上等多种途径将美国的物资及时运到中国前线部队手中。很显然，以当时的形势来说，史迪威的想法还是太过理想。

蒋介石才不管美国高层争吵得如何激烈，面对兵败如山倒的缅甸战局，蒋介石再次要宋子文向美国方面施压，以帮助中国渡过难关。宋子文急匆匆地向美国总统递交"备忘录"，请求罗斯福将以往的口头承诺一一兑现：

总统阁下：

日本在南太平洋的胜利使滇缅公路处于巨大危险之中，仰光已经关闭。在过去四年半与日本作战期间，中国战争物资的储存量从来没有这样少过。为了供应中国军队并维持人民士气使中国能继续战斗，有必要开辟一条到中国去的新的生命线！

像奇迹一样，这条生命线就在附近。从印度铁路终点萨地亚到昆明或者叙府（四川水陆交通中心），分别只有500英里或700英里，飞越的是比较平坦的路线……这些可供选择的路线已由泛美航空公司按全年的要求调查过，该公司准备飞行这些航线，美国军事顾问团也宣布这一计划是可靠的……

泛美航空公司和道格拉斯飞机公司的一位专家研究表明，100架C-47飞机携带自用燃油，在通常的条件下工作，每月可载12000净吨，换言之，除军用坦克外，实际在缅甸公路上运输的一切物品都可以由这些飞机运载，这将使缅甸公路的净运输力几乎增加一倍，这些飞机回程可以从中国运载盟军急需的钨、锡、桐油……

按"租借法案"之程序，今年已经分配给中国35架C-53，如果这些飞机能立即拨给，并增拨65架，缅甸公路的丧失就能得到抵消。

宋子文的发散性思维，加上蒋介石催命一般的指示，让他这份"备忘录"错误百出。连"滇缅公路"这条重要的国际交通线都写成了"缅甸公路"，更别说将"中国航空公司"张冠李戴成"泛美航空公司"了。但最关键的一点，宋子文却是有依据的：中国航空公司在 1941 年初曾派吴士驾驶一架 DC-3 飞机在中缅边境作勘察飞行，飞越了横断山脉、玉龙雪山、大理、西昌和叙府，最后到达重庆，降落在白市驿机场。正是有了这次勘察，才最后确认了经密支那的第一条中印航线。

不久，罗斯福就宣布：要不惜一切代价，开通印度通往中国的航空运输线，要想尽一切办法把物资运到中国。同时，罗斯福命令美军总参谋长马歇尔将军：立即开通到中国的空中航线。

被日机击伤的中航 DC-3 飞机

马歇尔马上协调中国与英印当局，并就开辟中印航空线问题达成协议："中印两国政府业于目前就重庆到加尔各答间航空线事，成立协定。据协定之规定，英国政府同意中国航空公司开辟重庆到加尔各答间之航线，中国政府同意，情况许可时，恢复昆明仰光间航线。"这为开辟新的中印航线扫清了最后的障碍。

中国航空公司和美国陆军空运队飞机率先穿行于中印之间的空中通道。这条空中通道西起印度北部阿萨姆邦的汀江机场，向东跨越喜马拉雅山脉、高黎贡山、横断山脉、萨尔温江、怒江、澜沧江、金沙江，终点为云南昆明巫家坝机场，全程约 800 公里，地势海拔均在 4500 ~ 5500 米上下，最高海拔达 7000 米。飞机经过绵延跌宕的高山深谷，就像穿行驼峰之间一般，"驼峰航线"因此而得名。

1942 年 5 月，驼峰航线正式通航。驼峰航线成为第二次世界大战期间，三条最难飞的航线（其余两条为：大西洋航线、阿拉斯加航线）中最难逾越的一条。

在此后的近 40 个月里，盟国之间通过这条跨越印度、缅甸，直通中国西南大后方的"空中生命线"，源源不断地将大批物资和人员及时输送到急需的战场。

中国民航与美军在驼峰上展开一场特殊的运输"竞赛"

1929 年，寇蒂斯·莱特作为美国最大的飞机制造厂商，在全球已拥有 29 个附属公司和 18 个分公司。在资本追逐利润的本能驱使下，寇蒂斯·莱特飞机公司看中了中国市场这块大蛋糕。当时国民政府在航空方面还没有一个正式的统管机构。在蒋介石的默许之下，孙中山之子孙科作为铁道部长与美方代表开始谈判建立中国航空公司。

1929 年 4 月 15 日，名义上刚完成中国形式上统一的国民政府公布了《中国航空公司条例》。由于国民政府缺乏资金，规定所开辟的航线均由美方筹款购置一切设备，并由美方自备飞机及人员负责飞航，中国则按其累计每日飞行里程，不论有无邮件，均须按里程付给酬金。条例中还规定，美国方面占中国航空公司 60% 的股份，中国方面只占中国航空公司 40% 的股份。

中国航空公司的登机牌

1929 年 5 月 8 日，中国航空公司正式宣布成立后仅仅一个星期，美国航空开拓公司（寇蒂斯·莱特飞机公司的子公司）竟然将双方合同规定给美方的权益转让给了美商经营的中国飞运公司。

这件事，让本就失落的交通部、财政部，包括空军等部门找到了表达不满的借口。中国航空公司归铁道部部长管辖，这听起来的确像一个国际笑话。孙科虽然贵为"太子"，但想从别人碗

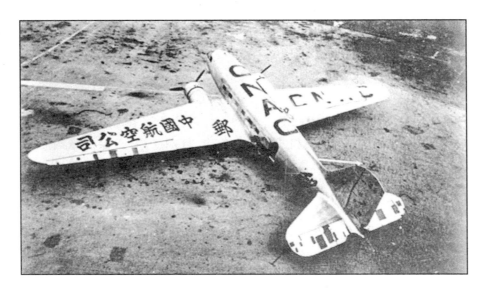

中国航空公司的老飞机

里分一杯羹，也没那么容易。不久，官司打到了蒋介石那里。当时的国民革命军总司令部舰空署署长（相当于空军总司令）周至柔和交通部部长王伯群是两个最主要的发难者。他们向蒋介石投诉，孙科以中国航空公司理事长名义，与美国航空发展公司签订的合同，条款内容极不完善，有损中国主权。他们甚至将此事提高到"丧权辱国，有碍中国领空主权"的高度。一时间各种势力和舆论把矛头都指向了孙科，孙科无奈之下只好辞去中航理事长的职务。

　　三个月后，王伯群作为交通部长名正言顺地与美商经营的中国飞运公司代表马克斯·S.普霖签订了新的中美《航空运输及航空邮务合同》，废除了孙科签订的旧合同。

　　1930 年 8 月 1 日，在上海天津路 2 号，改组后的"中国航空公司"正式宣告成立，直属交通部领导，飞行基地设在上海龙华机场，其英译名称为 China National Aviation Corporation（CNAC），资本总额为国币 1000 万元，中方占全部股权的 55%，美方占股权 45%。"中国航空公司"经过几次激烈权力的斗争后，虽然孙科成为了牺牲品，但好处也是显而易见的，毕竟，国民政府掌握了公司多数的控股权，而美方的股权则下降了15%，这意味着在"中国航空公司"还是中国人说了算。直到抗日战争结束时，"中国航空公司"的董事长和总经理的职务一直由中国人牢牢把持，美国人则只能担任副董事长和副总经理的职务。

讲起这段时间的"中国航空公司"，最著名的事件还不是内部的权力斗争，而是徐志摩坠机事件。1931年11月19日，徐志摩因急着赶回北平参加当天晚上林徽因的一场演讲会，他搭乘中航的"济南号"邮政飞机由南京北上，飞机抵达济南南部党家庄一带时，因大雾遮挡难以辨别航向，飞行员为寻找航线降低飞行高度，不幸将飞机撞上白马山，两名飞行员与徐志摩全部遇难。一代著名诗人与中航就此结下了谜一样的缘分。正如徐志摩诗中所述，好像一切早预示了一般，"悄悄的我走了，正如我悄悄的来，我挥一挥衣袖，不带走一片云彩"。飞机失事当天，有关中航失事的新闻占据了各大媒体的重要版面。如《晨报》报道：

> 中国航空公司飞机由京飞平，飞行至济南城南州里党家庄，因天雨雾大，误触开山山顶，当即坠落山下。本报记者亲往调查，见机身全焚毁，仅余空架，乘客一人、司机二人，全被烧死……

中国航空公司早期使用的史汀生 SM-1F 六座单发飞机

林徽因为了纪念徐志摩，把那架失事的史汀生 SM-1F 飞机残骸，悬挂在卧室中央的墙上，直至她逝世。

中航因坠毁事件出了名！

但在历史上，真正让中航闻名于世的却是飞行员的魄力与勇敢！

中航飞行员没有什么天气条件不敢飞，没有什么线路能难倒他们！

中航内部流传着一则有名的小故事是最好的说明。1942 年 5 月的一天，中国航空公司著名飞行员陈文宽驾驶着 C-47，从重庆飞往加尔各答。陈文宽看到飞机上坐着稀稀拉拉的 6 名乘客，其中还有一名穿着美军军服的外国人，并没在意。在飞行途中陈文宽突然接到报告说，有日本零式机就在不远处出现，他立即决定紧急着陆，机组人员与乘客全躲在离飞机不远的一条壕沟里。等到警报一解除，飞机又开始飞行。由于油不够，飞机在密支那着陆加油。机场当时一片混乱，许多人趁加油时爬上了飞机，原本只能容纳 21 人的机舱一下子被挤得水泄不通。经陈文宽仔细清点：一共有 72 个人。陈文宽知道严重超载的后果，他好说歹说，也没有一个人愿意下飞机。就在此时，日军已攻占了密支那，正朝机场赶来。眼看日本人就要进入机场了，陈文宽想：反正是死，从天上掉下来摔死，也比被日本人折磨死要强得多。来不及多想，陈文宽还未等飞机加完油就强行起飞。天黑时，当飞机趔趔趄趄地降落在加尔各答机场时，竟然从行李舱里又冒出了 6 个缅甸人，为了逃命，这些人完全是豁出去了！陈文宽驾驶一架只能乘坐 211 人的 C-47，从密支那载着 78 人飞到加尔各答，这也算创造了航空史上的一个奇迹！更为巧合的是，乘客中那名穿美式军装的外国人，竟是大名鼎鼎的杜利特中校。陈文宽这惊险一飞真是价值千金！

随着美国对日本的宣战，中航作为民用航空公司，不可避免地卷入战争之中。日本对香港的启德机场进行轰炸后，中航只剩下可怜的 4 架飞机。直到 1942 年 7 月，中航才得到由租借法案划拨来的 10 架运输机。1943 年，中航只有 C-47 运输机不到 20 架，其中，还有两架改装为客机，以保证每周定期在重庆与印度加尔各答之间搭送重要客人，其他的货机，则进行不间断的飞行。至抗战结束时，中国航空公司拥有的各类运输机也才 40 多架。从 1942 年至 1945 年，约有 78 万吨物资经驼峰航线运抵中

国，其中有9万多吨是中国航空公司完成的。由于机组和飞机数量上的差距，中航运输的总吨位虽然远远不及美国空运航空队，但中航的飞行员和飞机的单人单机使用效率却大大高于美军，成了驼峰航线上的急先锋。

1942—1945年"中航"运量统计表

年份	客运（人次）	货运（吨）	邮运（吨）
1942	26867	4601	55.0
1943	33224	19882	61.1
1944	39263	27463	93.7
1945	59177	28193	256.6

（资料引自《上海市地方志·专业志·上海民用航空志》）

担负驼峰航线运输任务的除了中国航空公司以外，就是美国空运航空队（又称印中联队）。美国空运队成立于1942年3月21日，隶属于第10航空队，使用的是从泛美航空公司租来的25架运输机，主要是美国道格拉斯公司生产的DC-3、C-53、C-47型运输机，以及柯蒂斯公司生产的C-46型运输机。美国空运航空队到1942年10月时迅速发展为75架飞机。到1945年时，已经拥有600多架各式运输机，具备了庞大的后勤供给能力。

第10航空队属于美国军方，成员是清一色的军人，中航是中美合资的民用航空公司，成员较为复杂；第10航空队的飞机数量和质量远远超过中航的飞机。因为两支运输力量同时担负飞越驼峰的运输任务，无形之中，它们之间形成了一种"竞赛"式的合作关系。

1942年7月，美军的20架飞机只运了73吨物资去中国，而中航公司的10架飞机却运了1293吨物资。当两组差距如此悬殊的数据摆在华盛顿最高决策机构桌子上时，罗斯福除了感到脸上无光外，还想把整个驼峰空运的任务交给中航公司来负责。

为了提高运输效率，1942年12月1日，美军新成立的空军运输司令部决定组建"印度—中国空运联队"，从而结束了空运航空队使命。美军是换汤不换药，新组建的"印度—中国空运联队"效率依然低下，驼峰运量迟迟不见提升。负责运输美国援华物资的史迪威将军对美军的表现大为光火，但个性倔强的他却仍向罗斯福建议，坚持要求由军方负责空运，中航公司只能通过签合同来接受任务。

但罗斯福和史迪威却怎么也想不通：为什么在同一条驼峰航线上，一个中国的民营公司效率会比训练有素的美军空运部队高如此之多？

中航公司飞行员自有他们的诀窍。中航的飞机每班都是超负荷运输，而且每天都飞十来个小时。飞行人员更是优中选优。使中国飞行员始终保持高昂斗志拼命地干的最重要的因素是：许多飞行员来自日占区，他们渴望着能早日驱逐日寇、回到自己可爱的家乡。飞行员中还有许多美国、加拿大和东南亚国家的华侨，他们参加空运，也是为了祖国能早日从日军的魔爪下解放出来。因而，在整个驼峰空运中，虽然中航公司的货运量只占整个空运货运量的 11%，但其效率始终高于美军空运部队好几倍。

1943 年 6 月，中航公司用 20 架双引擎道格拉斯飞机运输了 1000 多吨物资，平均每架飞机运输 40 多吨。同期的美军空运队使用 200 多架飞机，其中多是四引擎道格拉斯式和新型统一式巨型运输机，却只运输了 3000 多吨物资，平均每架飞机运输不到 20 吨。中航公司的运输效率是印中联队的 2 倍多，在飞机的破损率和飞行事故次数方面，中航公司也远低于美军。

史迪威对印中联队在驼峰上的表现似乎已到了忍耐极限，他禁不住直接给陆军部和罗斯福发电报抱怨，200 多架飞机，3000 多人，700 多个飞行员，整整 1 个月，才运送了 3000 多吨货物到中国，而且 1 天就摔 6 架飞机，这种效率实在是太低了。史迪威建议换一名更有魄力的指挥官来管理这支印中联队。

不久，印中联队迎来了第四任长官托马斯·O.哈丁少校。他非常了解上级的作战意图，清楚自己来到这里的使命。

哈丁到任的第一天就走进航调室，对着等待起飞命令的飞行员冷冷地说："弟兄们，没有什么理由，就一句话，必须不受任何天气限制，飞越驼峰航线！"

这就是战斗前冲锋的号令，不管谁死谁生，完成任务才是第一位的。

反正无论如何，不能再让美国航空兵在中国人面前丢脸了。

哈丁这种近乎绝情的命令其实也有道理。在驼峰航线上原本就没有什么天气好坏之分，有的只是恶劣与更恶劣的区别。面对各种狂风、暴雪、浓雾、冰霜，如果要等到真正有利于飞行的理想的天气，那就真不用去飞行了。

军人以服从命令为天职，不管任务如何，印中联队的勇士们，立即发动马达，沿着笔直的跑道，直冲云霄。一架架 C-47、C-46、C-87、C-109 消失在蓝天中，向着未知的危险扑去……

美军飞机员开始采取搏命式的运输方式，到 9 月时，他们的空运量就迅速提高到 5198 吨。1943 年 8 月，美国陆军航空兵部决策，准备在次年通过从中国基地起飞 B-29 远程轰炸机来轰炸日本本土。美方因此同意将空运至中国的物资在次年中期每月增至 2 万吨。1944 年 1 月，美方将"印度—中国空运联队"升级为美军运输司令部的"印度—中国师"，共辖 26 个基地，其中属于印度西部区的 8 个，东部区的 9 个，中国分区也有 5 个。随着空运的人员和新式飞机不断增加以及航空保障设施的逐步完善，飞机飞越"驼峰"的次数和运到中国的物资都逐月大幅增加，美军 1944 年 1 月空运到中国的物资比 1943 年 1 月的空运量增加近 7 倍。到 1945 年时，美方运输机达到 600 余架，每月运输的物资近 5 万吨。这为中国坚持长期抗战和盟军在滇缅印战场对日军发动复仇式反攻，提供了强有力的支援。

中国航空公司历届重要职务一览表（1930—1949 年）

职务	姓名	国籍	任职时间
董事长	王伯群	中国	1930 年 8 月 ~ 1932 年 5 月
	陈铭枢	中国	1932 年 5 月 ~ 1932 年 12 月
	朱家骅	中国	1932 年 12 月 ~ 1933 年 5 月
	黄江泉	中国	1933 年 5 月 ~ 1935 年 12 月
	俞飞鹏	中国	1935 年 12 月 ~ 1941 年 12 月
	彭学沛	中国	1941 年 12 月 ~ 1942 年 4 月
	徐恩曾	中国	1942 年 4 月 ~ 1945 年 4 月
	俞大维	中国	1945 年 4 月 ~ 1949 年
	端木杰	中国	1949 年

职务	姓名	国籍	任职时间
	汉密尔顿	美国	1930 年 8 月 ~ 1931 年 3 月
	邦德	美国	1931 年 4 月 ~ 1946 年
副董事长	托维地	美国	1946 年 ~ 1946 年 3 月
	罗斯福	美国	1948 年 4 月 ~ 1948 年 12 月
	艾礼逊	美国	1949 年

（资料参考：《上海市地方志·专业志·上海民用航空志》）

危险并不只存在于南线和北线上

日本一心想切断通往中国的国际交通线，阻止西方给中国抗战"输血"。日军在刚刚切断滇缅公路即将拿下缅甸之际，岂料中国又建立了一条空中通道。日本的第一反应就是尽快封锁这条才开辟的空中通道，将其扼杀在摇篮里。

"驼峰航线"正式通航不到一个月，日军参谋本部就根据情报部门提供的飞行路线图制定了针对"驼峰"的作战计划。更令日军作战部部长田中担忧的是：日本空军如果不能切断从印度飞往昆明的驼峰航线，那么在不久的将来，中国的西南地区一定会成为对日本本土实施空袭的大基地。因此，日军将切断中印之间的驼峰航线列为最重要的作战目标之一。日军大本营计划采取斩草除根的方式，直接出兵攻占印度东北部和中国昆明的航运基地，彻底切断中国西南大后方的所有运输通道。

1942 年 8 月 22 日，日军参谋本部向南方军发出了准备进攻印度东北部的《大陆令第 1237 号》，指示，攻占并确保阿萨姆邦北部要域和吉大港附近，使空军易于作战，并切断援助蒋介石的航空路线。作战时间初步定在 1942 年 10 月中旬以后。日军大本营甚至还考虑从越南老街和云南怒江两个方向同时进攻并占领云南昆明。可是让日军大本营无奈的是，由于日军将战线铺得过长，致使其兵力极为分散，处处捉襟见肘，加上

蒋介石已在昆明做好了防御工事、布下重兵，而且英军也在印度东北部作了严密部署，只等日军前来决战。日军大本营只有放弃军事占领印度东北部和中国云南昆明的打算，被迫选择空袭驼峰航线基地和拦截航线上的运输机，并将之作为唯一能干扰和影响驼峰空运的手段。随即，日军向缅甸发动攻势，先后取得了仰光、曼德勒等地一批能够直接威胁到驼峰航线的重要机场。此外，日军在越南和泰国的空军基地距离驼峰两端的机场最远也不过900公里。日军决定充分利用这些机场，用轰炸机对汀江机场和巫家坝机场进行不间断的轰炸。

如何确保驼峰航线两端机场的安全，成了同盟国之间急需解决的难题。美国决定将保卫驼峰通道这一重要任务交给美国驻印空军司令部。驻印空军司令部总部设在印度首都新德里，下辖主要战斗部队是第10航空队，其担负的职责主要是：陈纳德将军领导的美国驻华空军特遣队负责保卫驼峰航线东端的昆明基地；美国驻印空军特遣队与美英驻印度空军共同组成的东方空军部，负责保卫驼峰航线西端的汀江基地同时兼顾缅北空域的安全。这一措施立即收到了不错的效果，日机对于驼峰两端机场的轰炸渐渐减少，他们不得不将重点放在对驼峰航线运输机的空中拦截上。

中美飞行员飞越驼峰航线的初期，大多选择航程最短的"直线"航线，这条航线只有八百多公里，从汀江机场出发后先后经过密支那、腾冲、保山、楚雄到达昆明。因为密支那是航线上的一个检查点，机长必须要在航图上确认，然后才能把飞机对准昆明航向。这条航线被人们称为驼峰的"南线"。

日军在1942年5月占领了缅甸北部的密支那后，迅速增修了几个简易机场，并配备了零式战斗机，随时拦截经过缅甸上空的中美飞机。中、美、日三国都想占据密支那，因为密支那无论是对于陆路的滇缅公路还是对于空中的驼峰航线，都如同人的心脏一样是要害之所在。当时交战双方都认为：谁能得到密支那，谁就能得到最后的胜利。因此当蒋介石得知密支那被日本人攻克的消息后，脸色一片惨白。

日军取得密支那后，迅速以其机场为支点，以零式战斗机执行拦截驼峰航线上运输机的任务。零式战斗机重量轻、火力猛、速度快，作战半径则可达到 700 公里，而密支那距汀江机场只有 402 公里。日机利用这一优势，频频袭扰汀江机场并在中途拦截飞经驼峰的空运飞机。

因此中美飞行员在飞越驼峰时，除了要掌握正确躲避零式战斗机的高超驾驶技巧以外，还需要有不错的运气才行。

在驼峰航线上的中航资深飞行员潘国定曾回忆："我们空运是东西向飞，日机是南北线打我们。有一次，我瞧见日本战斗机追来了，赶紧超低飞行。日机从我上面飞过，直追着前一架美军飞机打，我看着美机被打得稀烂。"

另一位中航的飞行员说："由于我们经常夜航，日寇战斗机也就经常在夜里出动拦截。有一个晚上，美军一下损失了 13 架，中国航空公司丢失了两架。"

由于飞越驼峰航线损失率太高，飞机虽然可以由美国人加班加点地制造出来，但是飞行员的培养却没有那么快。随着飞行人员损失率不断上升，原本应由三个人配合飞行的飞机，大多数时候只有两个人飞，要么副驾驶没了，要么拍报员没了。蒋介石曾请中航的员工提出建议，看有什么好的方法能适当降低驼峰航线上的损失。当时中航的副总经理邦德坦白地说："真正能停止飞行事故的唯一办法就是停飞驼峰航线！"渐渐地，"不惜任何代价飞越驼峰"，已经成为中美飞行员之间的共识。

不过，美国人最终还是想出了一个好办法。这种办法可以防止己方飞机被日机击落，提高飞机的存活率。他们研制出一种新型的"敌我识别器"，可以在肉眼可视范围以外，以最快的速度分辨敌友，决定是否需要躲藏。如果是日机的话，可以在第一时间将信息通告给航线上的友机。这种"敌我识别器"的工作原理虽然十分简单——在盟友的飞机上使用同一个频率的短波信号，但在战争中却非常实用。自从飞越驼峰航线的飞机装上这种装置后，遭日本飞机拦截的盟军飞机数量大为减少。

"敌我识别器"效果十分明显，为了保护它的安全，上级要求：在飞机离开停机坪时，接通"敌我识别器"，一旦降落时就必须关闭。在飞机离开跑道前，地面就会有一个明显的标牌，上面写着"OFF/ON"，就是提醒飞行员打开"ON"。同样，飞机自降落进入跑道时，也会有一

个标牌上写着"OFF"，意思是关闭。

这个"敌我识别器"如一台手提工具箱大小，安放在飞机的尾部。在"敌我识别器"控制匣上，有一个罩子盖着，上有一个红色的按钮。万一遇到敌机攻击或被逼坠入敌人控制的区域时，必须按下按钮，使"敌我识别器"自爆毁灭。盟军当时将这一装置当做最高军事机密，上级明确要求：如果谁活着让日军获得这种"敌我识别器"，将会受到法律的严惩。

正所谓"道高一尺，魔高一丈"，日军看到拦截到的盟军飞机数量越来越少，开始采用更为狡猾的战术。日机决定在盟军飞机飞行的两端机场伏击。因为许多盟军飞机在好不容易越过驼峰后，往往会松口气，放松警惕。而这时日机突然出现，给盟军打个措手不及。日本飞机接连几天飞到两处机场上空却不实施攻击行动，使防守的盟军麻痹大意。等到负责防守的盟军飞机放松警惕时，再趁机突然袭击机场上的飞机和正准备起降的运输机。1943 年 4 月下旬，日本空军就对巫家坝和汀江机场采取了这样的战术。4 月 26 日，日本飞机还突袭了停在云南机场的第 14 航空队第 74 中队，5 架 P-40 战斗机被炸毁，多架飞机受损。随后，第 10 航空队和第 14 航空队加强了戒备，多次成功拦截了日机，才使日军这一阴险的招数宣告破产。

飞越驼峰航线的南线的飞机，虽然采用了多种方式躲避日本飞机的拦截，也有老式的 P-40 战斗机护航，但由于日机数量多、火力猛，多数中航和美军飞机最终难逃被击落的命运。

1943 年 10 月 13 日，日本战斗机拦截并击落没有武装的民航货运飞机中航 72 号飞机。中美决策层为了避免更大的损失，决定从当日起，所有飞越驼峰的飞机，一律改飞北线，并逐渐采用 24 小时换机不换人的飞行方式。驼峰北线，地形险恶，四季都有狂风和暴雪陪伴，由于要在丽江绕一个大弯，飞行距离也增加到 1200 公里，飞行时间增加了近一个小时。

驼峰北线在春秋雨季，会有强烈的大风，有时风速达到每小时 200公里；北线上没有夏季，这里山峰终年积雪，云层中悬挂的冰凌就像一把把尖刀，随时会把飞机切断；在雷雨季节，就会有大片积云拦在北线航路上，暴风雨、猛烈的湍流和侧风以及严重结冰，使得穿行于其中的飞行颠簸不堪，飞行中随时有坠毁和撞山的危险。驼峰北线经过地区地形崎岖，山势陡峭，峡谷幽深，河流湍急。飞行途中一旦出现机械故障，几乎难以寻找到一块紧急迫降地，飞行人员即便是跳伞，不是落在深无边际的冰川河谷中，就是落在荒无人烟、猛兽出没的深山野林，生还机率非常低。

可是乔·罗伯特却是上帝的宠儿，他作为在驼峰北线坠机后还能劫后余生的少数幸运儿之一，被历史记录下来。

罗伯特本是陈纳德手下一员悍将，是飞虎队中的王牌。1942年7月飞虎队解散后，他转投至中国航空公司当机长。1943年4月的一天，罗伯特像往常一样进入驾驶舱中，执行从汀江到昆明的飞行任务。作为机长他负责掌控飞机，副驾驶则观察飞行姿态，后座还有一个报务员在不停地拍着电报，随时向地面报告飞机所处的位置。所有人的表情都十分严峻，没有人知道下一秒会怎样，除了一丝不苟地完成本职工作以外，其余的就完全要祈祷神灵的保佑了。虽然罗伯特拥有丰富的穿越驼峰航线的经验，在飞行中遇到过各种恶劣的天气。但最令他感到恐惧的就是结冰，如果结冰，整个飞机就会难以操控，机身重量变大，机翼升力减少，接着整个飞机就会像一个冰块般急速坠落下去。而这个季节，正是飞机最易结冰的时候。最担心出现的事，往往就会出现，果然当罗伯特驾驶的飞机出现在喜马拉雅山上空4800米时，飞机突然开始结冰。罗伯特立即心头一紧，虽然驾驶舱内温度已处于零下，但豆大的汗珠已浸湿了他的衣背。罗伯特与副驾驶员竭力挽救，飞机勉强保持了飞行速度。当他们以为已经度过危险时，突然一个4200米高的山峰出现在眼前，根本来不及反应，他们就撞上山脊，身体像炮弹一般被弹了出去。报务员和副驾驶在飞机撞地时当场死亡，罗伯特则受了重伤。罗伯特一看脚踝几乎已经折叠了过来，他轻轻一捏，就听到碎骨摩擦的声音，一阵钻心的剧痛立刻蔓延开来。他看眼前全是一片红色，血从头部伤口不断涌了出来。求生的本能使他已经顾不了那么多，他利用从前在军队中所学的救生常识，用竹子做夹板，用降落伞上的尼龙绳做绑带，从没及膝盖的深雪中走下山去。最后，罗伯特被当地人找到。好心的当地人不仅收留了他，

还给了他食物和药物。在离开时，当地人抬着他，穿越深山河谷，直到飞行基地。这一路上他们共走了 46 天，240 多公里。

1943 年时美军曾专门组织了一支由缅甸克钦族人组成的救护队，专门营救跳伞的飞行员，结果只救出 25 人，还不到全部跳伞人员的 1/3。其余的飞行员要么死于森林和山谷之中，要么被日军俘虏，还有的尸体挂在树上被虫兽吃掉。

在驼峰航线上飞行的人总是在"前有狼、后有虎"困境之间作出选择，飞南线时刻都有日机的拦截，飞北线则要与复杂的地形与恶劣的气候做斗争，除此之外在机场也蕴藏着各式各样的危险。

1944 年 8 月 24 日，昆明巫家坝机场跑道上火光冲天。一架 B-24 刚刚离开跑道，哪知机身突然一侧翻了反过来，当即坠毁！后面排队等着起飞的飞机和机组人员眼睁睁地看着自己的战友从面前消失。当地面救护人员和消防车辆纷纷向冒着浓烟的飞机冲去时，机场塔台里传来了上面的命令：后面的飞机接着起飞！

后面 P-40 的驾驶员以为自己没听清，"什么？难道你没看见前面跑道上正在抢救我们的战友吗？"

没人理会，过了一会儿听筒中传出冷冰冰的两个字："起飞！"

"是，起飞！"

飞行员们机械地回答道，强忍着眼里的泪水，将操纵杆向前一推……

机长把盘，松开刹车，把油门缓缓推至最大，飞机在滑行道上快速移动，然后像子弹一样斜冲上去。副驾驶帮机长顶住油门，紧紧把住操纵杆，以防止它们因飞机的奔跑而弹回来。飞机一旦离开跑道，开始爬升时，副驾驶就迅速收起起落架……

当大家还沉浸在失去战友的悲痛中时，当机场跑道还没有及时清理时，当坠毁的飞机还在熊熊燃烧时，后面的飞机又紧接着从旁边的跑道上起飞，伴着烈士们的英魂，向上爬升……

抗战的时局是如此紧张，根本容不得人们有丝毫的悲伤，当眼看着战友一个个离去已成为家常便饭时，除了勇敢、坦然地接受死神的拥抱之外，已没有其他选择。

从驼峰航线开辟到抗战结束的 3 年零 4 个月时间里，一架又一架的飞机消失了，一批又一批的飞行员一去不复返。中美两国损失飞机514架，其中美国损失468架，中国损失46架，平均每月损失飞机14架以上，牺牲和失踪飞行员1500多名，驼峰航线是"二战"中名副其实的地狱航线。1946年第一期美国《时代》杂志中有一篇文章曾这样描述驼峰航线："至战争结束，在长520英里、宽50英里的航线上，飞机的残骸七零八落地散布在陡峭的山崖上，而被人们称为铝谷。在晴朗的天气里，飞行员可以把这些闪闪发光的铝片作为航行的地标。"

时至今日，当人们乘机在如刀的弯月下披着星光飞行时，月光下的这些铝片仍会像骨头一样发出洁白的光亮，提醒着世人，不要忘记这些在抗战中逝去的英灵。

地狱门前的探路者

北线自然条件过于恶劣，南线又有日本人在随时拦截，如何才能保证驼峰航线上飞机的安全？陈纳德带着他的雇佣军守着九十多架P-40，只能干着急。航油？航油？哪里去找飞机需要的航油？每一滴航油，现在都需要从12000公里外的美国本土运进来。国民政府甚至用"一滴汽油一滴血"口号来动员中国民众，要像爱惜生命一样节省宝贵的航油。

陈纳德用仅存的油料，带领手下的"牛仔"们，用P-40在昆明上空成功地打了几个漂亮伏击战，取得了对日本零式机的暂时胜利。中国老百姓终于可以看见日本飞机被击中的情形了。当时，整个昆明都欢欣鼓舞起来。当地的记者甚至将这群美国来的"牛仔"们，称为"飞行中的猛虎"！于是"飞虎队"遍传开了。

打赢了，大家当然高兴，但最严重的给养问题依然迟迟不能解决。汽油、弹药、飞机零部件，都在千里之外，远水终究解不了近渴！

虽然中航的飞机能够在驼峰北线杀出一条血路，将物资运到昆明，但中航只有区区10架C-47。这意味着冒着生命危险全体成功穿越一次驼峰航线的北线，最多也只能运送30吨的物资。这对空战中的战机来说无异于杯水车薪！而美国的第10航空队在尝试飞越驼峰航线时，损失惨重。

几乎全摔在中缅边境的横断山脉中。

美国国防部没有了信心，陈纳德也感到了绝望。

当蒋介石获得"日军要继续西进攻占印度的重要港口加尔各答"的情报时，将自己关在作战室内，整整一天都没有理任何人。蒋介石死死地盯着挂在作战室墙壁上印有中缅印三国地形的作战图，忽然间一条不规则的半圆弧隐约出现在地图北方，一个大胆的设想一闪而过。蒋介石立即按下桌上的红色按钮，召唤侍卫进来，命令侍卫记下电文，迅速将电报传给宋子文。电文如下：缅甸已失，中国陆、空通道已关闭，虽有中航勉力维系，但日本如若攻下印度，后果不堪设想！如今只能未雨绸缪，另辟新途。

蒋介石决定将一项绝密飞行任务交给交通部，并要求挑选最好的飞行人员，不惜一切代价，寻找一条新的航线。使命自然而然地落在了中航身上。很快，中航的董事长兼总经理王承黻就将飞机和机组人员定了下来。飞机：中航的一架性能良好的C-53；人员：机长陈文宽，副驾驶潘国定，报务员华祝。作为中航的掌门人，王承黻对中航的每架飞机、每位员工都了如指掌，他选择的飞机和机组人员绝对是中航中最顶尖的。陈文宽是美籍华侨，当他知道日本正在进行侵华战争而且国内需要飞行员时，义无反顾地返回了祖国的怀抱。陈文宽曾在中航创造过数不清的第一：他是中航里第一位担任机长的华人，第一个飞夜航的机长……陈文宽还有在夜晚将"海军上将"号迫降嘉陵江上的惊人之举。潘国定在中国航空界更是无人不晓，他800多次飞越驼峰航线的壮举更是令人啧啧称奇。抗战胜利后，在1949年11月9日著名的"两航起义"中，潘国定驾驶"空中行宫"号飞机，载着"两航"的两位总经理，直飞北京，受到周恩来总理的表扬，毛泽东还亲自将"空中行宫"改名为"北京号"；在人民解放军解放西藏的进军中，他参加空13师，率领机组人员，克服艰难困阻，出色完成了空投任务，荣立一等功；潘国定还是我国自行制造的第一架飞机的试飞员；他开辟了北京—成都—拉萨的航线……华祝也是赫赫有名的无线电通信高级工程师。他们三人将在驼峰航线上演绎一段新的传奇！

1942年7月15日，王承黻将三员干将召集到董事长办公室，对他们说："日本人在去年底，轰炸了香港启德机场，我们公司设在启德机场的机航基地及 5 架飞机被炸毁，公司原本就可怜的家底几乎损失殆尽。现在我公司只剩下十余架飞机，考虑到在驼峰航线飞机损失太多，我们打算在驼峰北面新开辟一条航线。你们需要做的就是经过迪化（现乌鲁木齐）、绕开缅甸，探索出一条能够直接进入印度的全新线路。至于具体的线路选择，我就不做更多要求了！"

王承黻故意把这次航行任务说得轻描淡写，没有将委员长、最高军事委员会、交通部的层层要求告诉他们，目的就是让这些飞行精英们能够在没有压力的情况下，轻装上阵、自由发挥。

陈文宽、潘国定、华祝三人互相看了一眼，一齐起身回答道："请董事长放心，我们一定完成任务！"

王承黻满意地点了点头。就在三人将要离开办公室时，王承黻好像突然想起了什么，说："对了！还有一件事要拜托你们。这件事一定要保密，在中航也仅限我们四个人知道，就连副总经理邦德也不能讲，他毕竟是美国人。你们就算对自己的家人也要严格保密。务必切记！"

三人允诺了一声就转身离去。

7 月 18 日清晨，成都凤凰山机场，三人正对着两份简单的航图一起商量着飞行路线，做着起飞前最后的准备。一辆黑色小轿车直驶到 C–53 飞机前，走下一位气度不凡的中年军人和一位年轻军官。潘国定一眼就认出中年人就是国民政府航空委员会指挥部的头号人物毛邦初。

潘国定心中暗想：连蒋介石的侄子、航空界的老大都亲自参加试航，此次航行任务恐怕没有想象中那么简单。

潘国定在驾驶室与陈文宽、华祝小声交流了一下，顿时一股严肃气氛充满了整个机舱。紧接着毛邦初跳上机舱，伴随一阵轰鸣，C–53 像一道银色的利剑，划破蓝天，朝着古"丝绸之路"向西飞去。

一路上毛邦初都一言不发，凝视着机窗外沉思着什么。待飞机在空中飞行平稳后，他径直进入机舱，坐在陈文宽和潘国定中间。在窄逼的驾驶舱内，空气紧张得让人窒息，除了仪表盘上透出的淡绿色荧光外，整个空间充斥着各种声音：飞机发动机的轰鸣声，夹杂着机舱内各种仪器发出的"嘀嘀嘀嘀"的指示声。华祝不停地拍出电报，"嗒嗒嗒"电

报声在向地面信号塔传出飞机的信息。毛邦初一边仔细地观察着航线经过的地形，一边认真地看着他们的操作。另一位年轻军官则在一旁不停地标注着航图。

3个小时左右，飞机抵达兰州。兰州是甘肃省省会，为西北地区的交通重镇，依山傍水，地势险要，历来为兵家必争之地。抗战爆发后，兰州成为苏联援华战略物资的重要集散地和西北国际交通线的桥头堡。由苏联飞往中国的飞机都在兰州加油、检查，然后飞往各地。陈文宽驾驶 C-53 稳稳地降落在兰州机场，稍做停留，加了油后就马不

盛世才，字晋庸，辽宁省开原人。1933年至1944年间担任新疆的军事、政治首长，有"新疆王"之称。

停蹄地赶往迪化。进入迪化就是进入盛世才的地盘。

盛世才，祖籍辽宁开原盛家屯。曾东渡日本，入早稻田大学留学。回国后弃文从武，入广东韶关讲武学堂学习，在张作霖手下当排长后逐渐发迹。从1930年起，历任新疆边防督办公署上校参谋、少将参谋长、中将参谋长兼东路"剿匪"总指挥。1933年以后先后任新疆边防督办、新疆省政府主席、新疆警备司令、国民党中央训练团新疆分团团长，成为名副其实的"新疆王"。从1933年6月盛世才开始对新疆实行独裁统治，他一直把新疆看做自己的禁脔，绝不容任何外人染指。为了巩固他在新疆的统治，盛世才一会儿联共要求加入共产党，一会儿又投靠蒋介石大肆屠杀共产党人，还常把自己留着八字胡的照片与蒋介石、毛泽东的照片并列，以中国的第三领袖自居，称自己是毛泽东的伟大战友和蒋介石的亲密战友。

C-53 飞机在迪化降落时，飞机上没有人知道结果会如何。陈文宽甚至做了被盛世才"扣留 20 天"的打算。没想到的是，在迪化，盛世才不仅没有扣留他们，竟然还带着大大小小的新疆官员在机场来迎接他们，

并且热情款待了一夜。当晚等宴席散去，陈文宽三人立即拿出事先准备好的两张简易地图，仔细研究，打算找出最佳的出境口。飞过伊犁，就要越出国门，等待他们的将是令人不寒而栗的天山山脉、喀喇昆仑山山脉和喜马拉雅山，那是一片完全没有人飞过的陌生领域。三人经过反复推敲，直到午夜才定下方案——决定选择莎车为出境点。最后由华祝用机上电台给总经理王承黻发电："已抵迪化，明日拟经伊犁由莎车出境，预计1日后抵加尔各答。"临走时，盛世才向他们每人赠送了一条苏联产的毛毯作为纪念。

第二天一早，东方刚现鱼肚白，陈文宽一行就起飞了。当飞机进入3000米高空时，陈文宽就要求机组人员戴上氧气面罩。此时虽已是盛夏，西北的地面温度已达30多摄氏度，但在5000米的高空温度却是零下30多摄氏度，从地面飞到天空，就像是从火炉掉入了冰窖一般。陈文宽看了看C-53飞机的机翼，发现正在结冰。

"华祝，立即给加温管加水，防止飞机冻住！"陈文宽大喊道。

华祝一看情况万分紧急，摘下氧气面罩赶紧加水。一般情况下，当飞机进入4000米高空时，缺氧状态下飞行人员除了进行熟练掌握的技能以外，其他智能活动就不能正常进行了。在5000米高度，飞行人员只能保持意识存在，身体实际已处于失能状态。华祝已顾不了那么多了，他紧咬牙关，不停地向加温管里注着水。一旁的青年军官好像不知道周围发生了什么一样，只是戴着氧气面罩自顾自地标识着地标，画着航线图。

越过伊犁一路向着西南飞行，天山像一个巨盾般竖在面前。陈文宽本打算在山前盘旋一下，看看天山是否有出口。谁知，当C-53刚一个侧身，便看到山中有个缺口，如同一个胜利的V字一般在向他们招手。陈文宽幸运地穿越了天山，接下来面对的就是号称"顶天磐石"的喀喇昆仑山。

潘国定小声地背出事先做过的功课："喀喇昆仑群山的平均海拔约为6100米，有4座山峰超过7900米，其主峰乔戈里峰高度甚至超过8611米，是世界第二高峰。以前，从来就没听说过有人能征服他！"

在这荒无人烟的生命禁区，没有气象预报，也没有地面导航，只能凭借以往的飞行经验。用肉眼确认了天气晴好后，陈文宽驾驶着C-53冲向河谷。还好，清晨的山区气流还算平稳，沿着蜿蜒曲折的叶尔羌河，飞机像一片树叶般轻轻地顺着河水飘荡，寻找着要去的方向。铁盖山谷真是深邃，两边的山峰如此高耸，五个人连大气都不敢喘，生怕呼出的气流会将周围云团吹乱。死一般寂静的峡谷，似乎在向前无限延伸，仿佛永远都没有终点一样。突然，一块浓密的乌云遮在了眼前。飞机根本无法躲避，一头扎入强气流当中。瞬间，狂风、冰雹夹杂着雷电一起向他们袭来。飞机在巨大的颠簸中摇晃着前行。连续不断的正负电子在机身上擦出强烈的电弧，释放出一道道诡异的蓝色电花。

飞机随时都可能被这股强气流撕得粉碎，除了掉头退回外已别无他法。飞机在如此窄小的山谷掉头飞行，只要转弯半径稍大，就会撞到山崖上粉身碎骨。只见陈文宽沉着地放下起落架，减速缩小转弯半径，稳稳地掉转机头飞出了山口。他驾驶这架惊魂甫定的 C-53 顺势爬升到 6000 米高度。虽然仍在峡谷里，但透过云层之间的空隙，看见前面的山峰。陈文宽想也没想，果断地驾机向着空隙冲去。他们再一次幸运地越过了喀喇昆仑山。大家彼此看了一眼，就像是重获新生一般，僵硬的脸上泛起感恩的笑容。潘国定看了看手表：刚好过 8 点。

越过了鬼门关，就像在历经九九八十一难考验后取得真经一般，后面的一切都出奇地顺利。飞机顺着波光荡漾的洪扎河和印度河飞越白沙瓦来到新德里，又向西南飞，最终到达目的地加尔各答。加尔各答是印度最大的城市，当地的温度经常在 40℃以上，当阳光直直刺入 C-53 的铝制机身上时，空气都好像沸腾一般，呈现出一种烟波状的幸福幻象。

毛邦初下飞机后做的第一件事情是立即起草电报，向蒋介石报告飞行情况。陈文宽一行五人在加尔各答短暂停留了两天，便决定沿原路返回。在加尔各答，他们听说美军也曾经尝试飞过一次他们的线路，是从白沙瓦出境，沿着洪扎河反方向飞行，只是到喀喇昆仑山口时，被恐怖狰狞、变化无常的气象状况给吓了回来，从此再也不敢尝试。陈文宽听后淡然一笑。他明白加尔各答除了是一个物资集散地，更是一个谣言的传播场，谁知道这事是真是假，反正他们是飞过来了，至于美国人会怎么样，谁管得了那么多呢？

8 月 1 日，C-53 飞机和全体机组人员按原路经白沙瓦、莎车、迪化，毫发无损地返回成都。飞越成功的消息震惊了国际航空界，人们以鲜花和赞美来迎接他们。在成都，陈文宽、潘国定与华祝受到了国民政府的丰厚奖赏：每人获得一块背面刻有"蒋中正赠"字样的手表和一套二百万分之一的航空地图。

陈文宽、潘国定和华祝三人奉中航之命，费了九牛二虎之力飞越的这条新航线，全程超过 6600 公里，相当于绕了六分之一个地球，距离是驼峰航线北线的 6 倍。这条航线所经过的地形和气候比驼峰航线更加难以预测，而且还没有任何的飞行导航设施相配合。事后，因为日军在印度的军事进攻行动受挫，侵占加尔各答的计划流产，解除了从汀江到昆明的驼峰航线被切断的危险。最终，这条航线仅仅被当做一条概念性的航线，一直没有用于实际的交通运输之中。潘国定后来回忆说："幸好这条航线没有启用，否则中国与美国的空运人员将在战争中付出更加巨大的代价。"

日军捅了"驼峰"边上的马蜂窝

战争是敌对双方的武力搏斗，如果对手实力相当，那必然是一段双方都会受到痛苦煎熬的历程。日军在缅甸战场的速胜使英、美联军看起来是那么不堪一击，但事实并不如想象的那样简单。缅甸对中国来说，因为有滇缅公路所以显得格外重要，但对英国来说，缅甸只是一道战略屏障，显得可有可无。

滇缅公路被切断后，驼峰航线成了中国最重要的交通运输线之一，而作为驼峰航线的重要基地印度阿萨姆邦，自然就成了日军重点攻击的目标。当日军因驼峰航线把目标对准印度时，已经触犯了英国人的根本利益，也下可算是捅到了马蜂窝上。

1942 年 8 月时，日军参谋本部原本已发出了《大陆令第 1237 号》，要南方军准备进攻印度东北部的，但终因日军战线过长、兵力极分散而无奈放弃。到了 1943 年，随着驼峰空运量的不断增加，美国驻华空军也开始发挥威力。

日军越发意识到印度东北部作为盟军的后勤基地，其战略价值巨大。

东条英机指示南方军：缅甸方面军的主要任务是切断中印空运路线。日军驻缅甸方面军第15军军长牟田口廉也，为了迎合日本大本营的战略意图，提出主动出击占领东印度的阿萨姆地区的建议。牟田口廉也正是"卢沟桥事变"时的日本中国驻屯军步兵旅团第1联队联队长，就是他下令向中国驻军开火，打响了在卢沟桥第一枪，从而引发了日本全面侵华战争。1943年5月，牟田口廉也以其卓越的"战功"升至驻缅甸方面军第15军的司令官。

虽然牟田口廉也的上司——驻缅方面军司令河边正三中将和牟田口廉也的关系密切，但当他拿到牟田口廉也的作战计划时仍产生了疑问。

河边正三问道："我军在缅甸的航空兵力已严重不足，对完成地面进攻作战支援会十分有限。如果第15军长途奔袭印度阿萨姆邦，后勤补给如何解决，能否跟得上？"

刚接替饭田祥二郎升任日本第15军司令官的牟田口廉也，一直想找个机会表现一下，他脑海中常常浮现起1年前英军在缅甸被打得狼狈逃窜的样子，在他眼中英军根本就不堪一击。

他向河边报告："我们第15军全体官兵都极力主张进攻英帕尔，占领东印度的阿萨姆地区。我认为第15军10万兵力，携带够3个星期食用的粮食轻装奇袭，就可在短期内攻占英帕尔。以往的战例已经证明，日军用1个师团对付英军1个集团军是绰绰有余的，就算万一没有了弹药，我还可以夺取敌人的弹药来补充自己。"

牟田口廉也继续解释道："只要我们夺取了英帕尔，不但可以重创英军动摇整个印度，还可以获得盟军储存在英帕尔与科希马的大量物资，弥补缅甸日军作战物资的不足。"

河边仍在犹豫，毕竟将作战中的后勤补给完全寄托在对手身上，风险实在太大了，何况印度与缅甸的情况不一样，英国更看重的是印度而不是缅甸。

牟田口廉也看河边迟迟下不了决心，生怕他的作战计划被拒绝，就用另一种方式提出了他辉煌的历史："由于下官所引发的日华事变对于大日本帝国和皇军造成了莫大的损失，所以，请允许下官用这次作战作为赎罪，打一次胜仗争取早日结束战争。拜托了！"河边中将听出了此话的话外之音。既然牟田口廉也在中日全面开战这种事上都冒险成功，此次就应该再给他一个冒险的机会。

河边正三咳了咳嗓子，说："既然你这么有决心，我也不再持其他意见了。我马上向南方派遣军司令寺内寿一将军报告，建议让你去尝试一下进攻英帕尔。"

不久，第15军就收到了来自东条英机的最高指示：批准实施作战。

得到上级支持的牟田口廉也将手下召集起来，将自己的作战方案对他们进行部署。本来自信满满的牟田口廉也没想到的是，手下的三个师团长"弓"（第33师团代号）的柳田、"祭"（第15师团代号）的山内和"烈"（第31师团代号）的佐藤都提出了反对意见。此时的牟田口廉也已处于疯狂状态，根本听不进任何意见，他对手下只有一个要求：原计划不变，必须执行！

1944年2月，日军第55师团率先向英军驻阿恰布的第7师和印度第5师发起进攻。第55师团对英印军队形成合围之势，但22000名英军以火炮和坦克等构筑起了坚固的防御阵地，以待英帕尔援军的到来。但在阵地中的英军，食物只能维持6天，形势岌岌可危。坚持到第4日时，奥德将军亲率东方空军部队运输处的运输机为第7师送去给养。为继续加强空中的物资供应，24日，英东南亚军总司令蒙巴顿将军从美国陆军航空队空运部印中联队借来25架C-46运输机。这支来自驼峰航线的印中联队为第7师英军先后投送了446吨食物、弹药和药品。日军第55师团由于缺乏空中支援，不久反被前来支援的英军包围，陷入腹背受敌的尴尬境地，最后被歼5000余人。来自驼峰航线上的空运力量对作战的支援威力初步显现。

1944年3月8日，日军驻缅甸方面军正式启动了代号"乌"的作战方案，目标直指盟军的后勤补给基地——英帕尔。牟田口亲率第15军的10万日军渡过了钦敦江，开始向英帕尔发起攻击。英蒙巴顿将军与第14集团军司令斯利姆决定：主动将钦敦江边境进行防御的部队撤至英帕尔附近的高地。如此一来，日军将不得不背靠着钦敦江与英军作战。而英军不但可以利用空中优势轰炸日军的地面运输部队，切断日军的补给线，同时还可保证自己的部队获得源源不断的后勤补给。这一招正中日军要害。轻狂的日军第 15 军此时恰好忽略了空中力量对于后勤补给线的威胁。在渡过钦敦江后，日军进展神速。

第 33 师团很快就打到了距英帕尔约 20 公里的比辛布尔地区，直接堵住了英帕尔的南大门。第 15 师团也迅速封锁住了英帕尔北面的通道，两个师团对英帕尔形成南北夹击之势。同时，向科希马进攻的第 31 师团也已到达预先的攻击地点，一切看起来是那么顺利，全都和预想的一模一样。日军切断了科希马与英帕尔之间的公路交通。日军的先头部队还一度距离盟军补给中转站迪马普尔只有 48 公里，直接威胁到阿萨姆—孟加拉铁路的运输安全。而阿萨姆—孟加拉铁路直接关系到驼峰航线的运输，幸运的是日军并没有继续向迪马普尔推进。

由于科希马和英帕尔形势危急，蒙巴顿再次向丘吉尔请求借用驼峰航线上的 30 架运输机。经过美国参谋长联席会议同意，从 3 月 19 日开始，英国空军和来自驼峰航线上的 20 架 C-46，快速将印度第 5 师空运至英帕尔。随着日军攻势加强，英国再次请求增派 70 架 C-47 运输机并保留已借用的印中联队的飞机。3 月 29 日，美英参谋长联席会同意从地中海战场派 89 架飞机增援英帕尔作战。从 4 月 8 日开始，这些运输机又及时地将印度第 7 师空运至英帕尔。

从 5 月开始，第 15 军多次对英帕尔发起攻击，企图打开英帕尔一个缺口，均被英军一一守住，攻守双方进入残酷的拉锯僵持阶段。而此时，距离牟田口廉也向河边正三承诺的攻占英帕尔的时限，早已过了一个多月。日军后勤补给不足的弱点明显暴露出来了。坚守英帕尔的盟军利用空中优势，积极开展各种空运的补给任务，而日军除了随身携带的弹药和只能维持 20 天的粮食外，在战斗中没有任何的弹药和食物补充。经过连续的攻击作战，日军官兵的弹药和食物已所剩无几，攻击力开始明显下降。而英军正依靠空军不停地补充着力量，每天除了粮食、肉、蛋外，还有维生素片和香烟供给。

6 月，印度开始进入雨季，虽然日军极力坚持，但泥泞的道路使后勤补给变得更为困难。日军只能在"武士道"精神的支撑下勉强与英军对抗。

日军第 31 师团首先决定放弃进攻英帕尔的计划，佐藤师团长向牟田口抱怨："60 天内，我们师团连一粒粮食、一颗子弹都没有得到补充，战斗根本无法再进行下去。我们只是要撤退到一个能够接受补充的地方。"虽然牟田口廉也再三命令佐藤必须固守科希马战线，但佐藤把牟田口廉也的指令置之不理，下令部队开始撤退。英军蒙巴顿将军认为反攻时机已经到来，立即指挥英军发动反击行动，并迅速击溃了日军宫崎支队。

就在佐藤从科希马撤离之时，牟田口廉也将第 33 师团和第 15 师团主力集结在英帕尔北面，决心孤注一掷，进行最后一攻。两个师团的日军与英印第 20 师在丛林里正面遭遇，精疲力竭的日军终于在 6 月 22 日将战线推至英帕尔城郊，但令他们失望的是，驻守在英帕尔的英军早已严阵以待，所有的英军都分别驻守在用坦克、机枪、迫击炮和铁丝网构筑的环形工事中，等待着日军前来送死。天空中英军战机一边不断地轰炸着毫无防空能力的日军，一边将弹药和食物投送给在坚固防御工事里的英军。面对这种情况，无论日军指挥官如何督战，饿得头晕眼花的日军士兵也很难再向前一步了。更令日军绝望的是，潮湿的气候和险恶的丛林蚊虫，使 3 万多日军患上了疟疾、霍乱、伤寒等疾病。由于药品供应不上来，得病的日军士兵只能眼睁睁看着一身的脓疮，任由各种虫蚁一点点吞噬。日军第 33 师团长田中信男很清楚自己已是强弩之末，根本无力再对英军发动任何的攻势。他只能将部队收拢，等待牟田口廉也的决断。

6 月 26 日，牟田口终于崩溃了，他几乎是哭着向缅甸方面军司令河边正三提出了中止作战的请求。经过大本营许可，7 月 2 日，南方总军才正式下令中止英帕尔作战。盟军情报部门及时截获了日军全线撤退的命令，蒙巴顿当即指示英印第 14 集团军开始全线追击。日军终于体会到了英军一年前在缅甸战场撤退时被人追击的滋味了。路上到处都是日军横七竖八的尸体，日军拖着饥饿的躯体，挣扎着爬行在泥泞的水浆里，血水、腐烂的伤口和雨水混合在一起，一路全是哀号之声。日军的残兵败将被来自空中的英军飞机一顿狂轰滥炸、追击扫射，就像小鸡面对老鹰一般可怜无助。

8 月 20 日，狼狈撤退的日军强渡钦敦江，各渡河点又遭到英军飞机的轰炸。此时昔日轻蔑骄狂的第 15 军已丧失了所有斗志，参战部队损失率竟高达 80%，逃回来的已所剩无几。日军英帕尔之役的惨败，使大本营非常恼怒，将缅甸方面军司令官和参谋长全部撤换，牟田口廉也被解

除军职。不久，牟田口廉也羞愤自杀。

盟军英帕尔战役的胜利，可以说是空运力量的胜利。日军在没有给养的情况下盲目突进，在攻势遇阻、后勤被切断的情况下，捅了盟军的"马蜂窝"，其失败在所难免。而英军在战斗的危急关头，得到了盟国大规模的空中支援——人员、弹药和给养被不断地送入阵地，使英军能够坚持作战并蓄积力量反攻，成为反败为胜的关键因素。

各有各的打算

1942 年 3 月，史迪威奉蒋介石之命到缅甸指挥远征军进行保卫滇缅路的作战。但短短一个月内，战场形势就呈现出一边倒的态势，盟军队伍在日军的攻势下，毫无招架之力。史迪威武断地认为，国民党军队是一群不会打仗的废物，只有他才能力挽狂澜。史迪威简单地以为，凡是不服从他指挥的中国将领，都应赶回国内。他甚至想直接任命美国军官来指挥中国远征军。史迪威的这些做法，丝毫没有顾及中国军人的感情，蒋介石手下的高级将领对史迪威专横跋扈、独断专行的做法极其愤怒。不久，在密支那失守后，史迪威竟不顾战场形势，一味地命令中国远征军不惜一切代价夺回失地。此时的远征军已经对史迪威的命令有了抵触情绪，于是便故意拖延、贻误战机，使形势更加恶化。史迪威对缅甸的战事已无力回天。随后，史迪威又命令第 5 军军长杜聿明，带领部队随他向印度撤退，但杜聿明公然拒绝执行史迪威的命令，直接带领部队向中国境内撤退。

在日军的追击下，史迪威只带一百多名老弱病残官兵徒步逃到印度，差一点成了俘虏。史迪威知道整个战局的背后，一直是蒋介石在遥控指挥中国远征军，他一路都在心里大骂蒋介石是个"卑鄙之人"。

5 月 20 日，史迪威和他率领的队伍，经过 16 天的艰难跋涉，终于到达了印度的英帕尔。韦维尔和亚历山大闻讯后都赶来看望史迪威。史迪威从内心深处痛恨蒋介石，但他对英国人一样感到厌烦。当时如果英国人能积极配合自己的指挥，中国远征军就会有充足的时间进入缅甸战区布防。

如果不是英国人与他争夺指挥权，战场上的队伍也不会乱得跟一锅粥似的，中国远征军的作战也不会一拖再拖。如果不是英国人不顾一切地仓皇向印度撤离，应该就能在曼德勒进行决定性的会战，一举击败日本人。总之史迪威一系列关于战争的假设，都因为英国人的自私与胆怯而变得越来越坏。

其实史迪威早就看穿了英国人，知道他们根本就没有保卫缅甸的决心和热情。在滇缅路保卫战还在进行时，史迪威就向马歇尔直接指出："英国在印度的驻军足以拯救缅甸，韦维尔竟不向缅甸增派一兵一卒；亚历山大也一定得到了伦敦的命令，要他只是象征性地抵抗一下就撤出缅甸。"史迪威的推断没有错，战后丘吉尔在他的回忆录中承认："在亚洲一片黑暗的那段日子里，罗斯福却要我为中国人看守缅甸，我不知道还有什么建议比美国人的这种胡思乱想更令人沮丧……对英国人来说，放弃100个缅甸也不会比丢掉一个印度更重要。"

5月22日，史迪威在印度首都新德里对记者发表讲话说："我声明，我遭到一次沉重的打击，我们不得不撤出了缅甸，这是一个奇耻大辱。我认为，我们必须找出失败的原因，重整旗鼓，胜利地夺回缅甸。"

第二天，美国各大报纸几乎都刊登了美联社记者发回的现场报道："约瑟夫·W.史迪威中将在疲惫地跋涉了140英里之后，依然充满斗志。他宣布说：不需要多久，一定会从日本人手里重新夺回缅甸。"

1942年5月28日，史迪威乘坐一架B-25离开新德里，5小时后，飞机抵达印度的阿萨姆邦。他稍作调整，紧接着在第二天就开始飞越驼峰航线直奔向昆明。史迪威第一次飞越驼峰就明显感觉到了不适。他在机舱里呆呆地看着窗外冰雪覆盖的喜马拉雅山脉，虽然在身上加盖了一条毯子和一件大衣，但仍抵挡不住刺骨寒流不停地袭来。尽管史迪威已经戴上了氧气面罩，但胸闷、头痛还是在不停地折磨着他本就虚弱的身体。史迪威将单薄的身子紧紧倚在机舱上，心中仍然想着如何完成罗斯福和马歇尔赋予他的使命。现在滇缅公路已经被切断，仅仅利用眼下的这条驼峰航线向中国空运物资，难度实在是太大了。史迪威从报告中得知，虽然美军空运队已经于本月开始飞越驼峰航线，但是一个月的对华运输量还不到80吨。这数量还不到滇缅公路每月运输量的六十分之一。从刚

刚结束的缅甸战役来看，如果不对中国军队动一番大手术，就算提供再多的物资援助，也很难取得对日作战的胜利。渐渐地，一个想法在史迪威头脑中越来越清晰——必须说服蒋介石对中国军队进行整编。只有按自己的想法改造过的中国军队，再配备上美式装备，才能在作战中发挥出实际效用，才能实现同盟国共同的目标。

重庆，曾家岩德安里的委员长官邸，蒋介石背着手在屋里来回踱步。客厅里端坐着几位国民党军政要人，其中有军政部长何应钦、军令部长白崇禧，还有陈诚、俞飞鹏、商震等。屋子里除了蒋介石踱步的声音，大家皆沉默不语。

蒋介石终于开口说话：滇缅公路保卫战让我们"赔了夫人又折兵"，远征军三个精锐军伤亡过半，武器装备损失殆尽，仰光不仅没有保住，还差一点让日本人打进昆明。原本是想让第一次出国的中国军队打几个漂亮仗，提高中国军人在国际上的地位。然而事与愿违，我们十万大军的征战换来的却是一场混乱的惨败！今天，我就是召集大家谈谈，对滇缅公路被切断后都有些什么想法，还请大家畅所欲言，不要保留。

在座的都是蒋介石的高级幕僚，他们心里都清楚：以当前中国赢弱的实力去正面对抗强大的日本帝国，并不是明智之举。从缅甸战役的结果来看，现在英国人也不是日本人的对手，而美国人虽然有能力打赢日本，但他们重点毕竟在欧洲战场。当务之急，还在于想出有效办法长久抵抗日本。

沉默许久，蒋介石对白崇禧说："健生，你是有名的'小诸葛'，你先来谈谈吧。"

白崇禧站起身来："最近，美国罗斯福总统重申美国政府支持中国抗战，还说准备调遣100架运输机前往中国运送物资，以弥补滇缅公路被切断的损失。这说明美国态度十分明确，他们不希望看到中国政府因失败而丧失信心，因此决定用增加飞机运输的代价来鼓舞抗战士气。原本这是件好事，但问题还在于美国将对运输机和援华物资的分配权交给了史迪威，这也是对我们传达了一种不信任的信号。"

这时，军事委员会办公厅主任商震也站了起来接话："宋子文外长前日从华盛顿来电称，缅甸失利影响甚大，白宫和五角大楼俱感震惊。

美国公众对我抗战的不信任情绪正在增长。另据可靠情报，史迪威已拟就反攻缅甸计划，但具体情况不详。"

蒋介石见大家将话题渐渐地聚焦在了史迪威身上，向商震点了点头说："启予，你们说得都很有道理。"

蒋介石看了一眼离他较远的何应钦说："敬之，你是军政部部长兼总参谋长，你对史迪威这个人怎么看？"

何应钦立即起身回答："据我所知，史迪威有长期在华的任职经历，对中国战区十分熟悉。他同美国陆军参谋长马歇尔将军私交不错，并且很受罗斯福总统的信任。但是在史迪威的军事生涯中亮点并不多，他几乎没有带兵打仗的经验，但他却一直想做像麦克阿瑟将军或者蒙哥马利元帅那样的统帅。"

何应钦端起茶杯喝了一口水，继续说道："史迪威曾在 1937 年 12 月赴上海前线访问，向中国军政部提出申请，被中国拒绝。这让他感到自尊心受损。更严重的是，史迪威还受到了华盛顿军部的责怪，认为他办事不力。而到 1938 年 3 月 3 日，当史迪威得到中国方面批准访问前线时，淞沪会战早已经结束了。这使史迪威对国民政府方面在内心深处留下了阴影。现在的史迪威已不再是一个地位卑微的上校，而是堂堂的美国三星中将，并且还是中国最强大盟友的最高军事代表。所以就个人想法来说，史迪威对国民政府的军人怀有极为负面的看法。"

蒋介石挥了下手，打断了何应钦的长篇大论，就对史迪威的看法说道："我之所以请美国人来担任中国战区的参谋长，并不是想让他们来指挥中国军队，而是要获取美国的援助。我让史迪威去指挥远征军，无非是想让他去和英国人周旋，同时也取悦于美国。没想到，史迪威竟假戏真做，一门心思地去和日本人打仗，对于争取美国援助却似乎根本不积极热心。原本我希望他是一个能帮助我处理军事的美国参谋长，结果他只是美国军部派来的美国利益的代理人。" 蒋介石一语道破与史迪威之间矛盾的根源。

商震见到这种情况，立即从公文包里拿出一份文件，说："有情报表明，史迪威与陈纳德存在着较大的矛盾，并且有激化的趋势。陈纳德是个自命不凡的退役军人，作战勇敢，独断专行，喜欢受人崇拜。他不喜

欢别人干涉他的事务，尤其是干涉他亲手创建的航空志愿队。但是史迪威将军是总统任命的中缅印战区美军总司令，他毫无疑问要指挥陈纳德，并且把陈纳德的独立王国接管过来。史迪威此次来华手握物资分配大权，他将提出对将来反攻缅甸的军队拥有绝对指挥权。"

蒋介石眉头紧锁，陷入沉思。

"咚——咚——咚"随着三声有节奏的敲门声，侍从室主任钱大钧走了进来，立正向蒋介石报告："委员长，史迪威明日下午抵达重庆。""嗯，知道了。"蒋介石看了大家一眼说："今天就谈到这里吧。我想让大家明白一点，中国人自己的事绝不许外国人插手，中国军人的性命，也不能送给外国人去白白牺牲。"

大家频频点头称是，继而退去。蒋介石从窗户里看着山道上的汽车一辆辆消失在黑幕中，他想明天听听史迪威的解释。

6月3日下午，史迪威拖着虚弱的身体飞抵重庆。一到重庆他就病倒了，经医生确诊他患了黄疸症，这会导致他持续发热和全身不适。但史迪威心急如焚，仍迫不及待地想见到蒋介石，请求蒋介石支持他改造中国军队的想法。史迪威是个干练、优秀的作战指挥官，但他并不具备外交官那套察言观色的本领和左右逢源的性格，这使他在履行职责时变得越来越难。

史迪威简单介绍了一下他指挥缅甸战役的情况，他说，正如大元帅所料英国人从来就没有坚守缅甸的决心。随即，史迪威话锋一转，开始对中国的一些高级指挥官点名道姓地提出了严厉批评。

史迪威是个标准的职业军人，他表达观点直率强硬，对官场上揣测绕弯式的说话方式充满了厌恶，即便对位重权高的人他也从不避讳。

史迪威说："中国军队的士兵都是很好的，他们作战勇敢，不怕艰苦，服从命令，遵守纪律。但高级指挥官中却很少有人是称职的。中国有句格言'兵熊熊一个，将熊熊一窝'。在不称职的将领带领下，我们在缅甸的失败就在所难免了。"在中国远征军中，被史迪威认为"称职"的高级军官中，他只提到了第200师师长戴安澜和新38师师长孙立人，接着他便严厉指责了杜聿明、甘丽初等人。

蒋介石虽然对史迪威将作战失败的原因归咎于中国高级将领的说法

心存不悦，但仍然面露微笑，掩饰了内心的不满。

史迪威接下来竟将矛头直指蒋介石，开始批评起了蒋介石。史迪威说，在中国没有任何人敢对大元帅说真话，现在，作为您的盟友，我可以把真相告诉您。史迪威说，大元帅在作战中直接给各级指挥官下达了很多命令，虽然我很敬重大元帅的经验和能力，但是您的战术思想非常离奇，正是您的作战命令直接导致了指挥上的混乱，致使部队不听从我的调遣，从而贻误了战机。

蒋介石听到这句话时，笑容凝固住了，脸上的尴尬一览无余。出于礼貌，蒋介石还是耐着性子向史迪威解释："将军还是在以15年以前的老眼光在看待我们国家和军人。我认为此次缅甸战役的失败关键还在于，阁下不重视组织具体方案及整个实施计划，可以说这次战役失败完全是因为你战略上的失误。"

史迪威和蒋介石的互相指责，使双方的表情都开始变得僵硬起来。在场担任蒋介石翻译的宋美龄及时地调节了紧张的气氛。史迪威也没有再继续批评蒋介石，而是直接提出了对中国军队进行整编的建议。史迪威接着说，中国军队应该合并一些步兵师，将作战力量集中使用，再撤换一批无能的高级军官，提拔一批有作为的军官。史迪威请求蒋介石让他全权掌握部队和指挥作战，不允许任何人，哪怕是蒋介石自己也不要干涉他在战场上的指挥。

蒋介石虽然在心中已经大骂"这个混蛋、狂妄的美国佬！"但他还是强忍住了怒火，开始转移话题：看得出史迪威将军的身体还很虚弱，我们想请阁下周末到黄山别墅来放松一下心情。蒋介石对史迪威的建议避而不谈。

史迪威的确病得很重，他连续躺在病床上十几天，等待着蒋介石的回音。直到6月15日，史迪威带病再次见到蒋介石。蒋介石只是勉强同意让杜聿明率第5军军部和新22师撤往印度，但仍准备让他们撤回云南。蒋介石谈话的重点是，美国通过驼峰运到中国的物资实在太少，应该不断提高运输机的数量以加大对华援助的力度。

史迪威反复强调对中国军队的整编问题，但蒋介石始终回避话题，顾左右而言他。史迪威深深地感到："中国政府完全掌握在一个无知、专横、

第三章　喜马拉雅山上的战鹰——飞越驼峰航线

169

顽固的人手中，他用恩威并施的手段维持其统治基础。这个政府与某些家族和财团紧紧地连在一起，一旦脱离这种联系，它就会在顷刻之间土崩瓦解。面对危急的情况，它除了硬撑下去之外，拿不出其他办法来。"他强忍怒火，不断用自己的格言提醒自己。他的格言是 Illegitimati non carborundum，翻译为"别叫这个杂种把你搞垮了"。

蒋介石内心是个自尊心很强的民族主义者，他知道接受国外的援助往往要付出高昂的代价，蒋介石曾激愤地说："对敌国易，对友邦难；受人接济，被人轻侮。此种苦痛若不能大忍，则绝不能当此重任。"

蒋介石对此有着深刻的教训。从 1938 年底到 1940 年秋，美国先后向中国提供了三笔贷款，每一次贷款都有着明显的政治色彩。在日本人提出"东亚新秩序"后，美国宣布了战时第一笔对华贷款，以示对中国反侵略斗争的支持。在日本扶植的汪伪政权即将出笼之时，美国提供了第二笔贷款，以示其继续承认国民政府。在日本人于印度支那采取行动，并迫使英国人封闭了滇缅路后，美国提供了第三笔贷款，以表明对日本可能南下的立场。这三笔贷款其实数量并不大，对中国抗战的作用十分有限，它们仅仅是具有政治上的象征意义而已。要知道在 1942 年以前，苏联提供给中国大量军援，但从来没有要求过中国政府交出指挥权。现在美国政府恰恰相反，他们在还没有运送来多少物资的情况下，就向国民政府提出兵权的要求。蒋介石一直有种被侮辱的感觉。美国人和英国人似乎总认为中国人指挥不好自己的军队，而美国或英国的军官就能指挥好中国的军人。这严重地伤害到了中国人的自尊！

盟友之间的争吵

英国著名哲学家罗素在《论中国人的性格》中讲过："我根本不相信'东方人阴险的神话'。我确信，在一场互相欺骗的游戏中，一个英国人或一个美国人十有八九会战胜中国人。"很显然，要说起"互相欺骗游戏"的代表，在世界上政治和战争应该是排名最靠前的两个领域了。二战时的中国战区，能将政治和战争完美结合的例子，驼峰航线应该可算一个。其中美国人、英国人和中国人在这场游戏中的表现在一定程度上印证了罗素的观点。

滇缅路保卫战失败后，维系中国战场的滇缅公路被日军切断，给中国的抗战形势蒙上了一层厚厚的阴影，中华民族的前途显得一片昏暗。美国的援华物资完全依赖由汀江机场飞越喜马拉雅山脉到巫家坝机场的驼峰航线空运。驼峰航线开辟之初，运量少得可怜：第一个月只有80吨，第二个月106吨，第三个月才73吨。就这么点援华物资，还在盟友之间引起了不和，还差一点闹翻了脸。自从驼峰航线开通的第一天起，盟国之间为了驼峰上的运输以及物资分配的争吵就一直没有停止过。

1942年春，商震将一份抗战前线的战报摆在了蒋介石的桌子上。国军前线士兵物资匮乏，有的士兵仍在穿草鞋，一个近万人的师，只有两千支步枪，其余只能用木棍代替。而配枪的士兵，每人所配子弹还不足二十发。前线官兵每天只能吃上两顿饭，其中只能保证一顿饭不是稀饭。昆明保卫战中，贵州六百草鞋兵奉命赶赴昆明，步行一个月后到达战区。最后一点名，竟然发现有三百多人饿死在途中……

蒋介石含泪看完战报。

一份份电报和战报汇总到军委会办公室主任商震办公室这里，而商震只是有选择性地呈给蒋介石阅示一部分而已。

由于驼峰的运量十分有限，中国军队的军火储备已接近枯竭，前线军队只能避免战斗。军火分配委员会将中国战区的运输秩序排在各战区的最后位置，并以物资无法运出为理由，将分配给中国的租借物资削减为每月3500吨。

1942年6月21日，德军隆美尔率领军队占领了利比亚托布鲁克，冲到了英军占领的埃及亚历山大门口，北非战场告急，中东也随时面临落入德军之手的危险。美英联合参谋长会议做出了保卫中东的决定，将原来指定归中国战区使用的美国驻印度的第10航空队的重型轰炸机以及驼峰航线的运输机和驾驶员调往埃及支援英军，飞往中国的1个轻型轰炸机中队也在中途停在苏丹的喀土穆，改变航向飞往英国。英美在进行如此重要的调动之前，竟然没有通知中国战区司令蒋介石。

蒋介石得知此事后，大发雷霆。蒋介石认为，在英美两国眼中完全

没有中国利益，他们完全忽略了中国战区的存在。蒋介石随即向英美两国去电，以中国战区统帅的身份，要求美国和英国明确回答，是否认为中国还是盟军战区之一？蒋介石还命令宋子文在华盛顿向美国陆军部提出："事既如此，我们在此已失效用，当令在美有关机构关闭，所有人员立命回国。"

蒋介石感觉受到了羞辱，决心解散中国战区。罗斯福眼看自己苦心经营的联盟战略将要分崩离析，立即致电蒋介石澄清误会。罗斯福在电报中解释道："调用美军第 10 航空队重轰炸机驰援埃及只是应急措施，一旦保卫交通线的空中力量得到充实，这些飞机将交还第 10 航空队使用。至于 A-29 式轻型轰炸机，现在中东待命，尚未决定在何战区使用。在印度的空军中型轰炸机与驱逐机仍用于支援贵国军队。"罗斯福最后向蒋介石保证："美国及其同盟国都确信中国为反法西斯重要盟国，并视维护中国战区为击败敌人最为重要的步骤。"

蒋介石看后，心中的愤怒仍没有平息。6 月 29 日，蒋介石向罗斯福提出继续"维持中国战场最低需要"的三项要求：一是美国须派 3 个师到印度，重新打通经缅甸到中国的交通线；二是应经常保持驼峰航线第一线飞机 500 架，日后需要一直保持在这个数目上；三是自 8 月起，空运队每一个月保持 5000 吨之运输量。

此外，蒋介石还只给了美国三天限期予以回复，并威胁称如果这几项"最低要求"得不到满足，中国只好"取消中国战区"，"重新调整"自己的立场，"另作安排"。对于蒋介石的要求，美国政府并没有立即给予答复。

两天后，蒋介石命令史迪威把租借物资中的 2 架飞机拨给航空委员会，而史迪威拒绝执行蒋介石的指示。史迪威认为这是蒋介石在试探他对租借物资的支配权。

史迪威私下对人说，国民政府的腐败、懒散和愚昧是出了名的。中国在抗战中的困境，很大一部分都归结为中国政府的无能与腐败。如果将运输机和援华物资，毫无条件地交给国民政府的军队，那绝对是对美国利益的一种伤害。

史迪威反而要求蒋介石，驼峰上所有运输机必须绝对使用于作战。

蒋介石认为自己才是中国战区的总司令，作为中国战区的总司令都不能决定如何运输以及支配运来的物资，那颜面和威信何存?!

　　7月2日，史迪威起草了一份备忘录，阐明自己的职权，算是对蒋介石的解释。备忘录大意如下：我的职责就是负责租借物资的监督和调拨，并代表军火分配委员会决定租借物资移交给中国的地点和时间，只有将所有权转移之后，蒋介石才能支配，这是华盛顿军火分配委员会授予我的特权。史迪威的语气盛气凌人，就像是给了蒋介石一记响亮的耳光。

　　中美两国的军事合作出现了危机，蒋介石和史迪威的关系也越闹越僵。

　　7月2日，蒋介石指示宋子文与美国政府重新磋商，要求撤销史迪威在中国战区的多重职责，并抗议美国对中国的不公正待遇。

　　罗斯福一再向蒋介石解释说：租借法案是在美国法律下建立并执行的，史迪威在这一问题上的权力来自美国政府，受美国政府的指示。即便召回史迪威，下一位任职者对援华租借物资的权利还是不会变。

　　蒋介石听到美国的答复后，气得把桌子上的杯子摔到了地上。蒋介石原本只是拿"取消中国战区，召回史迪威"作为交易筹码，威胁美国将援华物资的分配权交给中国，哪知美国根本不买他的账。

　　为了缓和中美之间出现的紧张关系，罗斯福派遣自己的行政助理居里博士作为特使，出使中国。居里于7月20日至8月7日访问了重庆。居里同蒋介石进行了十多次会谈，对蒋介石做了耐心细致的解释工作，会谈重点是史蒋矛盾、援华物资及中国的大国地位等问题。当蒋介石对居里控诉史迪威对自己的傲慢无礼时，居里解释说，史迪威在美国军界地位很高，马歇尔也十分看重并且十分信任史迪威。最重要的是史迪威已经制订了收复缅甸的作战方案，如果在这个时候将史迪威调回美国，恐将产生很多不利于盟国的影响。居里的解释很快平息了蒋介石对史迪威的愤怒和对美国的不满。蒋介石心里也非常清楚，中国抗战需要盟国的支持，不管是道义上、物资上还是军事上，应以盟国之间的团结为重，将个人之间的矛盾暂放一旁。

　　至于蒋介石对美国提出的"三点最低要求"，美国陆军部和参谋长联席会议也进行了认真研究，最后答复是：美国不能派遣陆军前往中缅

印战场作战，但是将建立有 265 架飞机的美国第 10 航空队，尽快在 10 月 31 日以后全部投入该战区使用；在 1943 年每一个月用 100 架运输机输送 5000 吨物资。

这一次中美之间有关驼峰物资分配权的争吵，以双方各让一步收场。蒋介石在这次与美国直接碰撞中，采取冒险的方式获得了一定的回报。其原因在于在美国的先欧后亚战略中，中国战场对他们来说还有利用价值。正如当年斯大林利用国民党时所说：对付蒋介石，要像挤柠檬一样，挤干净再丢掉。

在近现代历史上，以英美为代表的西方强国，所具有的一个明显特点就是：自视甚高、恃强凌弱、吃硬不吃软，永远不相信眼泪和感化。这些大国为争夺发展所需要的资源，在世界范围内展开激烈的竞争，在竞争中那些不惜代价的野心家取得了广阔的发展空间，而那些故步自封的自满者只能躲在角落里怨天尤人、任人欺辱。"物竞天择"的规律在国际秩序的演变中起着绝对支配作用，如果你没有足够的实力与之抗衡，"彼可取代之"就变得合理而自然了。在国际社会中，实力就是硬道理，在谈判桌上武器的多少，最终决定着话语权的归属。

由于中国当时所处的特殊地位，使得盟国之间的军事合作在互相猜疑、互相利用中缓缓推进。中美之间的争吵好不容易才得以缓解，英国人又开始不甘寂寞了。1944 年 9 月 28 日，丘吉尔在英国下院发表演说，称美国对中国有"过分"援助之嫌，美国对中国的援助简直就是"浪费"。此番言论一出，顿时国际舆论一片哗然。为批驳丘吉尔的胡言乱语，军事委员会参谋长何应钦在中央社发表了谈话："查自民国三十一年四月中印空运开始以来，截至本年七月止，多数空运入华之军火吨位，均系供美在华空军之用。至于所谓美国租借法案物资之总数中，我国占有百分之二者，系包括中国驻印军之军械而言，此项军火大半尚在印度。再就运入中国供中国陆军部队使用之军火而言，其中之大部分，又系用以装备远征军者，至于滇省以外之各战场者，为数之少实在一般中外人士想象之外……"紧接着，军事委员会也发表声明："中国军队自与盟国联合作战以来，所得援助之实际数量，几不足供英美一师作战一星期之用，但我军民以坚毅之心，代替武器之不足，恒常单独抵抗日军十个师团以上兵力的进攻。"

世人常用绅士来形容英国人，但英国人在二战期间对中国人的表现却一直不够厚道。仅用一组数据就可以说明丘吉尔到底有多不厚道：二战中接受美国租借援助的同盟国中、英、苏三国，一共接受了总额近486亿美元的援助。在这些援助中，中国仅占1.8%，英国是中国的35倍，苏联是中国的13倍。而且中国的武器生产能力根本无法与英国和苏联相比较。中国仅接受如此可怜的援助，英国人都在国际上大呼浪费了资源，可见其内在本质与外在的绅士形象之间，还有不小的差距。

争吵归争吵，但战争仍在继续，驼峰运输还在继续！

战争中难以琢磨的女人

1942年11月18日清晨4点，重庆九龙坡机场的几道橘黄色的灯柱，将波音307飞机团团围住，机身上"阿帕切"的代号显得异常醒目。一队工人刚刚加班检修完飞机，一列车队打着强灯缓缓行驶而来。车队停稳后，几个侍卫小心翼翼地将一副担架从车里抬出，担架上躺着一个女人，显得柔弱而平静。蒋介石寸步不离地陪同着她，随着人群一起轻手轻脚地上了飞机。待蒋介石下机后，飞机随即钻入苍穹，朝着不远处的驼峰航线飞去，蒋介石目送着飞机消失在星空里。国民党第一夫人宋美龄就这样重新回到她二十多年前学习生活的故地——美国。宋美龄是以个人身份赴美就医的，同时担任了蒋介石的政府特使一职。当然，第一夫人的美国之行，是以治病为名，行"在国际上宣传中国抗战，争取更多援助"之实。蒋介石已在早先致电给美国罗斯福总统，称宋美龄不仅是自己的夫人，也是过去十五年来最了解他的人，"故请阁下坦率畅谈，有如对中正之面馨"。

宋美龄运用娴熟的公关手段很快与罗斯福夫人成为了好朋友。一切正如计划般顺利，宋美龄在罗斯福夫人的引见和陪同下，于1943年2月，在白宫见到了罗斯福。对于白宫，宋美龄还在少女时代时就对它前面大草坪上的和平鸽留下了很深的印象。此时，她以中国第一夫人、新任中

国殇

抗战中的血色交通线

宋美龄担任中国航空委员会秘书长，胸前常别着航空徽章。

国航空委员会秘书长的身份，来到白宫，也算是实现了她少时许下的一个心愿。当罗斯福坐着轮椅见到宋美龄时，宋美龄立即起身，将早已准备好的一束鲜花献呈到了罗斯福手中，并按美国的礼仪在罗斯福脸颊上吻了一下。

罗斯福一边微笑着问："蒋总统还好吗？"一边示意宋美龄到前方的沙发上坐下。

"他很好。"宋美龄这时拿出一个信封，交给罗斯福说："这是他给您的信。他让我向您问候并祝您身体健康。"

罗斯福仔细看过后说："我代表美国人民欢迎夫人的到来。您能介绍一下目前中国抗战的形势吗？"

宋美龄将中国抗日前线的官兵士气、物资供应和中国人民抗击日本的决心等，简略地向罗斯福进行了介绍。宋美龄知道罗斯福不会改变"先欧后亚"的既定政策，于是把重点放在劝说罗斯福增加对华的援助方面。

宋美龄微笑着对罗斯福说："中国抗日战争的命运和胜利，要靠全体中国人的共同奋斗。但是，中国有句俗语'一个篱笆三个桩，一个好汉三个帮'。我们知道在与强大敌人作战时，离开盟友的帮助将会一事无成。当前，中国抗战已经坚持五年多了，虽然中国人民拥有抵抗日本人的决心和信心，国民政府还有一定的战争潜力，但我们缺乏战争物资和空军力量，我们希望贵国在过去支援的基础上继续加大支持力度。"

罗斯福很清楚宋美龄到来的目的，对于宋美龄的请求，虽然不好直接拒绝，但他很乐意为宋美龄提供一次争取的机会。罗斯福充满善意地说："亲爱的夫人，作为中国的盟友，我们绝不能袖手旁观日本对于中国的侵略，等到第二战场开辟后，美国会在中国战场投入更多物资援助和空军力量。但美国是个法治国家，有许多事情必须要征求国会的意见。虽然我在美国也是总统，但没有中国蒋总统那样大的权力，在我们做出决定之前，还需要听听国会的意见和民众的想法。希望您能谅解。明天，我会派人安排你向国会和民众演讲。他们愿不愿意帮助中国，就看您的真诚是否能打动他们了。"

宋美龄立即意识到，也许一次千载难逢的历史机遇将要出现了，她下定决心要赢得美国人民的理解和支持。

1943年2月5日，宋美龄将与罗斯福的会谈情况告知蒋介石：

罗斯福拟供给中国大量飞机。美初定运华轰炸机35架，业已开行，几次续运35架，秋初再运260架。妹拟请罗斯福考虑秋初拟运之利害，提早从速供给应用，兄需要500架机应当设法转告。

蒋介石对宋美龄将要在国会举行的演讲十分重视，多次致电宋美龄嘱咐演讲的重点和内容。蒋介石提醒宋美龄注意，切记不可让听众有被训示的感觉，也不能有请求的语气，要保持不卑不亢的态度，重点是可适当强调中国的困难，说明中美之间的友谊和未来的合作前景等。随后，宋美龄正是按蒋介石的要求，在美国国会及各地进行了一系列的巡回演讲。

在美国历史上，在宋美龄之前，只有荷兰女王一位女性有过在国会演讲的经历。宋美龄极为珍惜这次演讲的机会，她在魏道明、孔令伟等人的协助下，对演讲稿反复修改、精心雕琢，字斟句酌地使每个词都做到准确生动，又富有说服力。

2月18日，宋美龄在罗斯福夫妇的陪同下前往美国国会发表了具有重要历史意义的演讲。宋美龄清楚地知道，她是第一位以非官方的身份向美国参众两院发表演讲的女性，此次演讲不仅关系到中美两国的未来，还关系到美国对中国抗战的支援以及中国抗战的最终胜利。

中午12时，在美国副总统华莱士的带领下，宋美龄步态轻盈地登上了美国国会的讲坛。她身着黑色金丝绒的紧身长旗袍，披着亮色的披肩，胸前佩戴着镶有宝石的中国空军徽章扣花。她雍容端庄的气质和优雅自信的东方脸庞，让在场的每一位观众眼前为之一亮。宋美龄不紧不慢地开始了人生中最重要的一次演讲。

演讲的开篇先赞美了美军士兵的勇敢："贵国若干部队，驻扎在遥远隔绝地点，非平常交通所能到达。贵国若干壮士，必须用临时赶筑之机场，飞行海面，经数百小时之久，以搜寻敌方之潜艇，往往一无所遇，废然而返。"随后，她将台下的美国议员歌颂了一遍，说："美国人民正在建立与实施一种确系其祖先所怀抱之立国典型。此种信心，盖见加强而证实。诸君为美国人民之代表，目前有一光荣机会，使汝祖先之开国工作，发扬光大，超越物体与地理限制之疆界。"接下来，她将重点指向了中国，说："当1937年日本军阀发动其全面对华战争时，各国军事专家，咸认中国无一线之希望……虽然，自日本对珍珠港、马来西亚，以及南洋一带加以背信无耻之袭击后，战争之贪狂火焰，弥漫太平洋上，而各该地域，相继失守，一时观感，遂又趋向另一极端。"宋美龄大声呼吁，我们不应该忘记中国人民曾经在抵抗日本侵略的头四年中，孤立无援，独自抵抗着日本法西斯的淫虐狂暴，并提醒美国人不要因为德国人而轻视了日本人的残暴："吾人慎勿忘日本今日在其占领区内所掌握之资源，较诸德国所掌握者更为丰富。吾人慎勿忘如果听任日本占有此种资源而不争抗，则为时愈久，其力量亦必愈大。多迁延一日，即多牺牲若干美国人与中国人之生命。"

接下来，宋美龄讲出了一段被载入历史的经典语句："我中国人民根据五年又半之经验，确信光明正大之甘冒失败，较诸卑鄙可耻之接受失败，更为明智。"

在结尾处，她将中华民族永不屈服的精神，如同璀璨的烟花般散向美利坚的各个角落："个人之品德，于困厄中验之，亦于成功中验之。以言一国之精神，倍加真确。"

宋美龄的演讲赢得了议员们热烈而长久的掌声。与此同时，宋美龄还打动了约25万通过无线电收听演讲的美国民众。许多人甚至认为她的这次演说，是珍珠港事件后美国最重要的历史事件之一。

宋美龄在国会的演讲大获成功，紧接着一张张演讲的邀请函如雪片般向她飞来。

3月1日，宋美龄在纽约市政厅发表演讲。

3月2日，在麦迪逊广场向美国民众演讲。

3月7日，在宋美龄的母校威尔斯利学院发表演说。

3月22日，在芝加哥运动场发表演讲。

3月27日，在旧金山市政厅发表演讲。

4月4日，在洛杉矶好莱坞发表演讲。

……

宋美龄一夜之间成为美国家喻户晓的名人，长袖善舞的她，将女人如水般的柔弱和战争中铁血一样的刚硬巧妙地结合在了一起，她利用各种演讲的机会，向形形色色的美国人宣传中国人民在战争中的巨大牺牲和奉献精神，控诉了日本在侵略中国时所犯下的各种暴行，传达对胜利的强烈渴望。

受宋美龄影响的美国议员们和广大听众，开始要求美国政府加速援华，还有一些美国民众慷慨解囊捐助中国的抗战。罗斯福为了照顾民意，公开表示一定会通过驼峰航线增加对华的援助。

当时在中国民间流行一种关于宋氏三姐妹的评价：宋霭龄爱钱（丈夫是孔祥熙），宋美龄爱权（丈夫是蒋介石），宋庆龄爱国（丈夫是孙中山）。一个权力欲望过强的女人往往会引起大多数人的不适。宋美龄过强的权力欲在美国也给她带来了一定的负面评价。

随着宋美龄在国际政治中大红大紫，宋美龄自己感觉俨然已是一名成功的政治家兼外交家了，甚至连《纽约时报》等国际知名报纸也将她称为"世界著名女政治家"。但宋美龄的言行在政治家眼中仍不成熟，这些也逐渐引起了部分人对她的反感。在媒体好评、赞誉不断将宋美龄包围的同时，在罗斯福总统夫妇的眼里，宋美龄的言行举止却越来越令人"不满"了。在一次白宫晚宴上，美国工人运动的代表、劳工领袖刘易斯（John L.Lewis）正在以洪亮的嗓音，大声讲着自己为工人权利战斗的英勇故事。罗斯福总统笑着对宋美龄说："能否请教一下蒋夫人，在你们中国会怎么对付刘易斯这样的工会领袖？"令人惊讶的是，这位中国的第一夫人没有说话，只是举起了纤细嫩滑的小手，做了一个在喉部划过的动作。罗斯福看后十分惊讶，他将头转向自己的夫人，以确信自己看到的都是真的。罗斯福的夫人朝他点了点头，确定无误。事后罗斯福取笑地问她的夫人："怎么样？这就是你那位温柔、甜美的中国好朋友？"

罗斯福夫人对宋美龄的评价，从此以后变成了"她言辞美丽大谈民主，却不知如何过民主生活"。

在美国待的时间一久，宋美龄的一些陋习就逐渐暴露出来。宋美龄在白宫，总摆出一副高高在上的面孔，她的高傲也引来了白宫服务人员的不满。虽然她在白宫的卧室备有召唤铃和电话，但她却不用，需要服务的时候她总是走到门口，用击掌的方式来召唤仆人。宋美龄把一些老式的中国宫廷习俗带到了白宫，她以在中国对待奴隶一样的方式召唤白宫的侍从，这些使白宫的工作人员很不适应。同样，与宋美龄一起住在白宫的她的外甥、外甥女，同样是一派皇族的风范，需要时刻被众人伺候和供奉。宋美龄一边在美国公众面前宣传着中国人对民主和自由的渴望，一边私底下享受着各种皇家贵族性质的特权。

此外，宋美龄忙于在美国各地号召美国人无私援助中国抗战时，还不忘一掷千金地参加各种宴会，采购丝绸、羊毛布料，到百货公司买衣服、鞋子、毛皮大衣。要知道，此时在中国抗战的大后方，政府要用 5% 的民生工业生产能力，提供 50% 的民生需求。大后方的 23000 万中国人中许多连裤子都没的穿，更有一些人死于饥饿和寒冷。宋美龄在美国期间，其演讲中所说的和她平时所做的完全不一样。这些终究还是被眼尖的美国记者发现并曝了光。

1943 年夏天，宋美龄乘坐美国军用飞机回国。当时在战争新闻处中国办事处工作的作家毕克回忆说：

> 宋美龄的行李在阿萨姆必须转移到其他飞机上，以减轻飞越驼峰时的载重。当时行李搬运是在机场比较偏僻的一处进行，负责搬运的美国大兵不小心摔了一口箱子。箱子裂开，里头的东西滚出来……全是化妆品、内衣和足够蒋夫人撑过战时的一大堆美食零嘴。美国大兵当时就气炸了，因为此时正是驼峰运输最吃紧的一段时间，许多美国飞行员为了载运作战物资到中国而牺牲性命。士兵把他们搬运的箱子统统打开，把每一件貂皮大衣、挂钟丢到地上踢来踢去，然后才把东西胡乱塞进箱子、抬上飞机。

宋美龄作为一个女人的复杂与善变，就像驼峰航线上的天气一般令人难以琢磨。

"超级空中堡垒"给日本带来了恐惧

宋美龄在美国成功地展示了外交才华后，她也成了驼峰航线上的常客。从美国回来不久，她又同蒋介石赶赴开罗参加中、美、英三国政府首脑的盟国会议。

1943 年 11 月 21 日上午，"美龄号"在埃及的蓝天映衬下显得神采奕奕，稳稳降落在洒满阳光的开罗机场。宋美龄挽着蒋介石的胳膊，缓步走下舷梯。国防最高委员会秘书长王宠惠、军事委员会办公厅主任商震、侍从室一室主任林蔚、航空委员会主任周至柔等中国代表团的成员，则乘坐另一架飞机紧随而至。在机场举行完短暂的欢迎仪式后，蒋介石夫妇一行入住久负盛名的米那豪斯饭店。米那豪斯饭店坐落在著名的吉萨金字塔边，门前椰枣树上挂满的火红果实，给人们带来了胜利的希望；凤凰木上艳丽的花朵在随风摇曳，欢迎着来自正义国度的尊贵客人们。罗斯福、丘吉尔和蒋介石夫妇就住在米那豪斯饭店右侧卡塞林森林的别墅区里，蒋介石夫妇居住的第一号别墅，距离罗斯福的住处约 3 英里。别墅周围有一个旅的兵力进行警卫，其中岗哨密布，戒备森严，形成了与世隔绝的军事禁区。森林周围还有 500 多门高射炮时刻处于战备状态，在几百公里外的亚历山大港还有 8 个英国空军中队，随时准备拦截从希腊方向来袭的德国飞机。

开罗会议中三国首脑就在滇缅公路发动向日军进攻的问题进行了激烈的讨论。中、美、英三国都迫切需要在驼峰航线之外，重新打通滇缅公路以增加对华的援助，增强中国继续抗日的能力，减轻美国在太平洋战场上的压力。但罗斯福、丘吉尔和蒋介石都盘算着自己的利益：美国要求中英两国出兵，收复缅甸；英国只想维护自己在远东地区的利益，不想为中美两国做无谓的牺牲；蒋介石则期待美、英两国出兵，以保存自己本就不强的实力。

1943年11月22日，中、美、英三国首脑蒋介石、罗斯福、丘吉尔及宋美龄在开罗会议期间合影。

1943年11月22日左右，开罗会议上，蒋介石、罗斯福、丘吉尔和宋美龄在室外合影。后排左起为：商震上将、林蔚中将、美军 Brehon Somervell 中将、史迪威中将、Henry Arnold 上将、英军元帅 John Dill 爵士、蒙巴顿海军上将、Adrian Carton de Wiart 少将。

尊敬的蒋委员长！"

"谢谢！"蒋介石摘下军帽鞠躬致敬。

宴会进行得正热烈时，罗斯福被人用轮椅推到院子里。他说，想趁

23日黄昏，一辆插着青天白日旗的黑色大车停在罗斯福别墅门前，一身戎装的蒋介石在宋美龄的陪伴下走出汽车，他们应约来参加罗斯福在这里准备的晚宴。进入大厅后，蒋介石夫妇发现参加宴会的有英方的中东大臣凯西、外相艾登、丘吉尔的二女儿、布鲁克上将、驻苏大使卡尔等。美国方面罗斯福的儿子、驻英大使魏南特、驻苏大使哈立曼等也在一边小声地交流着。大家看到蒋介石和宋美龄后纷纷过来打招呼，蒋介石也一一握手回礼。很快宋美龄就融入宾客之中谈笑风生，俨然成为了宴会的主角。罗斯福在人群里发现了蒋介石，叫人把轮椅推到蒋介石的面前，伸出手说："欢迎你，

着人多热闹请大家一起合影留做纪念。罗斯福在院子里坐好后，蒋介石和丘吉尔在他两旁分别坐下，丘吉尔很欣赏宋美龄，他请宋美龄坐到他身边。其他人则围了上去，在后面各自站好。随着摄影师"咔嚓"一声按下快门，中、美、英三国首脑加上宋美龄的合影便成为二战中经典的记忆。

合影完毕，罗斯福请工作人员包括警卫、随从等暂时回避，他对周围人说，

蒋介石与宋美龄在开罗会议时的合影

留点时间和空间，让我们四个人讨论点特别的事情！

见到众人散去后，罗斯福说："现在这里只有三国的元首和宋美龄女士了。我想在这里就一件事讨论一下，这件事仅限于我们四个人知道，大家一旦形成决议，无须对外界做任何解释，只管各自去分头实施就行。"

丘吉尔听到这句话后，停下了与宋美龄之间的交流，点燃手中的雪茄，侧过身聆听罗斯福接下来的发言。

宋美龄将罗斯福的内容翻译给蒋介石后，蒋介石也神情严肃地点了点头。

罗斯福说："美国不久前研制出一种新型的远程战略轰炸机，这种轰炸机拥有比'空中堡垒'B-17更大的载弹量，也更具杀伤力。"

丘吉尔说："那就是'超级空中堡垒'。"

罗斯福回答："对，我们可以把这种B-29称为'超级空中堡垒'。我原本打算将B-29首先对付德国人，但现在欧洲战场和北非—地中海战场我们已取得一系列重大胜利，所以我改变了想法。我计划在盟国之间共同制订一个用大批B-29轰炸东京和日本本土的作战方案。"

蒋介石听后有点惊讶："B-29作战距离能有这么长吗？是不是又像

上次杜立特那样，只是象征性的轰炸。"

宋美龄补充说："杜立特在东京上空取得了 30 秒钟的成功，但随后，日本对中国进行了 3 个月的疯狂报复，这让中国军民付出了数十万性命的代价。"

罗斯福略带愧疚地说："自从日本偷袭珍珠港以后，我就发誓一定要以牙还牙，对日本本土进行一次同样规模的袭击。我向夫人保证，这次对日本的轰炸，一定超过我们对柏林的轰炸。但是我们这次计划，仍需要中国和英国提供帮助。"

丘吉尔吐了口烟，皱着眉头说："蒋夫人，杜立特的那事都过去两年了，现在战争形势已今非昔比，就不要再计较过往的得失了。"

他又转过身对罗斯福说："说吧，总统先生，只要我们能够做到的，我一定提供支持。"

蒋介石也不再犹豫："尽管我们现在对日作战仍很艰难，但是中国一定配合总统先生的计划，给日本人一个狠狠的教训。"

罗斯福舒了口气："我们已将约三百架'超级空中堡垒'编成一个联队。它们将飞越 6000 公里后到达印度的加尔各答，再穿越我们熟悉的驼峰航线到达中国境内。目前我们计划在成都附近建立飞行基地，从成都起飞对日本进行轰炸，任务完成后再返回中国境内。"

丘吉尔听后，觉得英国付出的并不多，只是在印度境内的加尔各答建几个飞机中转站，无须消耗过多的英国资源。他笑着对罗斯福说："你是盟军总司令，我会要求印度总督蒙巴顿将军坚决执行你的命令的。"

罗斯福说："好，我们需要在加尔各答修建 4 个能供 B-29 轰炸机起降的机场。"

丘吉尔耸耸肩表示："这个规模可实在够大的！"

罗斯福笑了笑："这对你们可不是什么难事。美国会为你们提供现代化的施工设备和所需的一切材料，唯一要求是必须 20 天内完成。"

"只要美国建设机场的设备和材料按时到位，我们完成任务没有任何问题。"丘吉尔回答得十分干脆。

宋美龄显得有点急，问道："总统先生，那么美国打算在成都修建几个机场呢？"

罗斯福探了下身子，对宋美龄说："在此之前，美国陆军航空兵司令阿诺德上将已经考察过了，我们打算在成都地区的新津、邛崃、广汉一带，修建4个B-29的机场，同时根据实际需要再修建几个驱逐机场。你们看100天左右能完成吗？"

蒋介石听后继续问："那就要看美国提供给中国的机械设备和材料什么时候到位了。"

罗斯福："委员长和夫人应该清楚，巨型挖掘机、压路机等大块头，是没办法用飞机经驼峰运到中国的。现在滇缅公路还没通车……"

美国陆军航空兵司令阿诺德将军

没等罗斯福说完，蒋介石就觉得美国再一次在对待中国问题上有失公平，同样是修机场，中国的任务量比英国要大得多，但美国居然不提供设备和材料？蒋介石面露愠色地说："总统难道是要我们凭空变几个轰炸机的飞机场吗？"

宋美龄附和着："是啊，没有设备我们怎么可能如此快地修建出这么多的机场？"

罗斯福指着不远处的埃及金字塔群说："古埃及人就是凭双手修建了如此宏伟的金字塔。"

丘吉尔有点幸灾乐祸地说："是啊，中国人在2000年前就用双手筑起了万里长城。"

蒋介石看了眼宋美龄，觉得没有更好的反驳理由，只好无奈地说："好吧，总统先生，就照你说得做，但工期可能会晚一些。"

罗斯福说："最迟请不要超过120天。经费问题再由我们两国政府官员具体商谈。"

蒋介石微微点了点头。

罗斯福见大家都同意了他的方案，显得有点兴奋，他加快了语速继续说道："我将这次用'超级空中堡垒'突袭日本本土的计划命名为'马特霍恩行动'。"

罗斯福看了看大家疑惑的表情，继续解释："'马特霍恩'只是行动的代号，它是阿尔卑斯山里一座雪峰的名字，以其陡峭险峻著称于世。"

随后，罗斯福简要介绍了一下这次行动的方案。会谈结束后，丘吉尔取下衔在口中的大雪茄烟，与蒋介石握手说："蒋委员长，我相信盟国的这次行动一定会取得胜利的。"

宋美龄翻译过后，蒋介石看到罗斯福正以期待的眼光望着他。蒋介石微笑着对丘吉尔说："是的，我也期待着盟国间共同的努力会获得丰厚的回报。"

按照三国元首达成的协议，中国方面立即在成都附近开始动手修建4个B-29轰炸机机场，4个机场是新津、邛崃、彭山和广汉机场。与此同时，考虑到B-29还需要大量的驱逐机护航，因此还选择在华阳太平寺、双流马家寺、双桂寺、彭家场和成都的凤凰山建设了5个驱逐机场。1944年1月开始，9个机场同时开工，四川省先后动员了29个县50多万民工，经过三个月左右的艰苦奋战，以最原始的工具建成了当时世界上最先进的轰炸机机场群。

在中国工人如火如荼地修建机场时，美国方面也在加快组建B-29轰炸机联队。1944年4月，美国陆军航空队专门成立第20航空队，负责指挥全球所有的B-29轰炸机，阿诺德以陆航总司令之威名，兼任第20航空队司令。从第一天起，阿诺德就绝不允许任何战区司令官染指这支威力巨大的作战力量。

中国农民抢修 B-29 起降机场

1944 年 4 月 24 日，由桑德思率领的第一批 B-29 降落成都基地，张群、陈纳德等前往广汉机场迎接。

就在美国第 20 航空队成立的当月，中国的新津、邛崃两个机场也提前竣工。1944 年 5 月，中国所有的工程都已完成，并顺利通过验收。当阿诺德再次返回成都时，他被眼前的景象惊呆了：轰炸机机场 2600 米长、60 米宽的笔直跑道，每个机场还修有两条 1000 多米长的辅助跑道和 20 个停机坪，每个停机坪可停一架 B-29 轰炸机。同时，机场配有 3 座燃料仓库、6 座弹药仓库，还有指挥所、兵营、办公区、娱乐场等相关配套设备。所有这一切，都仿佛在一夜之间拔地而起，让阿诺德将军难以置信。中国人民吃苦耐劳的精神给阿诺德留下了深刻的印象。阿诺德十分满意地从中国人手中接收各个机场。随后，他立即在新津花桥广滩设立了美国空军援华航空指挥部，并在新津机场召开军事会议，布置对日本本土轰炸的具体作战方案。

1944 年 4 月，美国陆军航空兵第 20 航空队第 58 重型轰炸机联队开始进驻成都的各个机场，第 40 航空大队的 27 架 B-29 轰炸机及相关保障人员 297 名率先进驻新津机场，担任其护航任务的 P-38、P-61 型美军驱逐机也进驻新津机场。由于对日本本土轰炸一次至少需要出动 60 架以上 B-29 才能达到轰炸效果，因此直到 2 个月后才开始第一次对日本本土的轰炸。

6 月 15 日，92 架 B-29 从加尔各答起飞穿越驼峰航线，因各种原因只有 79 架抵达成都。当晚，B-29 在新津机场加油挂弹后起飞，实施代号为"马特霍恩"的首次空袭日本行动。行动出师不利，1 架 B-29 在起飞时就坠毁，4 架因故障返航，后来飞到日本本土的飞机只有 68 架。午夜时分，B-29 机群到达日本，首次轰炸了位于日本北九州的八幡制铁炼焦所。由于日本雷达发现了 B-29 轰炸机群，所以日军在 B-29 将要轰炸时，在八幡上空施放了人工烟雾，给 B-29 的目视轰炸制造了障碍。这次袭击由联队长桑德斯准将亲自带队，在损失了 7 架 B-29 后，仅投弹 107 吨，被炸的主要是小仓兵工厂，突袭效果很不理想。阿诺德在指挥室中收到

首次空袭日本本土前，B-29 在成都前方基地新津机场

桑德斯发回的战报时，开始觉得心口发痛，旁边的参谋人员立即将这位航空兵司令送到了医院，经医生确诊为"心脏病复发"。

罗斯福花如此大的代价、信心满满地将这支庞大的战略空中力量交到阿诺德手上，结果第一次执行突袭日本的计划就相当于"无功而返"，这让阿诺德感到没有颜面向上级交代。

"兵败思良将"，阿诺德这时想到了一位美军悍将——号称"冷战之鹰"的柯蒂斯·爱默生·李梅。李梅出身工人阶级，并非行伍出身，用现在中国流行的话来说，他算是大学生参军当兵然后提干的。他在俄亥俄州立大学获得土木工程专业学士学位后加入美国陆军航空兵，成为一名飞行员。李梅曾在欧洲战区取得了骄人的战绩。他在欧洲作战时，曾亲自驾驶 B-17 轰炸机深入纳粹德国的腹地进行轰炸，并击落 5 架试图拦截他的施米特 -110 歼击机。正是凭着这份勇敢和机智，李梅在短短 3 年内由一名少校迅速升为少将，当时他才 38 岁。李梅也是美国陆军航空兵最年轻的将军。由于李梅面部神经曾经因冻伤而坏死，所以从来不笑，加上他很少讲话，给人一种冷若冰霜的感觉，因此被人们称为"冷战之鹰"。

阿诺德将李梅从欧洲调至中国，让他负责指挥接下来的马特霍恩计划。李梅到任后发现最关键的问题还在航空用油上。一架 B-29 由印度出发经过成都到日本轰炸一次所需要的燃油，需要 B-29 往返驼峰六次运油，第七次才能装上炸弹飞往日本。李梅决定不惜一切代价先解决油料问题。他不仅利用 C-46、C-47 及 C-87 等大型运输机飞越驼峰航线，从印度的后方基地运来 B-29 轰炸机所需的油料、弹药和飞机配件等，而且发动所有 B-29 轰炸机飞越驼峰运油。由于整个联队飞越 7 次驼峰航线，才能攒够一次出击日本所需要的燃料，李梅从一开始就向阿诺德挑明，从中国出发轰炸日本，只是权宜之计，因为后勤供给根本跟不上。李梅说，一旦美军在太平洋占领了合适的岛屿，就应该将 B-29 转移到日本东侧去进行轰炸。在这一点上，陈纳德与李梅的观点完全一致。李梅只向阿诺德本人负责，既不属于蒋介石的中国战区，也不属于蒙巴顿的东南亚战区。驼峰航线的补给全部给中国都不够用，陈纳德自然也不愿意李梅这个外人来分享驼峰航线本就不多的作战物资。要知道 B-29 在中国的行动，用去了 14% 的驼峰航线吨位，还需要有 200 架战斗机专门负责保卫它。所以李梅与陈纳德早就达成默契，一旦条件改善，第20航空队司令部立即从中国战场撤出。

在1944年7月至1945年1月中，在陈纳德的美国第14航空队驱逐机群的掩护下，李梅指挥满载炸弹、燃烧弹的B-29轰炸机群从新津机场起飞，先后出动40多批次的B-29编队，对日占区和日本本土进行了十多次的"穿梭轰炸"。

事实上李梅在执行"马特霍恩计划"中最成功的行动，不是对日本本土的轰炸，而是一次意外的对汉口使用燃烧弹的轰炸行动。1944年12月，陈纳德建议李梅用燃烧弹轰炸汉口，目的是炸毁日军在汉口长江码头和仓库的补给中心，毁掉日本囤积的作战物资。李梅最初不愿意参战，因为他觉得这只是一次地面支援作战，不符合B-29战略轰炸的作战宗旨，觉得陈纳德的第14航空队就可以执行这样的任务，用不着大材小用地使用B-29这种巨型武器。后来直到阿诺德下达命令后，李梅才出动了94架B-29，装上燃烧弹袭击了汉口。这一次袭击将日军大批的军用物资完全付之一炬，给日军以沉重的打击。其实，李梅出动的94架B-29轰炸机中仅有10架B-29完成了投弹，而汉口的竹木式房屋结构，无意中成就了用少量的燃烧弹取得巨大成功的战例。这次意外的成功对李梅来说无异于天上掉馅饼。不过这也启发了李梅今后使用火攻的方式对日本进行轰炸。

随着美军在太平洋展开的攻势作战，相继占领马里亚纳群岛的战略支撑点塞班岛及关岛，突破了日军的"绝对国防圈"。由于这些岛屿离日本本土更近，从海上补给B-29轰炸所需的作战物资，成本比驼峰航线要低得多，美军决定将轰炸机基地转移到马里亚纳群岛上来对日本本土进行就近轰炸。美军利用现代化的蒸汽压路机和推土机等设备，很快就在马里亚纳群岛上建成了世界上最大的空军基地群。

正在装弹的B-29，准备轰炸汉口目标

在成都的 B-29 轰炸机群迅速迁移至新建成的美军飞行基地，马特霍恩行动也于 1945 年 1 月宣告结束。

第 20 航空队的 B-29 轰炸机群，利用距日本更近的太平洋新基地马里亚纳群岛，给日本带来了无尽的梦魇。它们先是完成了著名的轰炸东京任务，使东京 1/4 的市区完全被毁灭。8 月，又两次出动 B-29，对日本的广岛和长崎投下了人类历史上唯一运用于实战的两颗原子弹。据统计，第 20 航空队总共进行过 380 次战斗出击，投下 147000 吨炸弹和燃烧弹，占盟国在日本所投常规炸弹吨位的 91%。李梅通过 B-29 轰炸机的火攻战术也造成了近 50 万日本平民的死亡。

"超级空中堡垒"给日本带来的不仅仅是恐惧，还有无尽的灾难！

西天取经以待降妖伏魔

对于一名真正的军人来说，没有什么事能比在战场上被敌人打败更令人羞耻！

史迪威对于在缅甸战场被日本人打败的奇耻大辱，一直耿耿于怀。他一刻也没忘记他走出野人山时说过的话："一定要以胜利者的姿态重新返回缅甸！"史迪威为了实现这一目标卧薪尝胆。他打算按自己的方法，在印度亲手打造出一支能在滇缅印战场将日本人彻底击溃的精锐力量。他还要亲自率领着这支精兵从日本人手中把缅甸夺回来，一雪前耻。他发誓：要在失败的地方重新找回军人的尊严和荣光。

史迪威虽然在重庆碰了蒋介石的软钉子，但也不是一无所获；蒋介石虽然没有答应由史迪威改编中国军队的要求，但他认为由史迪威来训练中国军队至少没有害处。蒋介石思考再三，最终同意由史迪威负责在印度训练中国军队。由于史迪威坚持拒绝杜聿明担任这支受训部队的司令，最后蒋介石答应以罗卓英代替杜聿明，作中国驻印军主管行政和纪律的副司令，由史迪威担任司令并负责训练。

史迪威从蒋介石那里要来了人，从美国要来了装备和军事教官，接下来需要解决的就是训练场地的问题。史迪威多次出面与印度英军司令韦维尔谈判，要求在英国人的地盘上划出一片当做训练场地，但都被韦维尔婉绝。没办法，史迪威再次请老朋友马歇尔帮忙，由马歇尔劝说丘吉尔支持自己的复仇计划。离不开美国支持的英国人，只有同意了史迪威的设想。

史迪威如愿以偿地获准把蓝姆伽建成一个训练营地。蓝姆伽位于印度中部，属比哈尔邦兰溪市管辖，位于加尔各答以西300多公里，处在加尔各答到新德里铁路的途中。蓝姆伽交通便利而且地广人稀，正是史迪威所想要的理想训练场所。散布在蓝姆伽的几十栋大大小小的营房，曾在第一次世界大战中关押过2万多名意大利战俘，营区面积有四五十平方公里，各种设施相当完善，纵横交错的沥青石子道路将整个营区连成一片。史迪威接手蓝姆伽后，马上着手修建了许多训练场、打靶场和生活设施，把蓝姆伽变成训练中国军队的大型实验场。

蓝姆伽以西几十公里处，就是一千多年前玄奘西天取得真经的摩揭陀国那烂陀寺。如今这块空旷的原野上，残留着几座被千年岁月侵蚀得面目全非的佛塔，那些古印度王宫城舍坍塌后的废墟，依稀在风沙中倾诉着古老的传说。不久，数十万英勇的中国军人陆续来到这里求取抗日的真经，让那些旧日的辉煌重新显现在中华大地。

万事俱备，只欠东风。1942年8月，蓝姆伽迎来了它的第一批客人：孙立人带着新38师从英帕尔赶来、廖耀湘率领新22师由阿萨姆邦过来，还有第5军直属部队也来到蓝姆伽，这三支部队兵力约合9000人。史迪威还同蒋介石达成协议，利用飞越驼峰航线上运输军火返航的运输机，每天从中国空运400人到印度，后来又增加到每天六七百人。这些都是从国内各个战场精选出来的身体素质和意志品质都十分出色的官兵。不久，到达蓝姆伽训练的中国军人就达到了3.2万人。

8月23日，史迪威蓝姆伽训练中心举行了隆重的开训典礼。会场上飘扬着中美两国国旗，史迪威用流利的汉语对着眼前整齐列队的近万名官兵，发表了一篇具有煽动性的动员讲话。一开始他就说：我相信大家在迈进蓝姆伽的那一刻起，就看到了大门上书写着的标语"一切为了打回缅甸！"这就是我们的使命和责任，我们一定要让日本人血债血偿。台下的每一个中国军人立即热血沸腾，豪气冲天，齐声振臂高呼："打回缅甸，血债血偿！打回缅甸，血债血偿！"他接着讲到了中国古代越王勾践"卧薪尝胆"最终报仇雪恨的故事，以激励大家要刻苦训练。随后他还举了南宋抗金名将岳飞"精忠报国"的典故，号召大家学习历史上的英雄，报效国家，在战场上以英勇来建功立业。

史迪威通过这次富有激情的演讲，将自己对日本人刻骨铭心的仇恨成功地注入这支部队。史迪威还将这支浴火重生的力量命名为"X"部队。X代表无限可能，从形象上来看就是一把叉。史迪威想将它打造成一支具有毁灭性力量的精锐部队。他要亲手用这支武装力量，在缅甸战场上给日军画下一个大大的"X"，把日军钉在耻辱柱上，永世不得翻身！

接下来，史迪威决心对中国军队进行脱胎换骨的美式大改造。在蓝姆伽的军事训练中，不管中国士兵过去的经历与资格，到了这里全部都是新兵，一切从新开始训练。在各项军事技能的考核中，表现出色者立即会得到提拔和重用。

中国军队接受的所有训练，皆是纯正的美式军事训练，教官也都是史迪威精心从美军中挑选出来的，其中不少毕业于西点军校。训练计划规定，中国官兵分开受训，步兵受训的内容包括队列操练、战术理论、武器操作、格斗术、丛林作战、反坦克战斗等；军官主要是熟悉美军的战法和武器装备的性能和使用。受训周期为6到8周，必须经过讲解、示范、实习、考核四个阶段才能结业。

蓝姆伽的训练全是真枪实弹，其中一个重要的训练指标就是耗弹量。像炮兵指挥员，就一定要亲自指挥大炮发射400发炮弹才算达标。训练基地每天淹没在一片枪炮声中，似乎永不疲倦。就这样，源源不断的美国弹药帮助中国驻印部队培训了一批又一批优秀的官兵。同样是用美式装备武装起来的国内军队就没有这么好的待遇，因为飞越喜马拉雅山的驼峰航线承受不了如此大的弹药消耗量。

史迪威喜欢脱掉佩戴徽章的军服，穿上美国大兵用的作战靴，戴着还是第一次世界大战时保留下来的旧硬沿军帽，观察部队训练。有时候，他还会径直走到训练连队前，亲自下口令，直到看到训练动作满意为止。实弹射击时，他常常耐心地卧倒在士兵身旁，为他们示范如何进行三点一线的瞄准。史迪威信奉"平时多流汗，战时少流血"的训练格言。史

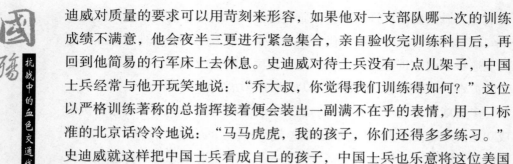

迪威对质量的要求可以用苛刻来形容，如果他对一支部队哪一次的训练成绩不满意，他会夜半三更进行紧急集合，亲自验收完训练科目后，再回到他简易的行军床上去休息。史迪威对待士兵没有一点儿架子，中国士兵经常与他开玩笑地说："乔大叔，你觉得我们训练得如何？"这位以严格训练著称的总指挥接着便会装出一副满不在乎的表情，用一口标准的北京话冷冷地说："马马虎虎，我的孩子，你们还得多多练习。"史迪威就这样把中国士兵看成自己的孩子，中国士兵也乐意将这位美国将军称为"大叔"。

中国军队的装备在蓝姆伽也像训练一般，"鸟枪换炮"地升级成了清一色的美式武器。在这里，中国军人发现各种武器装备可以说是应有尽有，还有以前想都不敢想的新式坦克。只要进入蓝姆伽训练营，每人就会配发一支美国加兰德步枪外加 100 发子弹，班长则配发一支 M1 汤普森冲锋枪。仅从配备的轻武器来看，日本人使用的三八式步枪和大正十一式歪把子机枪就相形见绌。再来看看重武器：重达 32 吨的 M4A2 "谢尔曼"中型坦克，让日军的 95 式和 97 式坦克就像个玩具；还有那 M3A3 "斯图亚特"轻型坦克，它可以在 500 米外对 97 式坦克进行打击，而日军当时最好的 97 式中型坦克只有接近到 300 米才能发动攻击。如此，日军武器与美军相比高下立见。

中国驻印部队完全仿照美军的编制，在武器装备和作战能力上已经达到当时西方发达国家军队的 A 级标准，步炮比例也高达三比二。从九一八事变以来，中国军队第一次从武器和火力上全面压倒日本人。

中国士兵在蓝姆伽进行全方位升级改造同时，还可"享受"英式的后勤服务保障。英国人的一条龙服务着实让中国士兵开了眼界，体会到了中国与发达帝国主义国家之间的差距。这种后勤保障让中国士兵感受到了什么是"奢侈"：战斗服、作训服、夹克、T恤、内衣内裤、毛衣、胶皮雨衣、作战背包、钢盔、软帽、便帽、防毒面具、作战携行具、带帆布套的野战水壶、S腰带、丛林靴、帆布护腿，甚至袜子，一样不落；面包、大米、蛋、奶等各种食物营养搭配合理，在国内难得一见的各种肉制罐头食品，在这里吃到想吐，反而让人怀念起那原先叫人厌烦的新鲜蔬菜来；先进的医疗卫生设施保证了官兵的健康，热带丛林的恶劣气候再也打不倒强壮而有良好卫生习惯的中国官兵了。西方军队强大的物质保障能力令所有中国官兵眼花缭乱、瞠目结舌，总觉得不像在战争时期，而更像是在天堂一般。

1943 年底，蒋介石、宋美龄夫妇参加开罗会议归国途中，在蒙巴顿等英美将领陪同下，来到蓝姆伽军营视察。蒋介石看到自己的士兵吃得如此之好，根本不相信自己的眼睛，他以为是史迪威和英国人联起手来做表面文章蒙他。蒋介石甚至亲自走进厨房一探究竟，还派侍卫到士兵中间询问虚实。当蒋介石确认了中国士兵们每天伙食标准与他所见一致后，脸上露出了复杂的笑容。蒋介石对于自己的士兵不再面黄肌瘦而高兴，但在看到士兵一个个吃得嘴角流油后多了一些忧虑，担心军人的战斗意志会被丰富的物质享受所削弱。在蒋介石看来中国军人应更注重加强革命意志的培养，提倡"克自"和"节俭"，而不应该沉溺于对食物的自我满足之中。

蒋介石立即对陪同他的史迪威、韦维尔和亚历山大等众多美英将军表达中国传统的治军观点，说："应当让中国的士兵适应艰苦的生活，不能吃得太好，中国军人和外国军人不同，要是让他们吃得太好，以后就不能打仗了。"

由于中西文化上的差异，史迪威等一干西方将领无法理解蒋介石想要表达的意思，他们认为：让士兵吃好那是天经地义的事，不吃饱，如何打仗呢？

史迪威费力地揣摩着蒋介石所说的每一句话，他又一次误解了蒋介石的意思，他认为终于找到了解决中国军队战斗力低下的症结之所在。史迪威以为要让中国军队具有美军一样强大的战斗力，最重要的不是武器装备和训练水平上像美军一样，而是要让中国军人具有美国军人一样的思维方式，这才是关键。

于是史迪威有了一个伟大的设想——改造中国军人的思想，彻底西化中国军人。史迪威从美国国内运来了多达 300 名各级军官，准备进行一次"大换血"，把中国驻印部队营以上军官全部换成美国人。如此一来，这支军队基本就可以成为一支彻彻底底的长着中式面孔的美国军团。

史迪威的"小花招"立即被孙立人识破。当全体中国官兵意识到史

迪威的"阴谋"后，也集体起来反对史迪威。史迪威向来器重孙立人，欣赏孙立人的西方式思维和强硬的军人作风。鉴于孙立人在中国军队中的威望，史迪威打算先说服孙立人赞同他的计划。

史迪威特意将孙立人召至作战室，他想先通过赞美孙立人来拉近他们之间的距离："孙将军，你在缅甸战场的表现让人敬佩。你的血性和刚硬也给我留下了深刻印象，你是一个货真价实的军人，如果我们有更多的你这样的军人就好了。"

孙立人有着极强的民族自尊心，他说："谢谢你的夸奖，我们中国军人像我这样的有很多。他们个个作战勇敢，哪个都不怕死！"

史迪威想从中国军队的弱点打消与孙立人之间交流的障碍："我对中国军队是了解的。中国士兵吃苦耐劳、知恩图报、服从上级，可以说是世界上最好的士兵。但是中国军队的中高级将领敷衍推诿、患得患失、不给好处不办事的官僚作风让我深恶痛绝。"

孙立人虽然十分明白中国军队积习难改，容易授人以柄，但这些缺点毕竟不能掩盖中国军人浴血疆场的光辉业绩。

史迪威继续说道："我知道，在中国军队里办任何事都要讲派系、凭关系。无论一个军官多么有才华，多么会打仗，他都不会仅仅因为他的表现而得到提拔重用，他必须要有后台才行。"

史迪威的话戳中了孙立人的痛处。孙立人作战勇敢，但一直以来因非黄埔系而常受排挤。孙立人点了点头对史迪威说："是啊，我们中国有句古话，朝中有人好做官。军队在中国就是个官场，在上面没有人，在下边什么事也别想办成。战争时期都这样，平时就更不用说了。"

史迪威觉得打动孙立人的时机到了，他立即说："因此，我认为那些平时只会贪污受贿，打起仗来只知道保存实力、消极避战的军官应该被统统清除掉。要改革这样一种制度，就必须将其打得粉碎……"

孙立人立即知道史迪威接下来肯定是要说服他，接受在中国军队中安插美国军官的事，当即打断史迪威的话，说："好了，史迪威将军，我们还是关注眼前的事吧。我们眼前最直接的敌人是日本人，而不是旧制度。"

史迪威本身就是急脾气，他一看孙立人态度如此强硬，也不再坚持，他说："那么我们等着瞧吧！就算打败了日本人，国民党对中国的统治也一定长久不了！"

最终，史迪威想对中国军人进行思想改造的完美计划没有得以施行，而那些优秀的美国军官也没有成为中国军队里的营长、团长和师长，只是按级别被分派在营以上部队里做了联络官。不过史迪威终究不放心中国军官，在训练中他始终坚持"中国士兵都是优秀的、中国军官都是无能的、中国将军都是腐败的"固执想法。在蓝姆伽训练期间，装备弹药的发放补充、军事训练的计划组织全部由美军一手把控，中国的军官只有管理和发放后勤供应物资的权力。美军联络官总担心中国军官会吃空饷喝兵血，因此对中国的军官都很不客气。中国军官往往十分委屈，难以接受，总抱怨说"在受美国人的气"，但中国士兵们却认为美国军官似乎更通情达理，不似中国长官那么凶狠粗暴和会摆架子。中国士兵知道美国军官的出发点是好的，他们不徇私情，办事效率高。美国军官也用这种比较民主的治军方式，在一定程度上帮助克服了中国军队中的官僚作风。

到1944年底，先后在蓝姆伽训练营接受训练的中国官兵超过10万人，国内师以上的高级指挥官有三分之一在这里进行过短期轮训或合成训练。大批知识青年在蒋介石"一寸山河一寸血，十万青年十万军"的号召下踊跃参军，士兵素质也有了很大的提升。这些使得驻印中国军队的战斗力成几何级数地增加。所有的条件都已具备，从"西天取得真经"的中国将士时刻都在等待对日军伏魔降妖的那一刻！

最后的巡礼

威廉·H.滕纳将军是驼峰空运的第四任也是最后一任指挥官。滕纳从西点军校毕业后就进入飞行学院培训，然后就一直在美国空运大队渡运分队工作，他最擅长的工作就是将战争中最重要的物资运送到世界各地的战区和各个作战部队。滕纳从一名普通飞行员一直干到渡运分队指挥官，统辖5万多名官兵，负责向全球的各个部队运送由美国工厂生产

驼峰空运第四任指挥官威廉·滕纳（William H.Tunner）将军

线上下来的各类飞机。

1944 年 8 月滕纳正式晋升为将军，同时他被派往印度担任印中联队司令一职。他的前任正是那个不要命的托马斯·O.哈丁准将，哈丁通过"不择手段"的方法已将驼峰每月运输量提高到近 1 万吨，这也使印中联队付出了高昂的代价。滕纳的任务就是指挥印中联队，将美国战略物资从驼峰航线上以最高效的方式运送到中国战场，这就意味着驼峰运输量只能升不能降，但人员和飞机的事故率一定要降下来。

滕纳早就听说过关于驼峰航线的各种传说，"死亡航线""地狱航线""上帝的弃地"等叫法，也给驼峰航线披上了一层冰冷神秘的外衣。滕纳一到加尔各答的汀江机场，就被眼前的情景震住了，当时正值午后，深蓝色的天空中大群飞机在有序地飞来飞去，整个机场就像一个巨大的蜂巢。滕纳抬起头望着天空，C-54、B-24、L-5和 L-4 等各式各样的飞机一起拥挤在半空中，发出"嗡嗡嗡"的声音，它们要么是正在返航的，要么是携带物资刚刚启航的，这让见惯了各种运送场面的滕纳，感受到了前所未有的压力。

滕纳上任第一天，就亲自驾驶一架 C-46 征服了驼峰，幸运的是他遇到了难得的好天气。驼峰上空一片寂静，没有风，没有雨，没有冰，也没有日本人的零式飞机，一切的一切都显得那样祥和。这使滕纳感觉到，似乎驼峰航线根本就不像人们所形容的那样恐怖。如果说驼峰航线是地狱一般的恶魔，那么在滕纳看来，亚洲的地狱不过是美洲的一道风景罢了。滕纳通过一段时间的观察和调查，他似乎找到了影响飞行安全的症结所在。不久，他进行了一系列的改革：建立文娱设施，使飞行人员心理得到放松；提高医疗水平，让疟疾不再周期性地爆发；加快航材的更新率，保证飞机时刻能保持平稳飞行……

一切都按滕纳所设想的那样，按部就班；一切都如滕纳所祈祷的那样，平安无事。直到 1945 年 1 月 5 日，一场被称为"人类空运史上最恶劣的天气"灾难来到驼峰航线上，滕纳才真正明白了地狱与天堂之间的差距究竟有多远！

1 月 5 日，东·唐尼少尉像往常一样，在办公室办理完飞行许可手续，窗外的 C-46 依然忙碌个不停。唐尼看到战友们平安归来，心里感觉比较踏实，心想：看样子今天应该是个好天气。

"今天驼峰天气怎么样？哥们儿！"唐尼顺便与擦肩而过的康斯坦因打个招呼。

"与往常比起来要稍差点，在 3000 米左右的高空有点霜雪，但不是很严重，"康斯坦因有点担心地说，"我们来时，驼峰上空风速是每小时 80 公里，至于中国那边天气就不好说了。"

当时的天气预报的预测范围只能覆盖印度和缅甸。

唐尼听后也没当回事，他进入一架旧飞机中，飞机的防水套上有破损的痕迹。他转头看了看副驾驶上的哈纳汉说："嗨，兄弟，别紧张。我刚从飞行学校出来时，比你现在可差远了。要知道想多了也没有用，只要飞机一飞上天，我们就只能听天由命了！"

哈纳汉只是低头检查着起飞前的各种设备，以掩饰飞行前的不安。

唐尼驾驶的飞机直冲云霄，等到爬升到一块浓雾中时，天已黑了下来。当 C-46 急速地穿越过乌云后，看到了霜冻的迹象。唐尼继续向上飞行，直到上升至规定的巡航高度 4500 米高空时，才开始保持水平飞行。这时，哈纳汉看到雨水顺着一些小孔渗入了驾驶舱内，他对唐尼说："雨水渗进来了，机舱内实在太冷了，现在加热器又不能工作，怎么办？"

唐尼镇静地说："别担心，这种事情在旧飞机上很常见，慢慢习惯就好了！"

当唐尼使用仪表飞行，从印度进入缅甸后，气候开始变得更加恶劣，飞机出现了猛烈的颠簸，机翼和挡风玻璃上开始积雪。

唐尼使用挡风玻璃上的刮水器想将积雪清除，刚吹掉前面的雪花后面的又迅速粘了上来。由于积雪的阻力，飞机速度开始下降，为了保持飞行高度，唐尼开始使用发动机加速。

这时，报务员来到驾驶舱，拍了拍唐尼的肩膀说："刚才接到一架飞机的求救信号，说他们正准备跳伞。"

唐尼把头盔里的耳机调到最大的接收功率，听到一个报务员发出一长串数字信号。这种信号的目的是报出飞机所在的方位，以便指挥部能派出搜索救援队找到正确的施救地点。

大家在机舱里听到了那架飞机的通话内容："我们的左引擎已经熄火，我们马上将要跳伞，我们即将跳伞。完毕！"接着一阵静默。

唐尼从哈纳汉眼中看到了惊恐。唐尼本能地用手电筒向外照了照，看到两台引擎仍在用力地运转，算是松了口气。但螺旋桨轴上的雪形成透明雪白圆环聚结在汽化器进气口边上，机身上的积雪越来越厚。螺旋桨的防冰装置拼命地击打着一心想钻进来的冰块，它们的撞击声，就像一挺马克沁机关枪发出的低沉吼声。

"我们在3000米高空准备跳伞，我们要关闭发报机了，请记住我们的方位，再见！"又一架飞机的求救声，传入唐尼的耳机。随后，相继传来三架飞机的求救信号。

唐尼从来没遇到过这种情形，他心里暗想："是不是世界末日要来了！"这时，他发现自己的飞机已经偏离了驼峰航道。他扭头对报务员说："马上通过大功率的无线电定向仪找出航道，要不我们随时都可能完蛋！"

耳机里传来一阵阵刺耳的静电干扰声"滋——滋——滋！"

哈纳汉绝望地看着唐尼说："难道是日本人发明新式武器了？"

唐尼勉强挤出了一个笑容，说："我们还不至于这么走运，会第一批成为日本人新式武器的试验品。"作为驼峰上的老兵，唐尼不想让新兵哈纳汉看出他内心的恐惧；作为机长，他有稳定军心的责任。

就这样，他们在无法取得无线电罗盘任何读数显示的情况下，飞行了两个小时，仍不能确定所在的具体位置，只能凭感觉朝东继续飞行。报务员尝试着用低功率通话器调频至指挥塔台呼叫，没想到传来了一句回话："请注意，你们已经偏离航线80公里！"

凭借丰富的飞行经验，唐尼从地形地貌上判断，飞机正在喜马拉雅山上空100米飞行。严寒已经使飞机机油凝结，油压下降至警戒线以下。唐尼向地面指挥塔发出请求："我们要求紧急着陆，我们要求紧急着陆，请回答。"

不久，接到答复：“机场有雾，不符合最低着陆要求，不允许紧急着陆。”唐尼只能硬着头皮，艰难地向终点巫家坝机场继续飞行。此时，机舱外的温度已降到零下20℃，唐尼却看到哈纳汉脸上挂满了汗珠。

不久，报务员接到巫家坝机场发来的情况报告：“云层和能见度没有问题，同意降落！”这时，唐尼驾驶的C-46已飞离航线5分钟，经过一阵手忙脚乱的飞行，他们看到了一台防空探射灯朝他们投来刺眼的光芒。对他们来说，这简直就是天堂里照射出来的神圣之光。

惊魂未定的唐尼一行，下飞机后直奔机场值班室，想知道到底发生了什么事情，使他们的飞机偏航了如此之远，是不是日本人又玩了什么新花样。

值班室的迪奔勒·芬杰技术军士向唐尼解释说：“你们遇到了一种罕见的气候。来自不同方向的三股欧亚气团：低气压向西沿喜马拉雅主要山脉运动，高气压自孟加拉海湾翻卷而来，更低的气压来自西伯利亚。当三股强大的气流持续冲撞到喜马拉雅山脉时，释放出无数冰雹，大小有高尔夫球那么大，其最高流速高达300公里每小时以上，以致风速在几分钟内从80公里加速到200公里每小时。这种猛烈的狂风突然转向南面，进入驼峰航线，将许多在空中的飞机卷入山谷。有一架从中国返航的飞机，甚至被风吹上了12000米的云顶，要知道就连先进的C-46能承受的极限高度也才8000多米，可以想象，中国的飞行员当时会有多么痛苦。这种极端恶劣的天气，我在印度气象历史记录上从来没有发现过。”

他们在谈话的过程中，隐约又看见一架引擎失灵的飞机正紧急迫降。

飞机在坑坑洼洼的跑道上摩擦掀起了一股黑烟，又一架快要散架的C-46停下来了。唐尼看到机上下来三人逃命般朝他们跑来。

后来唐尼才知道1月5日那一天，共有16架飞机近50个机组人员永远地离开了他们，平均每一个半小时就有一架飞机坠毁。

当天夜里，当报告送到滕纳将军手中时，他往日自信的脸上变得扭曲起来，一股钻心的疼痛化作泪水从这位铁汉眼中涌了出来。看来，以前驼峰航线只是与滕纳开了一个大大的玩笑。如恶魔一般的天气，只不过恰好在滕纳任职初期暂时打了个盹儿，一旦它睁开眼睛并开始肆虐时，驼峰上的飞机将如暴风中的纸片般失去对命运的掌控。

幸运的是在接下来的时间里，驼峰上的天气在暴怒之后逐渐回归了平静，滕纳借机迅速加大了驼峰航线的运量。滕纳的魄力逐渐显现，就在出事的当月，驼峰空运的物资竟高达44000吨，是以往运量的4倍多，一个星期的运量就相当于1943年12月一个月的运量。最令人惊讶的是，滕纳还成功地将事故率降到了令华盛顿满意的水平上。

1945年8月2日，天空出奇的蓝。滕纳将军早早便洗漱完毕，将脸上刮得一片光亮，将头发梳了又梳。这可能是他人生中具有里程碑的时刻，他将笔挺的军装整理了一遍，将胸前军人的佩饰逐一仔细摇了摇，确定稳固后，稳步走上发令台。他拿起话筒，明媚的阳光照在他的脸上，他将喉咙清了清，扫视了一遍停机坪上排列整齐的飞机，开始了在中印联队第一次也是最后一次演讲：

诸位：

我可以负责任地说，日本人离上帝越来越近了，而我们，恰恰相反，即将远离这个连上帝都不来的该死地方。这，意味着"驼峰"，这条令人恶心、生畏的航线，今后只会出现在各位的梦中。今后，等我们进入老年，那时，但愿是一个没有战争的年代，我们可以安静下来回忆年轻时代的往事。我们会想，在飞越"驼峰"的三年中，我们虽然在这里牺牲了无数的伙伴、丢掉了无数飞机，但是我们却做了一件几乎无人能做的事情，那就是，我们曾无数次地飞越了"驼峰"！我们还活着！

明天，我们就要告别这里，今天，是我们最后一次穿越它。我们联队所有的飞机都将全部起飞。我知道，每架飞机上的诸位都是勇士，我现在命令你们，不仅要活着过去，而且，还要活着回来！

上帝保佑，起飞！

汀江机场六百多架飞机同时开动马达，好像要将三年来积累的全部委屈、愤懑和恐惧全部倾泻出来一样。瞬时，驼峰航线上遮天蔽日的各式飞机，保持着间距，保持着队形，肃穆地飞行在蓝天白雪之间。像一次庄严的阅兵，更像是一次崇高的致敬，沿着那些他们熟悉的、曾经共同战斗过的战友飞过的路线，沿着那些散落的、在阳光下烁烁闪着光亮的飞机碎片，一路上每个战斗过的、曾存在过的脸庞依次在纯净的天空中浮现，他们永远与冰山朝起暮落，随着风雨夜聚晨散。随着时光荏苒，在驼峰的尽头，天际的边缘，所有关于驼峰的往事又将如草木般，于动荡的历史之中淡然逝去……

进行完最后一次飞行，滕纳将军和他的战鹰们返回了美国，将战争中的辉煌和记忆永远地留在了驼峰航线！

你们是手握镐斧的铮铮铁汉

翻高山越长岭　闯急流涉险滩

为敌人铺筑一条通向死亡的地狱之路

你们是手持刀剑的虎胆英豪

前赴后继　攻城拔寨

你们偏执地渴望着战争的胜利

用血性将法西斯的狂暴彻底埋葬

第四章

驻印军和远征军的复仇
——打通中印公路

中美部队在野人山中行军，笨重的军械陷进泥泞中很难拉出

此路通往东京

1942 年 7 月 19 日，商震带着一名副官匆匆地来到史迪威的办公室。

"参谋长，您这么急找我来一定是有什么重要的事？"

"是的，我这有一份收复缅甸的备忘录，希望你尽快交到大元帅手上。"两天前刚刚被蒋介石任命为中国驻印军司令官的史迪威，计划完成一件伟大的事，一件能让他青史留名的事，"我想尽快恢复缅甸公路的通车，同时修建一条由印度通往缅甸的公路，实现与缅甸公路的对接，这样一来我们就可以摆脱仅仅依赖驼峰航线这条脆弱的空中通道，解决向中国运送物资的问题！"

商震明白史迪威与蒋介石之间的矛盾，他表面上附和史迪威的意见，"如果能修筑一条从印度到中国的大陆交通线，那对中国抗战而言，肯定是最好不过的事情了。我会立即向委员长转达您的意见，请放心。"

如史迪威所愿，商震将史迪威反攻缅甸的备忘录交到了蒋介石手中。

两个星期后，蒋介石在黄山云岫楼接见了史迪威。

连简单的寒暄也没有，史迪威见到蒋介石便问，"大元帅，不知你对我反攻缅甸的计划有什么意见？"

蒋介石没有直接回答史迪威的提问，他考虑的重点是中国抗战急需进口军火武器的事。蒋介石望了眼窗外的参天秀木，不急不缓地说，"我上次要你采购的 5000 辆坦克的事，怎么样了？"

史迪威一听蒋介石的话立即怒火中烧，他心想：这个"花生米"又想以中国战区司令的权力来压我吗？

史迪威毫不示弱："我虽然是中国战区的参谋长，但根据法律规定，我还是美国总统罗斯福的代表。作为参谋长，我的职责里并没有写明有'采购坦克'这一条。我也不能被命令去找物资。"

史迪威加重了口气接着说："作为美国总统的代表，我有权监督和控制已经交付中国的租借物资，同时我还可以拒绝采购用于打击非共同敌人的弹药！毕竟，美国纳税人的钱不是谁想怎么花就可以花的！"

蒋介石对史迪威如此强硬的态度有些意外。因为蒋介石并不知道宋子文不久前截住了罗斯福写给他的一封措辞严厉的信，罗斯福在信中明确地告诉蒋介石："显而易见，史迪威将军的全部职责，我重复一遍，不是接受你的命令。"

蒋介石气得一脸通红，正要大骂史迪威。

史迪威见状，不想把场面弄得不可收拾，他立即给蒋介石下了个台阶："当然，我能体谅大元帅急切的心情。中国政府的税收已经枯竭，没有关税也没有盐税，中国军队十分缺乏军粮和武器的供应。"

史迪威继续转着弯地说："我的意见是，作为中国战区的参谋长，我不能被命令去找物资。但作为美国总统的代表，当中国军队需要弹药时，我们之间可以进行讨论，与华盛顿进行协调。"

蒋介石探到了史迪威的底线，知道强行命令史迪威采购军火是不明智也是不可能的事，他也顺着史迪威的意思，将话题转到了缅甸战局上。

蒋介石说："罗斯福总统前几天发来电报说，英国也打算在近期进攻缅甸，不知道丘吉尔是怎么考虑的？"

经过一个回合的较量后，气氛慢慢缓解了下来。史迪威详细地将自己收复缅甸的计划向蒋介石报告，"是的！丘吉尔先生已经同意英军与我们一起反攻缅甸。我的计划是，英印军、中国驻印军从印度向瑞保、曼德勒方向进攻；中国云南军向腊戍、曼德勒方向进攻；美军为战役提供空中掩护，如有可能，还将派地面部队与英军并肩作战。"

史迪威对战役前景做了美好的设想："我认为，一旦收复缅甸，每月能通过仰光输入三万吨作战物资，半年之后就能帮助中国缓解局势。我计划在 1942 年雨季结束后，正式发动收复缅甸的行动。目前，这个计划已经得到了美国参谋长联席会议的批准。"

蒋介石听出了问题的关键，他问史迪威："美国会不会派出地面部队？英国究竟能派出多少部队配合？"

蒋介石对于第一次缅甸战役中被英国人出卖的情景耿耿于怀，他继续说道："上次缅甸战役中，中国 10 万精锐部队损失惨重。如果再发动第二次缅甸战役，还仅仅依靠中国军队单枪匹马地与日军作战，那无异于飞蛾扑火。"

蒋介石心想，如果反攻缅甸再败，则昆明不保，空运根据地也会全部丧失，国际通道会被彻底切断，国内军心、民心动摇。如此一来将更

会被美、英等国看不起。蒋介石估计，最多不超过两年，太平洋大战一定会爆发，等到那时，如果中国没有足够多的精锐部队参加决战，那中国的国际地位也将无从谈起，"故此仅有之资本，绝不愿再作浪费，而被英国之欺弄，致我国于万劫不复矣"。

史迪威不得不佩服蒋介石的洞察能力，毕竟要美国派出地面部队和说服英军全力配合中国军队作战是一件非常难的事情。

史迪威向蒋介石保证不会让中国军队单独与日军作战，但他要求蒋介石对他承诺，会在滇西方面准备足够多的兵力，一旦中国驻印军开始实施从缅北进攻仰光的计划，那么中国在滇西的军队也能从另一个方面配合打通滇缅公路，从而减轻驻印军的作战压力。

经过长谈，蒋介石答应了史迪威的要求。

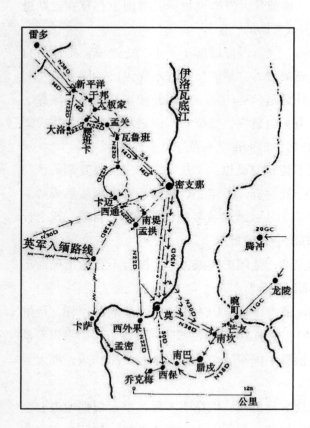

中印公路线

史迪威暂时逃离了酷热难当的重庆，飞向了印度的加尔各答。史迪威明白：要完成一件事，就需要付出艰辛和努力；要完成一件伟大的事，就必须具备百折不挠的意志力和经得起各种考验的忍耐力。

史迪威找了英印军总司令韦维尔，希望英国方面出动足够的兵力，帮助其实现反攻缅甸打通中印公路的宏伟计划。经过一番艰苦的劝说，韦维尔答应派出适当的部队配合中国驻印军对日军发动进攻，但是韦维尔坚决反对，将驻印军的反攻基地设在英帕尔。

韦维尔说，一旦反攻缅甸的战斗打响，英帕尔的交通必会拥挤异常，绝不能再让中国军队在英国的地盘上添乱。我只能允许将缅甸北部的胡康河谷一带划给史迪威将军作为前进基地。

韦维尔的真实意图其实是想让史迪威知难而退，因为从英军对印度地理所掌握的情报资料来看，将胡康河谷作为前进基地，在理论上来说几乎是一件不可能完成的事。

但史迪威岂是个善罢甘休的人，经过一番激烈的讨价还价，在 1942 年 10 月 27 日，史迪威终于与韦维尔达成协议：史迪威指挥中国驻印军占领交通枢纽密支那，同时拿下密支那机场，并与从滇西出发的中国军队取得联络。驻印军可用雷多作为基地，从胡康河谷推进，由美国方面负责修筑一条公路，从雷多向南经胡康河谷和孟拱河谷至密支那，最后将这条公路与滇缅公路连接起来。

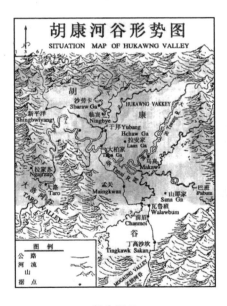

胡康河谷

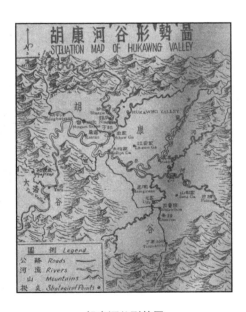

胡康河谷形势图

11 月 3 日，史迪威再次来到重庆黄山，向蒋介石报告自己在印度的谈判结果：1. 收复缅甸开始日期初步定为 1943 年 3 月 1 日；2. 英军答

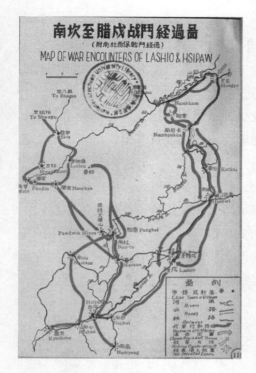

南坎至腊戌战斗经过图

应派出 7 个师的兵力配合此次战役行动；3. 中国军队需从云南出发，向腊戌和曼德勒方向展开进攻，这支部队必须于 1943 年 2 月 25 日以前准备完毕；4. 中国驻印军以雷多为根据地，经胡康河谷与孟拱河谷，夺取密支那……

史迪威这次报告的方案与 3 个月前方案相比，有了不少变动。中国驻印军的反攻路线原以英帕尔为基地，现改为雷多；原来的作战目标是攻取仰光，现在则是夺取密支那；原来的计划中有美军参加，现在的方案中则没有明确；反攻缅甸的日期也由 1942 年 10 月后延迟到 1943 年 3 月。

蒋介石仔细听取了史迪威的报告，他认为中国驻印军还可再增派 1 个师的兵力。滇西方向预留 15 个师，2 月前可完成集结任务。但蒋介石仍然怀疑英军对此次行动的支持是否诚心。蒋介石依然担心日军在孟加拉湾登陆，从缅南地区对日军实施增援，那中国军队将很有可能面对"第二次挫败"。

蒋介石的担心不无道理。英国的战略重心一直放在西欧和北非，他们根本不愿分散力量于遥远的远东战场，更不愿让中、美军队染指自己的殖民地——缅甸。因此，英军在反攻缅甸的问题上一直就遮遮掩掩，不明确表态，在作战和兵力使用方面也持保留态度，很不积极。

史迪威对眼前的情况还是满意的，无论如何，打通中印公路的战车已经发动了马达，至于启程后会遇到什么困难，鬼才知道，毕竟方法总会比困难多。

雷多，原本是印度东部边缘上一块未开发之地，起初时只有几家村落星星点点地散落在原始森林之中。后来随着印度铁道和公路逐渐向东延伸，雷多也成了铁道和公路的终点，经过一段时间又发展成为一个小型村镇。1942 年，第一次缅甸战役失败后，中国军队曾由缅甸撤退至此。如今，焕然一新的中国驻印军将再次武装起来重新投入战斗。雷多这个曾经留下中国远征军无数失败印痕的地方，不仅将成为中印公路的起点，更会是史迪威率领的中国驻印军涅槃重生、反攻缅甸的基地和进军的跳板。

按照史迪威与韦维尔当初的协议内容，需要把中国驻印军从蓝姆伽训练基地运到雷多，再从雷多运到缅北作战。英美之间的任务分工是：由英国提供 500 辆卡车和运载火炮的骡马；由美国负责修建一条公路，从雷多经胡康河谷和孟拱河谷至密支那，最后与滇缅公路衔接起来。

史迪威命令中缅印战区美军补给司令惠勒将军协助英方一起完成雷多基地的有关设施建造和物资储备，并绘制雷多公路（即中印公路从雷多到缅甸密支那路段）线路图。当惠勒看到沿途如此艰苦的条件后，对史迪威说：我对在这个地区修筑公路持坚决反对态度，但作为军人，我还是执行您的命令，努力去完成设计任务。

1942 年 11 月 5 日，基地建造计划和公路线路图绘制完成。史迪威又任命阿鲁·史密斯上校为筑路工程负责人，立即开始对公路沿线进行勘测。两周后，史迪威将美军第 45 工兵团和第 823 航空工程营、中国驻印军工兵第 10 团相继调到雷多，准备实施筑路任务。筑路的技术性工作主要由美军工兵部队承担，英印政府则负责招募印度劳工协助中美工兵部队作业。

就在中印公路即将开工的节骨眼上，英军突然打起了退堂鼓。本来英军对打通中印公路一直以来就持消极态度，1942 年 12 月 7 日，韦维尔又临时提出取消反攻缅北计划，反对修筑中印公路。英国人依然在打着自己的小算盘——想将美援物资牢牢控制在自己的手上。韦维尔心里想着等待时机进攻新加坡，而不是修建中印公路。

情报系统强大的日本，当得知史迪威将在雷多动工修建中印公路的事后，立即在东京广播电台发表社论，用嘲讽的语气说："美国人建筑中印公路将会成就两件事情：第一件是教导英国人向中美学习如何筑路；第二件是这条公路完工之时恐怕就是日军占领印度之时，因为美国工程师们已为日军铺平了前进的道路……"事实上，英国早在多年前曾有过在缅北修路的经历，但英国施工人员仅修了不到5公里，就被当地恶劣的自然环境给吓坏了，草草便放弃了继续修路的想法。

史迪威不顾多方的反对和讥讽，坚决顶住了重重阻力。他始终坚信：中印公路完全有可能修好，而且也值得耗费它所需的人力、物力，因为首先缅北战役的全部补给物资必须经这条公路运输，最后在中国的战役的补给物资也得靠这条公路运输。

关键时刻史迪威获得了美国方面的大力支持。马歇尔发电报给史迪威打气说：我将在职权范围内尽一切努力给史迪威运送急需的物资，除了首先满足北非战场上艾森豪威尔的要求之外，紧接着就是满足中缅印战场上史迪威的要求，包括派遣6000名从事筑路等任务的勤务部队。罗斯福最终也同意给史迪威派出筑路机械、工兵部队以及通信、卫生人员等支援。有了来自本土的支持，史迪威更加坚定了自己的选择。

1942年12月10日，中印公路在各种质疑声中，在雷多正式破土动工。美军筑路部队中大多数是黑人，而在指挥岗位上的则基本是白人军官。美军最初投入的筑路机械并不多，只有D4轻型推土机和卡车。一个美国工兵形容用这种推土机开辟路基，"就好像一只小狗撕咬重达300公斤的野猪的猪腿一样"。中国工兵和印度民工使用的主要是斧头、铁锹、十字镐等原始手工工具。这支多国筑路大军，在轰鸣的机器声和有节奏的举锹挥斧口号声中，在茂密的原始森林中披荆斩棘，艰难地推进。

工程的艰难程度比当初设想的更难。沿途是一堆堆第一次缅甸战役中遗留下来的白骨，蚊虫蚂蟥到处涌动、蛇虺猛兽遍地横行，展现在修路者面前的是一幅幅恐怖如地狱般的场景。但是，英勇的筑路者们却坚持在那里开始了巨大的修路工程。他们先用炸药炸开山岩和树木，再用推土机推开泥土、岩石，清除丛林，用卡车往返运出泥土，修整开辟出的道路。整个筑路工程进展异常缓慢，路基还没铺出2公里，涵洞就已经修了13个。筑路的山区雨水特别多，这些涵洞都是用来排水泄洪的。就是在这样艰难的条件下，工程在印度境内一点一点向缅甸边界方向延伸。

1943年1月卡萨布兰卡会议上，罗斯福和丘吉尔批准了以打通中印公路为目的"安纳吉姆"计划，随后美国大量增派工兵和大型工程机械到雷多。推土机、挖掘机、压路机、碎石机、排水机、空压机、起重机、电动油锯等修路利器向中印公路工地不断汇集。各种机具大量用于施工使工作效率大为提高。美军工兵第 3302 团和中国驻印军工兵第 12 团等生力军也投入到中印公路的施工队伍中。中、美工兵部队和印度、尼泊尔和中国西藏藏族劳工，总计达 7000 多人并肩劳动，密切配合。中印公路工程指挥部也开始实行昼夜 24 小时轮班施工制。公路修筑速度明显加快，每天可以向前推进 3 至 5 公里。

2 月 28 日，中印公路在距离雷多基地 70 公里处越过印缅国界。为了纪念这一天，筑路工程队举行了隆重的庆祝仪式，并在边界上竖起一块石碑，上面写道："欢迎来缅甸，此路通往东京！"

从"鬼门关"到"耗子洞"

中印公路的铺筑者们进入缅甸境内后，横亘在他们眼前的是一座纵深四百多里的野人山。1942 年廖耀湘所率的新 22 师向印度撤退时，便经由此处。由于此地一眼望去，是一片莽莽林海，参天古树遮天蔽日，看似覆盖着青苔地面，一不小心踩下去就是没至头顶的泥沼，泥沼中还有成千上万挤做一团的吸血蚂蟥，这里到处都是荆棘，仿佛随时都会被鬼索去了性命一般，因此被人们称为"鬼门关"。"鬼门关"中仅有一条羊肠小道蜿蜒盘旋在悬崖绝壁的中间，而中印公路只能从这一段鬼域中通过，才能到达胡康河谷。

中美工程部队进入野人山区后，施工难度加大，施工进度明显放慢。5 月，野人山区雨季来临，山洪淹没了施工材料，冲垮了刚开辟的路基，几天辛勤劳动，在顷刻间完全毁掉，炸药和水泥全泡了汤，笨重的筑路机械陷在泥泞里无法开动，浑身锈迹斑斑。筑路官兵住的临时房屋和帐篷被淹没，运送给养的汽车难以行驶，只能依靠大象和那加族人的挑夫运来仅供维持的粮食与燃料。施工在雨季艰难地进行，三班倒改成一班，许多人得了疟疾、痢疾和斑疹伤寒。

野人山中行军

　　孙立人统率新 38 师经过一个多月的车船运输，从蓝姆伽返回印度东境的雷多，担负起掩护和帮助中印公路修建的任务。新 38 师进驻雷多以后，有针对性地进行了短期的森林实地训练。官兵们把在蓝姆伽学习的本领拿到森林里演练了一遍。部队在雷多更北面的卡图扎下大营。为了纪念仁安羌战斗中的光荣战绩，他们把司令部的驻地取名"燕南营"。因仁安羌原名 Yenanyaung，翻译成中文后发音上十分接近。所以翻译成中文后就叫"燕南营"，这样的称呼还别有些诗意的感觉，这也在无形中给残酷的战争增添了些许浪漫的色彩。

　　新 38 师的官兵从雷多走来，一直充当开路者的角色，这次他们是要在可怕的"鬼门关"中充当开路先锋。他们与黑暗和泥水同行，抵抗着疟蚊、蚂蟥和猛兽的袭击，他们要用原始的砍刀劈出一条路基，让后面的工兵和开山机械来筑路。中国驻印军中有一名西安军校毕业的学员叫贾天翔。在担任开路任务时，他在荆棘丛生的密林中突然听到了异样的声音。照常理，一般的猛兽听到人类行动的声音时，要么会发出警告的声音，催促人赶紧离开它们的领地；要么会蛰伏在一旁，等着猎物一到，便将其当做美味吞入腹中。但贾天翔耳边传来的却是"呜——呜——嗷——嗷"的声音。好奇心驱使这位中国军人继续砍倒树枝与藤蔓，在开辟通途的同时向前寻找着声音的来源。当前进了十多米后，他看到凹进的树丛中有几只像小狗一样的动物，蜷缩作一团，绿色的眼睛里透出了惊恐。贾天翔立即明白过来，自己已误闯入狼窝，而这群小狗般的动物一定就是狼仔。狼仔们刚才发出的声音是在向不远处觅食的狼群发出求救信号。贾天翔立即调头准备沿原路返回请求支援。正在这时，一只母狼从树丛中一跃而出，扑向了贾天翔。贾天翔退避不及，被扑倒在地，他拼命地甩开咬住他的狼，准备逃走。忽然他发现周围已经聚拢了一群凶神恶煞般的狼，它们围着贾天翔，低着头、嘴贴着地面发出一阵阵令人浑身发冷的低吼，灰色的鬃毛随着吼声也竖了起来。贾天翔一边大声呼救，一边用手中的砍刀与狼群展开搏斗。远处的战友听到呼救声后，迅速赶来支援。当他们来到营救地点时，被眼前血腥的场面惊呆了。一群狼已将贾天翔咬得面目全非，胳膊和大腿几乎都被咬了下来。战友们回过神来后，立即不顾一切地抢起手中的砍刀向狼群冲去，人血和狼血在枝叶间飞溅开去，一场人兽大战在丛林深处进行着。随着周围中国军人的不断增援，狼群终于被消灭，但贾天翔终因伤势过重、失血过多，缓缓地闭上了眼睛。又一个英灵化为泥土永远地留在了野人山寂静的山谷里。

开路者们不顾性命地在"鬼门关"杀出一条血路，筑路者也决定加快铺建中印公路的速度。1943年8月，美英两国领导人在魁北克会议上决定给中印公路注入新的动力。会议决定为缅甸反击战准备多项工程，要求史迪威务必在1945年1月使中印公路通车，并且达到保证每月可以运输2万吨物资的能力。史迪威立即增派3个美

中印公路工程队司令皮克准将

军工兵营充实筑路力量，并任命曾主持建设著名的密苏里大坝工程的陆军工程兵路易斯·A.皮克将军为中印公路筑路工程总指挥。10月，具有丰富工程建设和施工管理经验的皮克走马上任。皮克到任后就批评了"中印公路无法建成"的论调是失败主义。他的到来立刻就给筑路大军带来了不一样的激情。皮克是个实干家，他针对中印公路修筑现状提出了三条建议：第一，将筑路指挥部移到施工第一线，以提高大家的士气；第二，恢复24小时工作制，以提高工作的效率；第三，改善后勤供应和医疗保健，保证工程兵拥有足够的体力维系高强度的工作。当皮克见到在前方开路的孙立人时，开玩笑地说："从现在开始，我一定会紧紧跟在你们屁股后面一步不落，包管碾得你们屁滚尿流！"皮克说到做到，他以身作则，无论怎么恶劣的条件，他都会天天拄着手杖在工地督促检查，一旦遇到什么问题就立刻现场解决。这些做法保证了中印公路紧跟着中国驻印军的步伐向前推进。

就这样，孙立人率领的开路者们和皮克指挥的筑路者们如影随形地前进着，他们既要在地势险峻、猛兽出没的线路上铺路架桥，还要时刻面对日军层层埋伏袭扰。在野人山中修路与作战相辅相成，往往是先打开一条通路，军队前进掩护，后面紧跟着又修路。一手拿镐修路、一手拿枪作战就成了这一时期修筑中印公路的最大特点。史迪威对这样的场面有一个非常形象的比喻，他说："我们不得不通过一个耗子洞，还要一边前进一边继续打洞。"史迪威所说的耗子洞由三个河谷组成：第一个是胡康谷地，终点为杰布本山脊；第二个是有着南北向铁路干线的孟拱谷地；第三个是缅甸中央走廊开阔的伊洛瓦底谷地。日军在缅甸最北部的重要驻军和空军基地密支那就位于孟拱谷地以南65公里处，在铁路线和河流的一侧。从密支那有一条公路向南连接着中国境内的滇缅公路。这就是史迪威脑中关于修筑中印公路的一幅理想蓝图。

面对日军的袭扰行动，史迪威决定好好运用手中驻印军的指挥权，让日本人尝尝中国军队的强大威力。一谈到指挥权，似乎已经成了史迪威心中永远的痛。对于一个高级将领来说，手下的指挥员不听自己的命令是一件令人无法容忍的事。作为一名野心勃勃的将军而言，没有指挥权就相当于战士手中没有武器一般。战士手中没有武器，用什么来杀敌立功？指挥官手中没有指挥权，拿什么来与强大的对手较量？就在一年前，史迪威正是怀着怨恨，独自率队走出野人山。史迪威始终固执地将第一次缅甸战役的失败归咎为蒋介石没有给予自己中国远征军的指挥权。这次，史迪威费尽九牛二虎之力动才争取到了英美的后勤保障部队，还倾注了全部的心血亲手打造出一支组织严密、装备齐全、训练有素、富有战斗力的精锐部队。这次，史迪威决心在修筑中印公路的缅甸反攻战中大显身手。因此，当史迪威向蒋介石争取到新 38 师和新 22 师两个师在蓝姆伽的训练权后，便下定决心，无论如何决不会让任何人再来染指他对这支部队的指挥权。他将这支部队改名为驻印军，为了继续巩固他的指挥权，他还将第一次缅甸战役中的资深中国军官全部从他的部队中清除了出去。虽然这一做法，在中国军队中引发了巨大的争议，但对胜利的渴望毕竟要比闲言碎语来得更强烈一些。

但史迪威永远都无法理解的中国传统军队中的权力游戏。史迪威虽然在中国已待了十多年，能够说一口流利的中国话，但他显然还没有习得中国官场文化和军队文化的精髓。中国传统军队中个人关系和金钱对于指挥权的影响，远比赢得战争和上级委派的权威能起到更大的作用。最明显的例证就是黄埔系对于中国军队的影响，尤其是黄埔一期的五百多名学员，他们都是蒋介石亲自挑选并训练的。他们不仅是蒋介石在中国军界和政界攫取的第一桶金，更是蒋介石实现对军队和政府控制的可靠基石。他们对蒋介石忠心耿耿，他们紧紧地抱做一团，成为任何势力也无法插手的一个权力体系。

在这种情况下，蒋介石派出了能让自己充分信任的黄埔一期毕业的郑洞国出任驻印军新编第 1 军军长，负责统辖新 22 师和新 38 师。史迪威一听到来自中国的"军长"两字，就从心底里厌烦，这让他想起那个让他蒙羞滇缅公路的战场，那个直接顶撞自己的第 5 军军长杜聿明。史迪威对

中国驻印军副总指挥郑洞国

郑洞国这位国民政府派来的军长处处加以防范和限制。

郑洞国早就意识到，史迪威及其美国同事不愿他过问军事，不允许中国高级将领行使前线指挥权。他也在与史迪威交往中尽量做到谦逊礼让，绝不争权。郑洞国的这种冷静性格，使他成为蒋介石与史迪威之间一个有效的缓冲阀。但史迪威还是坚决不让这位中国军长染指哪怕一点点指挥权，郑洞国在中国驻印军中只能负责管理军纪方面的事务。就连缅甸反攻作战打响，所有的中国军队都投入到战场时，郑洞国这位堂堂一军之长都没有接到通知。史迪威的作战命令都是直接下到师、团、营一级，郑洞国往往要通过营长才能知道指挥部命令的内容。至于作战会议，则更是不会邀请郑洞国参加。即便在史迪威被召回美国后，新来的继任者索尔登也没有改变这一切。美国指挥官永远不会请副总指挥参加任何有关作战的会议。

事实上，史迪威经过与蒋介石多个回合的艰苦较量之后，直到1943年12月19日，才正式获得了中国驻印军的指挥权。那一刻史迪威欣喜若狂，回到家后，他在日记中写道："有史以来头一次，大元帅授予我指挥使用中国驻印军部队的全权，没有绳索——他说没有干预，那是'我的部队'，给了我解除任何一名军官职务的全权。"史迪威在写下自己愉悦的心情时，甚至哼起了歌曲："叮叮当，叮叮当，铃儿响叮当，圣诞节多快乐，我们坐在吉普上……"第二天，史迪威立即飞返缅甸雷多开始实行自己的作战计划。

1943年雨季一结束，史迪威在还没有获得中国驻印军名义上的指挥权时，就以"将在外君命有所不受"的姿态，不等英美联合参谋长委员会对他正式授权，也不等蒋介石的命令，便派出新38师第114团为先遣支队，负责击退在野人山袭扰中印公路工程人员的日军。受领任务的第114团，以徒步行军，披星戴月地赶往野人山进行支援作战。第114团官兵跋山涉水、风餐露宿，在阴雨泥泞中日夜兼程。经过11天的急行军后，第114团抵达前线。他们经过激战占领了唐卡加、卡拉卡一线阵地。日军面对中国军队凌厉的进攻，难以招架、纷纷后退，前线被日军追击的英军部队也安全撤回边界。此后，日军又派出上千人的兵力，分两路攻击第114团，想夺回失去的阵地。经过半月血战，日军徒添了200多具尸体，而由我军把守的阵地依旧岿然不动。日军随后虽然不断地采取骚扰战术，但在坚强的中国军队面前毫无进展。

新38师第114团出发后，第112团、师司令部、直属营连、第113团等师主力部队，也陆陆续续地集结在距雷多东北约7公里的卡图附近，担任雷多至该地区内之地面及对空警戒，直接掩护筑路部队与军需物品之集结，为中国驻印军反攻缅甸做好准备。接下来，史迪威命令新38师第112团分3路推进，占领打洛区及下老家沿大龙河一线，并一部在新平洋地区掩护中印公路及新平洋前进飞机场之建筑，及掩护盟军后续兵团安全进出野人山。第112团团长陈鸣人下令兵分3路，由卡拉卡、唐家卡一线阵地出发，同时向指定目标分进突击。经过几十场苦战恶斗后，终于在1943年的初冬季节通过了人们认为不可能通过的"鬼门关"。

困难消磨不了中国军人的意志，障碍阻挡不住中国军人的战斗脚步，1943年底，中印公路终于铺到了胡康河谷的门户新平洋。史迪威也将指挥部和前进基地直接推进到了新平洋。随即，后勤补给仓库、简易机场等后勤补给设施也很快修建完成。史迪威为中国驻印军建立了一套全方位立体的补给体系。中印公路的工程部队紧随着作战部队，作战部队打到哪里，工程兵们就将路修到那里。总指挥部利用汽车、飞机源源不断地运送供应物资。史迪威高兴地看着新平洋新基地上一派繁忙的景象，他知道与日军的决斗才刚刚开始。史迪威拿出望远镜，向眼前巨大山谷中的密林望去，心想，胡康河谷，我们来了！

破解"死亡之谷"诅咒的中国旋风

"胡康"是缅甸语的音译，代表着死亡，"胡康河谷"翻译成中文的意思就是"死亡之谷"。

胡康河谷，东西宽20至70公里，南北长约200公里，其中数支河流交错组织，在雨季里洪水会泛滥成灾，即使舟楫亦难通航。因此，胡康地区在雨季有绝地之称。旱季则可利用小路交通，或徒步蹚过河流。胡康河谷的形状正像是个侧躺的成人一般，其中新平洋就位于人形的百

日军第 18 师团关防大印

汇穴位置。胡康河谷其余四个战略要点（于邦、太柏家、孟关和瓦鲁班），就像人体的四道死穴一般由北向南依次排列，将胡康河谷死死钉在一片阴暗的原始森林之中不能动弹。而史迪威率领的精锐部队必须打通这四道死穴，才能使中印公路新线路冲破"死亡之谷"的诅咒，求得一线生机。

像幽灵一般潜伏在胡康河谷的日军第 18 师团，是日本陆军中的精锐王牌部队，师团长是日本著名战将田中新一。该师团于 1925 年编成，兵员来自九州岛的产业工人，以凶残顽强闻名，曾参加过杭州湾、燕湖、广州、南宁战役。1940 年，第 18 师团被调往越南进行特殊丛林作战训练后，参加南洋各岛及马来西亚和缅甸各地的作战，曾在新加坡迫使 8 万多英军缴械投降，长期以来第 18 师团因其不败的骄人战绩，被赋予"丛林作战之王"的盛名。日军第 18 师团，下辖 8 个步兵大队、5 个炮兵大队、1 个工兵联队、1 个辎重兵联队、5 个特种部队中队及若干勤务部队，共有兵力 3.2 万人。

"风府穴"之于邦对决

"风府穴"——又名"鬼穴"，位于人体脑后，居脊椎第一节之上，穴内为湿冷两种力量聚散争斗之地。

于邦位于大龙河下游左岸，是水陆交通相汇的要冲。于邦西临大龙河，其余三面被密林紧裹，地形易守难攻。这里的树林，浓郁中带有阴森，青翠里隐藏着血腥。在这片处处都暗藏杀机的丛林中，抬眼就能看到各种钢铁修筑成的日军工事，俯首就可感知松软土层下埋藏的地雷。

10 月 31 日，孙立人收到英方提供的情报：大龙河沿岸据点，每处只有 50 个缅甸兵和克钦族土人据守，由一两个日本军官指挥。孙立人认为时机正好，遂命令第 112 团第 2 营向于邦日军立即展开攻击。第 2 营第 5 连求胜心切，突前闯入敌军主阵地，被敌一个加强排伏击后损失惨重。这时，孙立人意识到英军提供的情报有误，敌军如此训练有素，必非善类。

220

随即，孙立人又派出第 1 营营长李克己带领 1 连人马从宁边抵达于邦增援。增援部队 4 日后抵达于邦前线，到达阵地后立即在大龙河边立起两挺重机枪，封锁渡口，防止敌人的增援。

此时，日军第 18 师团长田中新一也收到于邦交战的消息。他急令第 55、第 56 联队连夜增援于邦守军，欲将中国军队各个击破。同时，日军山炮第 18 联队及挺进重炮兵独立第 21 大队也奉命来到胡康河谷。为了提高士气，第 18 师团司令部也从密支那推进到乔家、太柏家间，靠前指挥增援部队强渡大龙河向驻印军第 112 团展开全力反扑。

11 月 11 日，于邦被围日军开始对第 112 团团部及第 1 营发动正面猛攻。同时，日军增援部队也在炮火的掩护下，强渡大龙河，想将中国先遣部队歼灭。第 112 团阵地和团指挥所凭借一个特务排的兵力，与日军展开一场混战，团长陈鸣人率部反复拼杀后方得以冲出重围。

11 月 22 日，南岸日军炮兵开始对驻印军第 112 团第 1 营机关枪阵地进行轰炸，第 1 营第 1 机枪连连长吴瑾及士兵在炮火轰炸下，全部阵亡。日军第 55、第 56 联队借机渡过大龙河，绕到李克己的第 1 营背后，与于邦守军一道将驻印军第 1 营官兵从四面包围。我第 112 团第 1 营官兵面对日军五倍于我的兵力，面无惧色，先后实行十余次步炮联合之强攻，但均被击退。随后，第 1 营官兵进入其修筑的防御工事，与日军相持待援。

当孙立人知道对手是日军的精锐第 18 师团后，他立即向总指挥部申请将第 114 团调来增援，但总指挥部认为敌人不可能会在"死亡河谷"部署如此强大的兵力，更不相信会有炮兵的支援。总指挥部拒绝了孙立人的请求。

孙立人又联系到史迪威并与其反复交涉后，指挥部方同意派出第 113 团、第 114 团两个团及炮兵第 2 营紧急赶赴前线解救第 1 营。不久我第 1 营即转危为安。

1943 年 12 月 22 日，刚刚获得指挥权的史迪威，在新平洋新建成的指挥部中召集孙立人中国等驻印军将领们，研究于邦战斗的作战计划。

史迪威一见面，就责问孙立人："为什么你们以一个加强营的兵力都打败不了日军两个排？你们是怎么指挥的？"

孙立人脖子上爆出了青筋，他直视史迪威回答道：我们的对手是第

18 师团，他们有两个联队外加一个炮兵大队的支援。"我们面对的是 5 倍于己的'丛林猛虎'，而不是几只嗷嗷待哺的羔羊。明明是英军提供情报有误，导致我军伤亡惨重。你不指责盟军情报部门，为什么反而还来责怪我们攻击不力呢？"

史迪威在知道真相后，决定不再追究责任，毕竟英军对此次反攻作战本来就不感兴趣。史迪威只是象征性地当着孙立人的面骂了句，"这帮英国佬，参战不积极也就罢了，没想到还帮我们的倒忙！"

史迪威随后问孙立人："你准备采取什么战术对付于邦的日军？"

孙立人早已成竹在胸，他用手指着作战地图说："我打算重新部署兵力，一方面增加兵力向于邦正面敌之据点进行攻击，吸引日军注意力。同时以钳形攻势，由两翼渡过大龙河于敌后进行夹击，迫使于邦之敌崩溃，最后在大龙河畔将日军合而歼之。"

史迪威点了点头，说："无论如何，我们都必须把日本人赶出大龙河，并将中印公路铺到大龙河对岸。"

次日，史迪威召集孙立人和第 112 团团长陈鸣人、第 114 团团长李鸿等一起确定了作战计划，决定对于邦发起猛攻。

24 日，史迪威在晨光微熹中，来到担任正面进攻的第 113 团第 3 营的指挥所。在发起攻击之前，官兵们竟看到一位 60 岁的中将兼战区副统帅，跑到一线的营指挥所来视察战斗。大家都不敢相信自己的眼睛！

史迪威"御驾亲征"的举动极大地鼓舞了参战官兵的士气。上午 9 时，中国驻印军的进攻战斗在于邦开始打响。炮兵在攻击于邦的战斗中充分发挥了威力，它们掀起了一阵钢铁风暴，像台风般卷起了日军的阵地，落下的尘土和残枝败叶一起，将负隅顽抗的日军永远地埋葬了起来。

10 点，步兵从两侧向日军前进阵地发动进攻，逐步肃清敌人。每一次交锋几乎都是肉搏，每前进一步都要付出血汗的代价。但是英勇的中国军人，肩负着家国使命，他们不顾日军的枪炮，穿行在硝烟战火之中，向着日军的于邦主阵地步步逼近。

防御的日军在进行殊死抵抗无望后，除部分逃跑外，其余的不是投降就是自杀。战斗持续了整整 24 个小时，残余日军全部被中国驻印军肃清。有意思的是，当中国军队清理战场时，发现逃跑日军留下的小纸条："中国弟兄不要追了，这仗我们打败了，孟关再见！"

日军在打败了的情况下还没有忘记幽中国军队一默！

12月29日，经过连续几个昼夜的苦战，新38师取得了于邦大捷。史迪威听到胜利消息后，十分高兴地在当天的日记里写道："中国人打得很好，这些人很勇猛无畏，下级军官是好样的！"

中国驻印军首战告捷，给了号称日军"丛林作战之王"的第18师团当头一棒，显示了中国军队惊人的战斗力。据日军战史记载，在第18师团遭到我打击惨败后，田中新一才"搞清楚，敌军原来是中国第38师一支劲旅，和第18师团过去在中国大陆上接触过的中国军队，在素质上完全不同，因而大吃一惊。过去，日军以一个营消灭中国一个师是家常便饭，尤其是这个在九州编成的师团，在中国战场上久经战斗，纵横驰骋，同中国军交战最有自信。然而，此次在于邦的中国军，无论是编制装备，还是战术、训练，都完全改变了面貌。尽管我军奋勇猛攻，敌军圆形阵地在炽密的火力网和空军的支援下不仅毫不动摇，而我军的损失却不断增加。敌军虽已遭到了将近900名的损失，却顽强抵抗，坚持密林陆地，毫不退让。于是立即向上级报告了这个情况，使全军不禁为之愕然"。

美军也在战史中这样评价此次战斗："于邦战役是敌我在非常接近地区的一次激烈战斗，中国新编第38师官兵的奋勇无畏，给我们留下了非常难忘的印象。"

"檀中穴"之攻克太柏家

"檀中穴"——位于人体胸前正中，主管天部水湿之气。

于邦的硝烟还没散尽，中国驻印军就急不可耐地继续向着太柏家方向挺进。太柏家处于胡康河谷的心脏位置，是河谷上半部的重要据点。皮克率领着中印公路工兵部队，正如之前向孙立人所保证的一样，始终像跟屁虫一样尾随着前线部队快速推进，有时就好像要超过开路部队一样。皮克以天性乐观的心态在战争中寻找着自己的乐趣，也是以一种特有的方式给前面的"竞争者"孙立人施加压力。

1944年的新年才过，史迪威就在前线阵地与孙立人不期而遇。史迪威才打过胜仗，心情大好，他开着玩笑对孙立人说：我们刚在于邦把日本人打了个屁滚尿流，你怎么还一副心事重重的样子，你看看你胡子拉

碴的样，哪像一个指挥千军万马打了胜仗的人？

孙立人整夜都在想着下一步的作战计划，看起来的确是既疲惫又憔悴。孙立人听出了史迪威在拿自己开玩笑，他捋了捋自己长长的胡须，笑着说："我这叫蓄须明志！这不还有个硬骨头孟关没拿下来吗？不拿下孟关，我就不剃须。"

史迪威点了根烟，用力地吸了两大口，一副享受的模样，他抬手指着前方说："前面就是太柏家，他是胡康河谷的心脏，占领了它，孟关就唾手可得。我看不用拿下孟关，攻下太柏家后，我就亲手为你把胡子剃掉，到时我们一起好好庆祝庆祝！"

在场的官兵全都被史迪威的话给逗笑了。

孙立人笑过后，马上言归正传，他对史迪威说："总指挥阁下，据可靠情报，日军第18师团的主力联队已抵达胡康河谷。我认为应该让廖耀湘的新22师也参加到战斗中来，以优势兵力保持驻印军对日军的持续高压态势。"

史迪威说，我与你的意见一致，走，我们到室里详谈。

史迪威和孙立人并肩进入作战室。

孙立人将熬了几个通宵想出的作战计划讲了出来："我的主体作战思想就是'作大范围、长距离的迂回包抄'，这一计划必须得到新22师的配合才行。"

孙立人将手指向墙上1比5万的军用地图中的大龙河，继续说道，我带领新38师从左路，沿大龙河南下进攻大奈河一线的太柏家；廖耀湘率领新22师从右路进攻大洛，切断太柏家日军第18师团的后路。待攻下太柏家和大洛两个据点后，再以钳形攻势共同夹击，一举拿下孟关！

史迪威一边听一边吸着烟，慢慢陷入沉思中，不知不觉中他吐出的烟气已将作战室笼罩在一片云雾中……

日军田中新一师团长正手按指挥刀，在孟关的第18师团指挥部中面色凝重地盯着作战地图发呆。指挥部中其他的人大气都不敢出。

田中新一慢慢走到收发报机前，构思着如何应对中国军队的进攻！

突然，他眼前一亮，对着一旁笔直站立的参谋长濑尾少将说："中国人有句古话，叫'以其人之道还治其人之身'，我们就用中国人对付我们的方法还击他们！"

田中开始向太柏家、大洛守军口授命令。

濑尾立即坐下身子开始记录：以大奈河为屏障，以太柏家为支撑点，在大奈河两岸构筑坚固阵地，第55联队第3大队迅速增援太柏家，乘中国军队发动攻势之际，采取钳形攻势击破敌军。

1月下旬，大地开始回春，缅北却连下了十多天的雨。在大奈河南岸的日军连夜扎了4只大竹筏，准备偷渡过河偷袭驻印军。大奈河从山中奔泻而出，水流急速地撞击着河中的礁石，形成一个个浑浊的漩涡。

日军趁着雨雾，将大竹筏推入大奈河中，一个中队的日军携带着轻武器跳上竹筏，奋力朝对岸划去。他们祈祷河对岸没有中国军队的防守，期待着成功过河，打中国军队一个措手不及。

其实日军的这些伎俩，已被孙立人预料到了。孙立人早在战斗之前，就察看过地形，他见此处地形险要，很容易被人忽略。他特意安排了一支奇兵埋伏于此，防止日军从此处偷渡。

当埋伏在密林中的战士见日军果然如期而来，心中暗自高兴。见日军来到河中央时，只听到一声"打！"的命令，一排排子弹穿透雨幕朝着江心日军射去。

日军顿时一片慌乱！最前面的一只竹筏为了躲避密集的子弹，将竹筏横了过来，一下撞到礁石上，被侧弹出10余米远，与后面的4只竹筏挤作一团。第二个竹筏上的日军，出于躲避子弹的本能低下了身子，哪知竹筏立即就出现了倾斜，重心一变就被卷入到漩涡中去。其余3只竹筏上的日军也没能逃脱覆入河底的命运。就这样，一个中队的日军全部葬身鱼腹，成全了"死亡之谷"的名声。

与此同时，中国驻印军一部正从公路右侧，穿过森林开始向南侧攻击，威胁日军右侧背，形成钳形攻势，并向以太柏家为中心的大奈河东岸日军展开全面攻击。在大奈河东岸顽抗的日军第56联队的主力，经过交战后，即返回到河西岸，继续阻击进逼师团指挥部阵地侧背的中国军队。

这时，从雷多经新平洋到太柏家的中印公路初段，已与胡康河谷的旧公路衔接通车。2月1日，当驻印军经过一阵激战，攻下太柏家后，史迪威便迫不及待地把指挥部移到了粗通公路的太柏家。这样一来，也顺

史迪威听取皮克介绍中印公路的进展情况

利解决了前线部队的后勤补给问题。

史迪威随即将皮克召到太柏家的指挥部，对皮克说："3天之内，在太柏家修建一座可供运输机起降的临时机场，能够办到吗？我希望你能在 2 月 20 日之前，将中印公路修到我现在脚下所踩的地方。这样一来，新平洋的作战物资就能顺利地送到前沿阵地。"

皮克一如既往的自信，回答道："请将军放心，我们的原则就是'战斗打到哪里，公路就修到哪里'，我们筑路兵的天职就是修路，我们不但要按时完成铺设机场、修通公路的任务，还将以最快的速度在河上架好浮桥，以方便战斗部队以最快的速度开到孟关杀敌。"

"命门穴"之夹击孟关

"命门穴"——位于人体的腰部正中，受重击后脊椎气破即截瘫。

孟关是胡康行政之中心，扼交通之要冲，也是日军最重要的据点。正如日军在胡康河谷的"命门"一般，孟关一旦被驻印军击破，胡康地区的日军也就意味着大势已去。

孟关，日军第 18 师团指挥部里一片混乱！

田中新一面对接二连三的溃败，有点沉不住气了。田中新一原本是日本大本营参谋本部的作战部部长，因与首相兼陆军大臣东条英机有了意见分歧，才被借故调来缅甸作战。田中新一心想：不能让支那军继续羞辱下去了，否则会让东条英机那个混蛋看了笑话！

田中新一咬着牙狠狠地对周围的几个联队长说："孟关是支那军的必经之地。我们在此有 7 个步兵大队、2 个山野炮大队、1 个重炮大队还加一个城防炮大队。我们的兵力和火力配备都要优于支那军队，这次孟关一役只准胜利，不准失败！"

田中新一指着防御图开始下达命令："现令第55联队置于第一线，第56联队作为预备队，形成阵地防御之势。令炮兵4个大队构筑反战车设施，对付支那军的战车部队。只要我们坚守孟关，将支那军紧紧吸引住，等待援军从两路夹击敌人，孟关就将成为支那军的坟场！"

史迪威最近有些顺风顺水，一方面他对于中印公路的进展比较满意，中国驻印军指挥部也随前线不断地向着南方快速推移，从新平洋到于邦再到太柏家；另一方面，他麾下又添了一支劲旅。应史迪威的再三请求，马歇尔将一支擅长丛林作战的步兵团，由南洋调来划归史迪威指挥。这支部队由梅里尔准将带领，部队官兵曾经接受过3个多月的热带丛林战训练，多数人有着丰富的丛林作战经验，常被人们称作美国陆军中"最坚强也最粗野"的步兵。全团编制3000人，正式编号为"5307混成团"，因为他们经常采取出其不意的隐蔽袭击战术给敌人致命一击，所以他们也被称作"梅里尔掠夺者"。这支美军部队也是史迪威在滇缅印战场上唯一指挥的一支美军地面作战部队。史迪威对拿下孟关显得信心十足。

暗夜低垂下的驻印军太柏家指挥所中灯火通明，史迪威、孙立人、廖耀湘、梅里尔等一干将领低头研究着地图，偶尔小声交流一下，大家都在想着如何拿下孟关。

过了一阵，史迪威抬头说道："我有一套方案，请大家议一议。新22师为右翼纵队，负责从孟关正面进行攻击；新38师为左翼纵队，从东方迂回南进切断孟关日军退路；梅里尔的第5307团，向夏都苏方向迂回。最后，我们在孟关至瓦鲁班

史迪威、孙立人、廖耀湘商定作战计划

一线包围日军第 18 师团，全歼日军！”

2 月 5 日，廖耀湘奉命率领新 22 师第 2 营为先头部队，战车第 1 营协同配合，开始从正面向孟关发动攻击。先头第 2 营遭到 2 倍于己的日军三面围攻，日军凭借防御工事，组成交叉火力，将第 2 营部队网在枪弹之中。第 2 营冒着日军的炮火，以轻、重机枪齐射予以回击。营长杀红了眼，手举驳壳枪，向前一挥，喊道：“兄弟们，跟我冲，杀光日本鬼子！”全营官兵一齐冲杀进日军阵地，与日军展开肉搏。日军被中国军人的气势所震慑，留下七十多具尸体，向南逃窜。

新 22 师第 66 团迅速切断了班尼至孟关的道路，将企图增援孟关的日军堵截在孟关以南，一步都难以前行。第 65 团则迂回至班尼以北地区，与第 66 团配合默契，将增援日军全部歼灭。

此时新 38 师官兵，正在轻纱般的薄雾中穿行，孙立人率队渡过了冰冷彻骨的布朗河，从左翼对日军进行迂回包围。远处传来阵阵炮声，随着炮火逐渐稀疏，星月悄然落下，将寒冷的夜幕包裹在每一位战士身上。孙立人清瘦的脸庞在煤油灯的映衬下显得更加刚硬，他用红蓝铅笔在军用地图上画着进攻的线路，长长的胡须轻轻地触在作战图上，时刻提醒着他不破孟关不剃须的誓言。

当月光再次隐匿起来时，一阵急促的电话铃声打破了指挥所的寂静，孙立人接到前线部队打来的电话。一线部队报告：“正面敌人已开始撤退，右侧发现日军增援部队正在向正面转移。”

孙立人正想下达作战指令，突然响起“嗖”的一声，明显是“三八式”步枪发出的声音，子弹的震动波摇晃着周围的枝叶。一颗流弹划破了寂静，死神就在周围徘徊。

此时，侦察部队开始和敌人接上了火，“三八式”和冲锋枪急促地展开互射。“哒——哒——哒”“卡——砰”一来一往好不热闹。

孙立人立即命令部队全力向大奈河右岸日军发动攻击，以牵制日军，使其无法将两个联队主力调转至孟关正面增援。

田中新一看到孟关已陷入中国军队的全面包围之中，遂于 3 月 2 日将第 18 师团指挥部转移到瓦鲁班，打算与新 38 师和美军第 5307 团进行最后的决战。

3月5日上午9时，担任正面攻击任务的廖耀湘一声令下，新22师各部队对孟关守敌发动了总攻！

只见一串串火球带着撕裂般的尖叫飞向日军阵地，孟关城内传出了一声声撼天动地的巨响。新22师的迫击炮、山野炮一齐发射，将火炮炮弹雨点般向孟关投撒下去，远处日军阵地瞬间变成一片焦土火海。紧接着，新22师第64团、65团、66团从三路向日军猛扑上去，与日军展开巷战，进行贴身肉搏。

残阳如血，大奈河上吹来一阵晓风，孟关的浓烟随岚雾逐渐散去。经过一天的鏖战，

东南亚战区盟军总司令蒙巴顿

日军留下堆积如山的尸体，弃城而去。至此，孟关终于被中国驻印军攻克。

胜利的消息很快传到指挥部，新22师师长廖耀湘挺了挺腰，骄傲地对史迪威说："新22师在昆仑关打败了日军第一王牌部队第5师团，这次我们又打败了日军另一支王牌部队第18师团。"史迪威对廖耀湘投去了赞许的微笑，拍了拍廖耀湘的肩，伸出了右手的大拇指，说："中国军人了不起！"

3月6日，东南亚战区盟军总司令蒙巴顿勋爵在16架战斗机的护航下，带着一大帮记者来到孟关。蒙巴顿穿一身笔挺的棕黄色热带军服，戴着金光闪闪的大肩章，胸前的勋章夸张炫目。这个帅气阳刚的英国皇室成员来到前线，只是想向世界证明一件事，他才是盟军总司令。史迪威、孙立人、廖耀湘等刚从战场上下来的将领，则身穿粘有泥土的野战服，戴一顶钢盔，手提卡宾枪来迎接总司令蒙马顿。

蒙马顿对中国军队在缅北作战中的表现赞不绝口。他不停地与前线官兵们握手表示祝贺，他当着记者的面表扬史迪威"是出色的老勇士"，又夸奖孙立人是个"擅长迂回包围的优秀指挥官"，还称赞廖耀湘"是无坚不摧的铁锤"。随着一系列仪式般的表演结束后，蒙巴顿带着记者又浩浩荡荡地离开了。史迪威看着天上飞机屁股上冒着的白烟越来越远，

转过身幽默地对孙、廖二人说："其实，我觉得蒙巴顿对你们的表扬并不准确，我看你们二位倒像不错的猎人，只可惜你们的陷阱设计还不够高明，让田中新一这只老狐狸给溜掉了。你们准备何时将田中那个家伙再给我抓来呢？"孙立人和廖耀湘相视一笑，同时敬礼并答道："立即行动！"

"涌泉穴"之联手突击瓦鲁班

"涌泉穴"——位于人体足底前侧，肾精之气如源泉之水，源于此处，涌而灌溉周身。

孟关失守，日军第18师团长田中新一将主力集结于瓦鲁班附近重新进行部署，瓦鲁班成了日军在胡康河谷最后的据点。田中新一心想：不管怎样，这支精锐部队总可以在瓦鲁班顽抗一阵。哪料，新22师、新38师在拿下孟关后几乎没作停留，便向瓦鲁班猛扑而来。

新22师在夺取孟关后，与战车第1营的部队浩浩荡荡地从正面和东侧一路乘胜追击，不给日军任何从容撤退的机会。

孙立人的新38师从左翼向瓦鲁班背后的秦诺迂回，他们的目的就是要断绝日军的退路，给日军第18师团拉张大网，活捉田中新一。从进入胡康河谷第一天起，新38师就没闲过，几乎是天天都在作战。孙立人的军服没有洗过一次就已经烂了，天天打仗，一门心思想着杀敌，根本没有时间再做其他事。孙立人看着战士们的衣服被雨水打湿了，穿在身用体温烘干，继续打；过河时，被河水浸湿了，就穿着利用阳光晒干，接着行军继续打仗。新38军官兵的衣服就这么干了湿，湿了干，直到烂成一缕一缕。孙立人看着可爱的士兵们，心想，这才是真正的中国军人形象，在战火中历练、在炮火中成长。孙立人带着部队在寂静的丛林里穿行，他们知道任何大一点的声响都有可能惊动日军的侦察兵，这会让更多的人送命。

暮色渐浓，在幽暗的南比河畔的森林中，负责担任纵深穿插、远程奔袭瓦鲁班任务的"梅里尔掠夺者"美军第5307团，丝毫没有感觉到危险的存在。他们认为连中国军队都可以把日军王牌军杀得人仰马翻，只要他们出马，日军应该会一触即溃。担任团侦察任务的士兵，甚至还悠闲地抽着烟，哼着小调。当美军第5307团行进至瓦鲁班河南岸地区时，不想遭到日军从孟关撤退下来的主力的埋伏和包围。梅里尔眼看部队陷入日军重围，才知道了日军的威力，他指挥部队多次尝试突围都被日军强大的火力压制回来。梅里尔心想，怎么可能呢？难道我们和中国军队打的不是同一支日军？他立即向驻印军指挥部的史迪威发去求救电报。史迪威接到自己同胞的呼救讯息，立即命令孙立人的新38师前往增援。在仁安羌中曾营救了7000多英军的第113团在一年后，又一次担任了救火队的任务，只不过他们这次去营救的对象换成了美军。当第113团主力突然出现日军阵地侧后方时，日军立即阵脚大乱、溃不成军。美军部队在第113团的掩护下，撤退到安全地带。第113团顺利完成营救任务后，一刻也不停留，继续朝着瓦鲁班杀将而去。

3月7日，新38师截断了瓦鲁班到秦诺之间的公路。田中新一发现后路被断，便发了狂似的调集重兵，向截断公路的中国军队进行疯狂反扑。

3月8日中午，新38师第113团、战车第1营和重整旗鼓的"梅里尔掠夺者"向瓦鲁班发起攻击。当战车第1营从河堤缺口涉水渡河时，日军压根没想到坦克还能涉水过河。等他们集中火力想封锁河面时，中美盟军的大小火炮已经开始对日军阵地实施压制射击。这时，美军飞机也赶来凑热闹，一枚枚炸弹发出响亮的哨声，把日军阵地变成一片火海。由90辆轻型、中型坦克组成的战车营趁机登上对岸阵地，坦克手们越打越兴奋，好像一头头饥饿的猛狮闯入羊群一般，将瓦鲁班活活变成了一个捕猎场！他们一马当先，踩大油门，冲入日军阵地，用战车反复碾压"蹂躏"着战场，将日军的防御阵地冲得支离破碎。许多日军的尸体在战车车轮下变成肉泥。在日军的枪声渐渐消失的时候，坦克兵在日军第18师团指挥所里的桌子上发现了一个五寸高、三寸见方的小东西，这居然就是第18师团的司令部关印。中国官兵们看着这个新奇玩意，闹作一团，都想用这关印在白纸上压上印记，以纪念这一次具有特殊意义的胜利。

惊魂甫定的田中新一，眼见大势已去，匆匆下了一道撤退的命令，他命令死伤过半的第55、第56联队绕过正在激战的瓦鲁班和秦诺，沿丛林一直向南，掩护师团指挥部撤完后再撤退。随即，田中新一通过工兵

联队长深山忠男中佐开辟的一条隐秘通道，带着一群残兵败将狼狈逃出绝境。

3月9日，中美联军顺利进占瓦鲁班！

3月16日，在瓦鲁班大捷后的第8天，在缅北的丛林中，孙立人接受了一件光荣的纪念品，史迪威代表美国总统罗斯福，将"丰功勋章"授予缅战中屡获战功的孙立人。云霞辉映着盛开的野花，夕阳遍洒了带着硝烟的战地。佩戴着蓝底白星勋章的孙立人，显得更加威武刚毅。

获得勋章的孙立人知道现在谈胜利还为时过早，他紧跟退踞杰布本的第18师团后面，索要着田中新一的老命。本想继续抵抗的日军第18师团，早就失去了战斗意志，在胡康河谷已无心恋战。

此时，再次担任迂回任务的美军第5307团，本应对日军构成第二道阻绝包围圈，但因为是第一次与中国军队进行联合作战，盟军之间在战术协同方面出现了失误，被日军在反击中冲开一面，田中得以再次大难不死。

3月29日，杰布本山上，孙立人和廖耀湘一左一右地站在史迪威身旁。廖耀湘对史迪威说："我们第66团官兵在攻占杰布本山时，都说要用胜利当做您61岁的生日礼物送给您！虽然礼物晚了点，但官兵们的祝福却是真诚的。"

史迪威咧着嘴笑得十分开心，他对身边两员大将说："感谢你们还记得我这个老兵的生日。不管怎样，这个特别的生日礼物都让我感觉非常愉快。但是我可是个不容易满足的人。"

史迪威长长地舒了口气，低下头说："你们看，我们脚下就是分界线，这说明我们已经成功走出了胡康河谷。这一路走来，我的胃口也越来越好，我还想要一个更大的礼物。"

史迪威抬着头，用手指着前方说，"那就是孟拱河谷！"

1943年10月24日到1944年3月29日，历时五个月，在史迪威的带领下，中国军队一扫在中国战场上畏敌退缩之貌，屡挫日军，像疾风一般掠过"死亡之谷"，向南推进近200公里，占领面积3100平方英里。中国军队给一向骄横的日军第18师团以重创，先后击败日军第18师团第55、第56两个联队及师团直属部队，打死第55联队藤井小五郎大佐以下官兵4100余人，日军伤亡总数达12000多人。胡康河谷的胜利，为中印公路作战奠定了良好的基石。

当时，取得胜利的驻印军在日军指挥所中搜查出一本日记，上面有着这样一段话："皇军在东南亚战场上可以以一个师团对五个印度师或两个英国师，与美国师也可一对一，但两个日本师团还难以应付中国驻印远征军的一个师。"可见在日军眼里中国军队已具有非常强大的战斗力了。这本日记，当时由昆明陆军总部军务处处长冷欣送往重庆军委会军令部，如今仍完好地保存供国人参观。

浮动的孟拱河谷

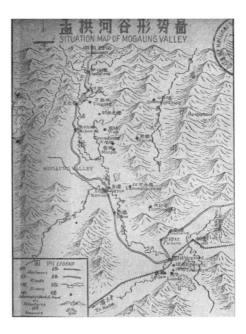

孟拱河谷形势图

胡康河谷一战下来，田中新一的第18师团死伤大半。日本缅甸方面军尝到了中国驻印军的苦头，他们重新集结重兵，部署在孟拱河谷一带，以期再战。

孟拱河谷是一个南北走向的狭长谷地，从北端的沙杜渣到南端孟拱约有115公里，一条南高江穿过谷地，流经孟拱后汇入伊洛瓦底江。平均宽度不足10公里的河谷两边竖立着300米以上的山壁，在河流与山崖之间是长着浓密的茅草与高大灌木的山地，其地形比胡康河谷更为险峻。孟拱河谷内有加迈和孟拱两大战略要点，它们分立于南高江两岸，就好像一只大龙虾的两只大钳子一般，一前一后形成互相策应之势。

日军在孟拱地区，利用两边高地构筑了密集的坚固工事，准备以逸待劳，等待雨季到来后，将中国驻印军困在南高江的泥沼水流之中，逐渐消耗。同时，日军还在河谷中构筑纵深防御阵地，并利用特殊地形如干沟和马蹄形池沼防御阵地，逐次抵抗，以阻碍中印公路继续向南延伸。日军第

18 师团第 55、第 56 联队得到了密支那方面的兵员补充，人数恢复到 2 万人。为提高作战效率，1944 年 4 月 8 日，日军在缅甸新组建第 33 军司令部，任命本多政材中将为司令长官，统一指挥第 18、第 53、第 56 师团。

本多政材刚上任就接到东条英机的训示："在缅甸，必须将切断印度东北部经缅甸到中国的中印公路作为第一要务。"本多政材丝毫不敢怠慢，立即从密支那调来了第 114 联队和第 146 联队增援孟拱地区。他令第 114 联队第 3 大队驻扎在南高江西岸，沿公路作纵深配置。第 55 联队、第 146 联队、第 114 联队各一部集结在江东地区，沿拉克老河、马诺塘等地区布防，以防驻印军的侧翼攻击。第 56 联队防守英开塘、沙逊山附近。另外还增调了第 2 师团第 4 联队、第 53 师团第 128 联队主力和第 151 联队一部，炮兵 1 个联队和战车 1 个联队。

第 18 师团惧怕中国驻印军强大的攻击力，尝够了被中国军队迂回包抄的滋味，因此田中新一在中国驻印军进攻孟拱河谷之前，就秘密抢修了多条临时通道，以防被中国驻印军截断后路时，能有其他的补给渠道，最重要的是紧急时刻能够有退路可跑。

盟军方面，史迪威也已料到以日军好斗顽劣的性格，必定不会善罢甘休。几天来，史迪威一直在猜测着中印公路通过孟拱河谷时，将要经历何种磨难和考验。

一夜，史迪威抬头看见缅北的夜空中一颗流星闪过。难道上帝对我有什么特别的提示？史迪威嘴里叼着烟斗猛吸了一口烟，呆呆地盯着火星一明一灭地燃烧着烟丝，他在烟雾中感觉到了一股潮湿的味道。忽然之间，史迪威像是一个获得了创作灵感的艺术家：时间已经在不知不觉中进入了 4 月，按以往的惯例，缅北的雨季将要到来，在雨中作战无疑是不利于进攻方的。史迪威脑中冒出了一个极其大胆的设想：何不来次刺激的战争大冒险呢？如果能一举拿下加迈、孟拱和密支那，如此巨大的胜利一定会让全世界都大吃一惊。史迪威脸上泛起了一种孩童般满足的笑容，似乎胜利就悬在他眼前闪闪发光，他觉得伸手就可触及。这种感觉不断地刺激着史迪威本就亢奋的神经。

史迪威立即召集手下的虎将们来到指挥所，经过一段时间的磨合，他对于手下将领们的指挥特点已了如指掌。史迪威大声宣读了自己的作战方案。

"我认为与其依次从北向南推进，不如干脆对日本人来个釜底抽薪。"

史迪威决定一次性打出手中所有的王牌，各部队以杰布本为总基地，兵分三路，同时捣向日军的三大"巢穴"。

"具体作战方案如下：1. 以新22师向加迈方向展开攻击；2. 以新38师越过加迈直接向孟拱进击；3. '梅里尔掠夺者'和刚刚赶到前线的新30师第88团、第50师第150团组成中美联合突击队，绕道从北侧的崇山峻岭中迂回，猛插敌后的战略要点密支那，最终的目标是将日军在加迈、孟拱、密支那三大战略要点分割包围，给予日本缅甸方面军以致使一击，彻底击溃日军的抵抗意志。"

史迪威激昂的情绪感染着整个指挥所，每一个将领都充满了必胜的信心。大家起身领命，各自准备奔赴新的未知的战场！

4月4日，按作战计划，廖耀湘带领新22师由南高江西岸沿公路南下，向加迈进击；孙立人带领新38师一部，沿南高江以东山地，越过加迈，插向日军的侧翼，直取孟拱，同时策应新22师的作战行动。

4月6日，雨季像不祥的预兆般提前赶至缅北。孟拱河谷是世界上最多雨的地方之一，在这里行军打仗最担心的就是没完没了的雨水。每到5月下旬雨季到来后，这里就会爆发山洪，谷地里一片汪洋，树木和道路瞬间就会被急流吞没。当地歌谣这样形容它的险恶："无顶之山，永不能至。"

廖耀湘是典型的湖南人个性，骨子里有股"霸蛮"的精神。他就像在跟老天爷斗气一样，于4月7日迎着大雨揭开了孟拱河谷战斗的序幕。

新22师的勇士们不负主帅重托，一路上见山翻山，遇水过河，与日军展开激战。

5月3日，英开塘出现了难得的晴天。廖耀湘立即抓住难得的机遇，请求史迪威派出空军配合新22师，向英开塘日军发动陆空联合总攻。下午1时，经美军36架战机几番对日军阵地俯冲轰炸后，地面战车第1营随即出动57辆轻中型战车超越步兵群向前攻击。新22师所配的各种火炮随着战车快速向前推进，不断向前方拉长射程。只见炮兵开始猛烈射

击，各种炮弹像雨点般撒向空中，转眼间日军的阵地就变成了熔炉，尘土和弹片四处溅开来，日军阵地几乎全部被摧毁。新22师的步兵趁机突入敌阵，与敌人展开肉搏。缅北天空的太阳看着地上的人们打得如此热闹，也跟着激动起来。太阳发射出灼热的阳光，将头盔烤得滚滚发烫，一阵热风袭面而来，夹杂着各种腐臭的味道滞留在鼻腔里，让人发呕。

阳光褪去了光华，星夜代替了黄昏。入夜以后，日军因伤亡惨重，想利用夜幕掩护向南逃窜，但被新22师的预备队及时发觉，随即集中火力猛烈射击，将其歼灭大部，仅有少数敌人逃往马拉关。

大家想起一年前的这个时候，还灰头土脸在野人山的原始森林里与各种猛兽虫蚁做着殊死搏斗。一转眼，一年过后，竟然可以在同样的地方撵得日本人来回乱窜。一股命运无常的感慨让大家欷歔不已。久经沙场的新22师官兵们，如今已经习惯了死亡，习惯了血淋淋的场面，习惯了被鲜血浸湿的公路穿行于郁郁葱葱的丛林之中。

接下来的雨越下越大，气势如虹的新22师不得不放慢了进攻的步伐。中日两军在马拉关据点进入了相持状态。

相对于一路与日军边走边打的新22师而言，担任迂回任务的新38师官兵们，则与淤泥斗争了一个多月。原本南高江东岸，地势较低，随处都是沼泽和湿地。在雨水的浸泡下，湿地上的空气中充斥着各种令人眩晕的味道：污浊的泥水不时夹杂着各种腐烂的动物尸体，陷入淤泥中的汽车冒出的白烟，挥洒着呛人的汽油味，就连阳光都透出一股令人窒息的血腥味道。包括孙立人所乘坐的车辆在内，几辆指挥车都陷在淤泥中不能动弹。车旁的士兵早已一身湿透，他们眼中流露出无奈的神情。所有新38师官兵，从鞋子到头盔、从枪械到水壶，没有一处不是斑斑的污泥。用以运送重兵器的骡马，在泥浆中做着无谓的挣扎，不停地发出绝望的嘶叫声，不多久，它们全部都累死在了泥浆里。

眼下，新38师想要通过公路进行后勤补给成为一种奢望。幸运的是，中美盟军已取得了缅北的制空权，可以采取空投的方式对作战部队进行补给。但通过空投下来的物品，往往只能投到部队身后，部队又要回过身在泥泞道路上通过艰难的跋涉后才能取得补给，以保证战斗力的维系。就是在雨季，也丝毫没有影响到高温的肆虐。洪水和炎热在河谷中发了狂般折磨着在泥浆里缓慢前行的中国将士们。这时不幸的消息传到了孙立人的耳中：新38师先后已有三名官兵因陷入泥潭中窒息而死。

其实，在雨季里最苦的还要数修筑中印公路的工兵们。他们往往眼睁睁地看着辛苦搭成的桥梁一座座地被洪水冲垮。就连宿营地也要不停地迁移。一场雨下来，许多小山就变成了小岛。刚修好的公路，经过雨水的浸泡和洪水带来的泥土的冲刷，会被厚厚的淤泥所遮盖，让部队感到寸步难行。到了最后，整个交通系统都和这越积越多的泥浆一般，陷于一种疲沓稀软的瘫痪状态。

雨水开始时还只在河床里浸淌着，后来，竟然发展到要溢出两岸的高山，到了泛滥的地步。这时的孟拱河谷，让人真正体会到了"一雁下投天尽处，万山浮动雨来初"的感觉。从空中看下，孟拱河谷里满满都是缓缓流动的污浊泥水。

5月1日，史迪威在给夫人的信中这样形容孟拱河谷的情景：

> 本月，天门即将打开，洪水将从天而降，田野将变成湖泊，道路将消失踪迹，一切将变得极为困难。我希望日本人也同我们一样厌烦于此。如果这些小畜生坚持在雨季打仗，我真不知道我将如何是好……从现在起到秋天我们就成了海军。我和你说过这件事吗？有一次我乘平底船过河，划船的有色人种士兵打量了我一番，然后哀怜地摇了摇头。他说："怎么会让一个老头来这个国家工作！"我偶尔也听到过中国士兵类似说法。他们以为我大约有90岁了，并对他们自己的高级官员进行了评论。

面对如此艰难的情形，一个有趣的小插曲令前线部队啼笑皆非。一队英国人竟然不顾艰辛地来到修筑中印公路的现场找到皮克，要求皮克为修路时所砍伐的树木付钱。当皮克听到英国人的无理要求时，竟然哈哈大笑。皮克认为眼前的这几个英国人简直是世界上最具有幽默感的人。这消息传到史迪威那里，史迪威可没皮克那么好的耐性，他禁不住破口大骂：去他妈的英国佬，是不是想钱想疯了！他们到底想干什么？叫前线部队不要理这群自私自利的人！

　　一心想着杀敌的孙立人只能在泥水中缓慢地前行，等待着机会的到来。5月20日，孙立人得到准确的情报，正面日军因伤亡太大，不得不将全部兵力派至一线，因而加迈后防十分空虚。孙立人认为这是个千载难逢的机会。

　　孙立人找到史迪威要求改变早先制订的作战计划：按原计划的作战部署，加迈位于南高江的西岸，这应属于廖耀湘将军新22师的作战地域。因为新22师正与日军在马拉关一线处于相持中，如待廖师南下攻击加迈，恐会错失良机。况且，缅北的雨季已经来临，我们应该趁敌人增援部队还没有到达孟拱河谷之前，加紧夺取加迈，南下策应梅里尔的部队攻占密支那，尽快结束缅北战役。

　　史迪威经过一番考量后，同意了孙立人的作战计划。

　　孙立人立即挥师南下，派一部分兵力从正面牵制加迈日军，主力则秘密向东迂回到加迈以南，偷渡南高江，切断日军的后路，再向北返过头来与新22师一齐夹攻加迈。

　　目标已明确，执行是关键。孙立人当即下令第112团携带4天的干粮和1个基数的弹药，穿过无人走过的丛林，执行迂回包抄任务。

　　陈鸣人领命后，二话没说，从21日下午就冒着大雨开始了急行军。他们利用雨幕和地形的掩护，穿过日军的层层封锁线，有一次第112团的官兵从日军阵地前不到百米的距离通过，竟然都没被日军发现。26日，这支中国劲旅在口粮消耗完之前来到了加迈以南的南高江东岸。

　　雨似乎越下越有劲，将小池变成大湖，把小溪变成河流，把河流又化为滚滚浊流。此时的南高江，只见大浪滔滔，滚滚的江水像一群狂奔而来的马群，发出震天的轰鸣，响彻山谷。

　　养兵千日，用兵一时。面对横亘在眼前的江水，第112团士兵在雷多曾反复训练过的渡河技巧派上了用场。当时从团部到排里的士兵几乎没有不被河水呛过的。在雷多训练时，上级要求无论如何训练要讲究实战性。此时，一种只有在南高江中才能看到的渡河画面出现了。只见士兵们用胶布将钢盔、水壶和吹满空气的干粮袋等粘到一起，用以增加浮力，再配以各种非常规的游泳姿势通过急流。只听见河中"叮、咣、叮、当"的金属碰撞声、各种带有方言的吐水声与巨浪拍打江岸的声音紧紧融合到一起，形成了一幅威武的武装泅渡图。

高效的渡河行动大大增加了奇袭的效果。当一身湿漉漉的战士突然出现在1000余人的日军辎重和炮兵阵地时，日军还以为是从天而降的神兵。日军慌成一片，不战而逃。一天之内，日军被第112团打死了900多人，所缴获的粮草、装备更是不计其数。陈鸣人也因此获得了"拦路虎"的名号。

第112团截断公路，使加迈地区的日军断了后援，很快日军就陷入了弹尽粮绝的境地，从马拉关到加迈一带30多公里的坚固阵地摇摇欲坠。逐渐，负责加迈地区防御的日军因失去粮草的供应，不得不靠挖野菜和吃芭蕉根来抵挡饥饿。后来，被饿晕的日军变得手无缚鸡之力，完全失去了战斗力，只能束手就擒。

加迈的胜利，为保证中印公路的顺利修筑，粉碎日军企图阻止中国驻印军在孟拱河谷过雨季的计划，奠定了基础。

驻守孟拱的日军第53师团第128联队主力、第151联队的一部、第18师团第114联队一部，眼睁睁地看着自己的部队被中国驻印军一个一个吃掉，而他们却无能为力。面对势如猛虎的中国军队，日军只能寄希望于孟拱河能阻止中国驻印军南下孟拱。

齐膝的烂泥，让从加迈侥幸脱逃的日军狼狈不堪。大雨在阻止中国军队进攻的同时，也让日军部队举步维艰。雨水还使得蚂蟥吸起血来更加如鱼得水，疟蚊在潮湿的环境里也比以往显得更加活跃。失败和抱怨的情绪已经在日军内部不断蔓延开来，缅北森林中的瘴气伴随着雨水搅动得孟拱城一刻不得安宁。

本多政材用拳头猛砸着作战室内的红木会议桌，对着周围一片茫然的参谋人员气愤地怒吼："难道就没有人能阻止支那军队的进攻？！"

看着中国军队在自己的地盘上一路高奏凯歌，英国人开始坐不住了，他们想出了一种"惊艳"的方式，来证明自己在缅北战场的特殊存在。

在中国军队顺利拿下加迈后，由英国传奇将军温盖特一手打造的特种部队——第3印度师第77旅利用暗幕的掩护，采取以运输机拖着滑翔机的方式，从印度东部一跃进入孟拱的东南角。第77旅旅长卡尔弗特原以为日军士气低落，想乘虚而入，以突袭的方式夺取孟拱。哪知正集中

温盖特视察第 77 旅

力量防守的日军，看到突然而至的敌人后，不但没有惊慌失措，反而突然将自己往日失败的怨气全撒在了英国佬身上。日军将英军第77旅团团围住，企图予以全歼。

受到日军攻击的英军，一时间伤亡惨重。处境不断恶化的卡尔弗特一面向指挥部和史迪威紧急求救，一面派出少校参谋泰克到新38师向孙立人请求支援。

英军受困的消息传到总指挥部，史迪威慢悠悠地从行军床上下来。他摇了摇摆在地上的鞋子，将鞋子举到空中倒了一倒。不出所料，一条小蛇从半空中的鞋子里叭地一下掉落地面，扭曲着身子，迅速消失在树丛中。

史迪威看着逃跑的小蛇，幸灾乐祸地说："你看看！便宜没占到，自己倒摔了一大跤！"

虽然英国人总是那么令人讨厌，但毕竟是盟友，总不能见死不救吧！

东方刚透出一丝光亮，暴雨就迫不及待地倾泻下来。孙立人在拿下孟关后，已经恢复了剃须的习惯。他对着镜子看了看剃去胡须后泛着青光的下巴。接着，他又在镜子中看到了一张疲惫苍老的面孔。孙立人仔细一想，连日的征战让自己时刻处于紧张兴奋的状态之中。他决定再回到行军床上小睡一下，以补充自己的体力，为接下来的战斗储备必需的精力。

孙立人刚睡下，他的秘书就急匆匆地闯入师部把他叫醒。

孙立人有些恼怒地问："怎么回事？"

秘书低下头，对他报告说："英印军参谋泰克紧急求见，他说他们的第 77 旅在孟拱东南被日军包围！"

孙立人一个侧身，从床上跃下，差点没站稳："叫他进来，听听什么情况！"

当泰克来到新 38 师师部时，他放下了英国人一贯的傲慢，可怜巴巴地向孙立人表示，如果中国军队不对其进行支援的话，英军最多只能再坚持 24 小时。

史迪威和孙立人虽然对英国人一向不持好感，但为了避免落下见死不救的恶名而影响到中印公路之战的大局，他们还是决定派出李鸿的第114 团火速前往孟拱救援。

李鸿接到命令后，率团冒雨沿孟拱山迂回急行，全速在孟拱以东渡河，支援英军并充当进攻孟拱的急先锋。

第 114 团在风雨中轻装挺进，于 6 月 18 日一早抵达孟拱日军侧背。20 日晨，当日军正在不断压迫英军后退时，李鸿的第 114 团突然向日军的侧背方向展开攻击，这下英军总算是舒了口气。

第 114 团在解救英军后，于 22 日在瓢泼大雨中发起了对孟拱的攻击。官兵在齐腰深的泥水中争相发起冲锋。23 日，第 114 团先后夺取孟拱外围汤包、来生、来鲁，切断通往孟拱的公路和铁路，从东南北三面包围了孟拱。孟拱日军第 18 师团、第 53 师团、第 2 师团各部都是中国军队的手下败将，他们根本无心恋战，虽然勉强利用孟拱防御工事进行了两日巷战，奈何中国将士勇猛无比，至 25 日，日军终因伤亡过大，又无援军，放弃

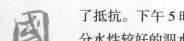

了抵抗。下午 5 时左右，日军走投无路，纷纷跳入孟拱河逃命，除少部分水性较好的泅水脱逃之外，大多被我军预伏的狙击手击毙于河水中。

值得一提的是，这一次"逃跑专家"田中新一再次利用事先准备好的地道顺利逃走。田中新一这次的逃跑水平又上了一个台阶，他没有选择逃往中美联军将要打击的下一个目标——密支那，而是一口气顺着伊洛瓦底江边的丛林，一直跑到了缅南的八莫。

6 月 27 日，缅北重镇孟拱被中国驻印军全部攻占。

胜利后，在孟拱城中，每个中国军人脸上都洋溢着胜利后的喜悦。第 114 团官兵由于长期在泥泞中行军，被泥浆和污水浸泡的鞋袜已和皮肤粘成了一体。当战士们脱下鞋袜休整时，腿上和脚上的皮肤因附在了袜子上，被齐整整地撕了下来。但这些苦难，丝毫没有影响中国军人品尝胜利所带来的香甜滋味。两个中国战士闲暇之余，还忍不住拿孟拱的日军开起了玩笑。

一个说："小日本的第 18 师团还好意思称为'丛林之王'。我们只不过打了半年，才打到孟拱河谷，他们就全军覆没。这也太不经打了！"

另一个也说："是啊！日本的第 53 师团和第 2 师团也是像豆腐渣般一捏就碎，不堪一击。"

中国驻印军在缅北战场大发神威，仅仅经过 10 天，先后拿下加迈、夺占孟拱。加上打通加迈至孟拱、密支那的公路和铁路在内，也只用了不到 20 天。后来，中国驻印军在追剿残敌时，在孟拱河谷西南的一个死谷里，竟然意外发现还有武装齐全的 2000 名以上的日军集体饿死在这里，他们全部做了孟拱河谷的殉葬品。

新 38 师拿下孟拱后，史迪威立即向孙立人发来贺电："孙兼师长：贵师攻占孟拱，战绩辉煌，达于顶点，特此电贺。"

英印军第 3 师师长兰敦为感谢新 38 师第 114 团援救第 77 旅，也在 6 月 27 日发电祝贺："孟拱之捷，谨致贺忱，并谢协助敝师 77 旅之美意，此致孙兼师长及阁下之英勇部队。"

孟拱河谷一役，中国驻印军打通了加迈至孟拱公路 48 公里及孟拱至密支那铁路 64 公里。击毙日军第 53 师团炮兵联队长高见量太郎大佐及第 53 师团第 128 联队第 1 大队长等以下官兵 3400 人，虏获坦克 5 辆，

150 重炮 3 门，94 式榴弹炮 5 门，70 大炮 7 门，75 山炮 3 门，轻重迫击炮 12 门，机关枪 13 挺……中国驻印军伤 337 名，战死 119 名。

在加迈的廖耀湘得知兄弟部队顺利攻下孟拱后，心情大悦，提笔书写自加迈之战至孟拱之役的胜利总结，以密电的形式给蒋介石发去。

> 特急。重庆委员长蒋介石、总长何：阪密。
>
> 加迈会战自 6 月 1 日突破马拉关敌坚固陆地，9 号包围敌 18 师团于湖沼地带，歼其主力。16 号晚进克加迈。赖友军协力，再将敌残部包围于卡马南以南山地及孟拱河间，其虽作困兽之斗，终因我官兵士气旺盛、用命所致，于 29 号完成扫荡，田中新一率领残卒约 1500 余，钻隙辟路，攀援雪邦山崖壁，向南逃窜……查此次敌重武器及军用车辆遗失之大，人员死伤疾病、转于沟壑者之众，狼狈溃散惨状，有甚于两年前国军野人山之转进。追昔睹今，因此痛雪前耻，官兵大奋……谨电奉闻。职新 22 师师长廖耀湘叩。

攻占孟拱河谷后，皮克一刻不停地把中印公路延伸了过来。如此一来，加迈至孟拱之间约 50 公里的公路和孟拱至密支那之间 65 公里的铁路都连接了起来，中印公路缅北段已能确保畅通无阻，日军阻止修筑中印公路的企图像他们脆弱的部队一样，被打得粉碎。中英美盟军，更因孟拱的占领和孟密铁路的通车而获得了战场主动权，再也不用在高山密林之中重新开辟新的道路和依赖空中运输线来补给作战部队了。

"飞虎将军"差一点毁了中印公路

在第一次世界大战后，陈纳德因痴迷于推广空中格斗的战法，不停地在美国军事理论界鼓吹战斗机在战争中的作用。他这种不合时宜的做法，不仅没能说服上级接受他的观点，还让美军高层领导对他不愿服从上级的表现欲和不安分的野心产生了深深的厌恶之情。在第二次世界大战中，由于认识的局限性，美国空军还不是独立军种，只是作为一个兵

"飞虎队"的创始人克莱尔·李·陈纳德

种配属于陆军。1936 年，46 岁"高龄"的陈纳德被人找了个"耳聋"的借口，以临时少校军衔退出美军现役。

一年后，看起来已毫无希望的陈纳德，却在地球的另一端迎来了人生的重大转折。1937 年，陈纳德受中国航空委员会秘书长宋美龄之邀，来到中国。陈纳德一到中国就官升两级，被国民政府聘为空军上校，担负起训练中国飞行员和指挥中国空军作战的任务。

此时的陈纳德逐渐认识到，在美国毫无用武之地的空中格斗理论，在中国这片燃烧着诱人战火的地区，却能得到最大程度的发挥。他希望借助这个机会，在异乡的天空向全世界证明，空中格斗才是战争中最刺激、最令敌人恐惧的打击手段。

来到中国后，他先后参与指挥了淞沪会战、南京保卫战、武汉会战等重大会战中的对日空战，并取得了不错的战绩。

1941 年，在日本偷袭珍珠港之前，罗斯福秘密签署了一项命令：允许美军"退役人员"前往中国参加战斗。这是自七七事变以来，美国第一次允许本国的军事人员援助中国。罗斯福的一纸命令给陈纳德组建自己的武装力量开辟了道路。

陈纳德手握"圣旨"，开始秘密招募美国战斗机飞行员。陈纳德就像一个美国牛仔，以赏金猎人的做法来吸引志愿者。他与志愿者签订一年期限的合同。飞行员每月 600 美元，外加每月 30 美元的津贴、差旅费和每年 30 天带薪假期。同时，为了激励下属，他还规定，每击毁一架日本飞机再追加奖励 500 美元，这在当时相当于一个普通美国人一年的收入，绝对是一笔不菲的佣金。

对一帮美国牛仔而言，中国就像一个未开发的富矿般，充满了吸引力，他只需稍加开发，就可以获得财富和荣誉。短短 3 个多月后，美国志愿航空队就在缅甸境内宣告成立。

经过 4 个月的短暂训练后，1941 年 12 月 20 日，美国空军志愿队迎来了首个对手——自越南机场起飞的 10 架日本轰炸机。陈纳德指挥 10 架 P-40 战斗机升空作战，以击落 9 架日机而己方无一伤亡的战果大获全胜。接下来这帮美国牛仔更是一发不可收拾，他们把蓝天当作草原，在天空任意驰骋、捕杀猎物。很快，他们就在对日空战中占得上风，并迅速取得了一系列辉煌的战绩，赢得了"飞虎队"的美称。陈纳德在中国的冒险大获成功。

1942 年中国战区成立后，陈纳德的飞虎队因作战勇敢被纳入美军正式建制，编为第 10 航空队第 23 战斗机大队，陈纳德也被美军授予准将军衔。短短 4 年间，陈纳德由一个灰头土脸的退役少校，跃升为一名准将。陈纳德的成功事迹顿时成为一个传奇，立即为世界新闻媒体广为传播。陈纳德也在一夜之间成为美国家喻户晓的英雄人物，还收获了"飞虎将军"的美称。

此时，志得意满的陈纳德野心也不断膨胀。他开始向蒋介石推销一项"宏伟"的空中作战计划。陈纳德对蒋介石说，如果美国能提供 500 架作战飞机和 100 架运输机，并授予他对中国战区的空军指挥全权，他就能在半年到一年的时间里，打败日本空军，并帮助中国取得抗日战争的胜利。

陈纳德的话就像一块磁铁般对蒋介石产生了巨大的吸引力。蒋介石天真地以为：既然能通过空中力量击败日军，何必要牺牲大量陆军去与日本人周旋？

1942 年 5 月，滇缅公路被切断后，作为中国战区参谋长的史迪威一心只想着打通中印公路，而作为史迪威下属的陈纳德则想着不断增加空援，好让他利用战机优势，击溃日本人。两个美国人都想用自己最擅长的方式来打败日本人，他们之间的矛盾也开始逐渐显现。但就个人在战争中的表现来说，史迪威当时处于不利地位。因为陈纳德一到中国战场就使空中力量大放异彩，而史迪威则在滇缅公路上被日本人打得狼狈不堪。

1942 年 10 月，美国总统代表威尔基应中国政府之邀来到重庆。10

月 3 日晚，蒋介石在军委会礼堂设宴欢迎威尔基。史迪威和陈纳德也被邀请参加了晚宴。

晚宴中，蒋介石向威尔基谈起中国抗战所遇到的困难。

蒋介石说："中国 1 个师的火力比不上日本人 1 个团，中国的 3 个师比不了日本人 1 个师团。如果让中国军队正面与日军消耗，中国恐难以一己之力支撑太长时间。"

正在此时，陈纳德来到两人旁边。

蒋介石对威尔基说："这就是来自贵国的'空战英雄'陈纳德将军。"

陈纳德礼貌地点了点头，紧紧地握住了威尔基的手。

威尔基着实被陈纳德吓了一跳，他仔细地看着陈纳德的面部——粗糙棕黑色的皮肤就像凝固后的岩浆一般裂开着，一双闪烁着斗志光芒的黑眼睛，挺立的鹰钩鼻两边是沟壑一样的八字纹，整个脸就像刀刻斧劈般粗犷分明，像极了欧洲中世纪的"花岗岩雕像"。

威尔基看了一阵，开始意识到自己的举止可能会冒犯陈纳德，他微笑着说："将军在中国的英勇事迹我早就听说过了。"

陈纳德没有忘记恭维一下蒋介石，他说："正是在大元帅充满了智慧的指挥下，我们才得以将日军主力牢牢牵制在中国战场。"

蒋介石客气了一下，接着对威尔基说："陈纳德将军有一个伟大的设想，可以使盟军通过较小的代价，换取对日本更有效的打击。"

蒋介石侧过头，看了一眼陈纳德。

陈纳德立即心领神会，开始施展自己的口才向威尔基和盘托出了自己的计划。

威尔基仔细地听完陈纳德所说的空战方案，随后他说："陈纳德将军！我对你的计划十分感兴趣，你可以把自己的设想写下来，以便我能直接呈交给罗斯福总统。"

陈纳德立即感到浑身充满了激情，宴会后他连夜给罗斯福写了封长信。他在信中写道："只要能给我 105 架新式战斗机，30 架中型轰炸机，在最后阶段再给 12 架重型轰炸机，并一直保持这个水平，我就能在半年或者至多一年的时间内，有把握地摧毁日本空军并打败日本。"

陈纳德内心深处渴望着能掌握中国战区空中力量的全部指挥权。他掩藏多年的野心，在写给罗斯福的信中表露无疑。陈纳德想取代史迪威，成为拥有美国驻华全部军事权力的指挥官。

最后，陈纳德在信中继续写道："我得到了蒋委员长和中国高层领导人的信任，蒋委员长也希望我这样做。我保证，只要能取得美国在华的军事指挥权，我不仅能打垮日本，而且能使中国人成为美国持久的朋友。我深信，我能培植这种友谊，使中国世世代代成为美国巨大的、友好的贸易市场。"

陈纳德的信写得极具有煽动性，也十分符合罗斯福的口味。罗斯福从媒体上看到了不少关于陈纳德所创造的各种神奇战绩的报道，因此，他很愿意接受陈纳德的建议。罗斯福心想，说不定陈纳德的空中打击方案还真能收到奇效。

罗斯福令人将陈纳德的来信转到了陆军部，以咨询手下众将军的意见。

史汀生和马歇尔看完陈纳德的来信后气得几乎跳了起来。

马歇尔惊讶地喊道："陈纳德的空战计划完全是一派胡言、异想天开，除了概念性的战略以外，对战争而言没有丝毫的意义。"

史汀生也感到陈纳德的信简直是对陆军的一种侮辱，他对马歇尔说："立即以陆军部的名义报告总统。我们必须支持史迪威的决定，强调中印公路修建计划的必要性。要用单一空中的作战方式取得世界大战的胜利，这简直就是白日做梦！"

同时，马歇尔和史汀生还找到了正准备回国述职的宋子文，向宋子文强调了打通中印公路的重要性。他们要求宋子文向蒋介石转告一句美国的俗语："我们现在需要的是胡椒，而不是蜜糖。"

蒋介石知道美国高层的分歧后，开始在史迪威与陈纳德之间寻求一种最有利于自己的政治平衡方案。

蒋介石一方面同意谨慎地支持史迪威继续修筑中印公路，表示愿意派印度和云南两个方面的中国军队参加反攻缅甸的作战，而且同意由史迪威全权指挥中国驻印军；另一方面向美国高层不断施加压力，强调陈纳德的空中作战计划对中国战区的重要性。

1943 年 1 月，英国首相丘吉尔、美国总统罗斯福以及盟国参谋长联席会议的各国参谋长，聚集在摩洛哥的卡萨布兰卡，他们需要解决战争中盟国之间的战争目标和战略选择问题。虽然罗斯福在卡萨布兰卡会议上批准了打通中印公路的"安纳吉姆"计划，但他内心还是更偏向于陈纳德的空中作战计划。

会议期间，罗斯福将美军的高级将领召集起来，说："打通中印公路虽然很重要，但这不会对中国人产生直接影响，而对日军的空中打击则可以提高蒋介石抗战的信心。此外，美军在太平洋上每个月才能攻占一个岛屿，这种作战方式，不仅令人疲惫，而且代价高昂，照此下去，我们估计要五十年左右才能打到日本。我们必须要有其他打击日本人的方法。"

罗斯福对阿诺德将军说："你是美国陆军航空队司令，你对增强陈纳德的空军力量，从中国起飞攻击日本的海上运输线和日本本土的作战方案有什么想法？"

阿诺德向来就反感陈纳德，他了解自己下属的弱点。

阿诺德说："总统阁下，陈纳德的航空部队确实取得了一些战果，但他们放荡不羁、一意孤行的牛仔作风，也是出了名的。去年，陈纳德的手下，就利用军用飞机从桂林和印度向昆明偷运少女充当军妓。当事情被媒体披露后，陈纳德还强词夺理地说：'美国大兵们总得要有女人，我得给他们弄一些干净的。'最后还是在史迪威的强行干预下，陈纳德才关闭了那所妓院。今年，又是陈纳德的人从印度走私黄金，闹得国际媒体一片哗然。陈纳德的这两起丑闻，极大地损害了我们美国军人的名誉。"

马歇尔也站出来说："陈纳德的报告不切实际地鼓吹空战速胜论，完全否定修筑中印公路的必要性。我认为，陈纳德的计划有一个缺点，即日军在遭到盟国大量空军轰炸后，必定会用地面部队追踪并摧毁盟军的空军基地。而以现有中国军队的作战能力，将很难阻止敌人夺走我们手中的基地。至少目前，实施这一计划时机不成熟。除非有缅甸的地面攻势相配合，否则不仅会导致日军摧毁中国的机场，还会将日军引向印度的阿萨姆基地。我们认为打通中印公路，还可以更有效地配合欧亚非各地的作战。如果收复缅甸的方案不马上实施，美国有朝一日将会被迫退出欧洲。因此，重新打通陆上国际通道，对维持中国持久抗战具有非常重要的意义"。

罗斯福对于马歇尔的长篇大论显得有点不耐烦，他放下手中的雪茄，说："有消息说，史迪威不但给蒋介石起绰号，称他为花生米，而且他还说蒋介石是个没有教养的精神失常的人。无论如何，蒋介石毕竟是一个国家的领袖，中国战区的司令，史迪威必须要与他相互融洽才行。"

此时，史汀生也明确表示支持史迪威。他说："我很钦佩史迪威，也愿意就总统对史迪威的怀疑和不满作出解释。虽然史迪威性格强硬，但我非常了解史迪威的为人。正因为如此，我才会将这场战争中最艰巨的任务交给他。我始终相信，史迪威是我所了解的唯一能够顺利完成这项任务的人。"

罗斯福见手下将领竟然没人支持自己，他的倔强劲也一下涌了上来。他继续说道："眼下，华中日军正在向两湖地区长江沿岸发动攻势，引起国民党政府的惊慌。蒋介石的处境十分危急，他的整个政府随时都会有垮台的可能。从政治上讲，我们必须支持蒋介石，尽快提高中国军人对抗日本人的士气。"

史汀生听出了罗斯福的难处，他表示："总统在政治上必须支持蒋介石，我们充分理解。陈纳德的空军轰炸方案，对于振奋中国军人士气，确实会起到很大的鼓舞作用。至于史迪威的打通中印公路的计划，按总统的意思，我认为也可适当缩小，只占领到曼德勒为止，而且这也对陈纳德的空战计划影响不大。"

罗斯福见手下的将领开始妥协，也不便再坚持一种选择。毕竟，陈纳德和史迪威都是美国利益的代言人，手心手背都是肉。不过，罗斯福最后还是强调，史迪威力主的打通中印公路的计划，必须为陈纳德的空军作战计划让路。

1943年5月，由于罗斯福已明确表态支持陈纳德空战计划，美军为了保证陈纳德航空队的作战活动，将大量铺筑中印公路的机械和人力抽调到阿萨姆修建机场，以便扩大驼峰空运量，从而保证陈纳德的第14航空队有足够的弹药和油料去执行其神奇的"空中作战"计划。

从5月到8月，中印公路的筑路工程只向前推进了不到15公里。随着驼峰空运量的不断增加,中印公路的工程进度也变得越来越缓慢。

　　史迪威陷入了前所未有的困境。史迪威在修筑中印公路的过程中,除了每天要面对地理环境上的障碍和日本人的破坏行动之外,还要不停地应付蒙巴顿、蒋介石和陈纳德对他的反对。罗斯福把史迪威派到中国战区,没有给他足够多的美国陆军,也不给充足的物资。但是,史迪威始终坚信打通中印公路,对于中国的持久抗战必不可少。史迪威在日记中以特有的方式记下了自己的苦闷心情,他这样写道:"我整天在美男子(蒙巴顿)和奇男子(蒋介石)之间飘摇,我真不知道谁更坏些。"

　　到 1943 年年底,陈纳德的航空队并没有像他当初保证的那样击败日本人,而且蒋介石又总在对日作战上表现得犹豫不决。这时,罗斯福开始逐步改变对蒋介石和陈纳德鼓吹的"空战制胜论"的看法,开始转向支持史迪威打通中印公路反攻缅甸的方案。

　　12 月 20 日,罗斯福致电蒋介石,催促蒋介石尽快派出远征军参加缅北作战。罗斯福还含蓄地指出:要摆脱中国在战争中的困境,美国所能作出的最大努力就是帮助中国尽快打通地面交通线。很明显,这时罗斯福已经把地面作战和铺筑中印公路放在了优先地位。

　　1944 年,中国战场形势发生了急剧的动荡和变化。4 月,日军发动了一次新的大规模攻势——"一号作战",其目的是要打通平汉、粤汉铁路,想把中国大陆与印度和东南亚一带的日军连成一片,同时还可摧毁中国内地的主要空军基地。

　　从 4 月中旬开始,日军出动约 15 万人首先对河南发起了进攻。在日军的攻势面前,国民党的 43 个师约 40 万守军显得毫无抵抗意志,一触即溃。仅 1 个多月,日军便占领了郑州、许昌、洛阳等城市,打通了平汉路南段。5 月下旬,日军又从武汉出发向湖南发动进攻,至 6 月中旬即占领长沙,并包围了衡阳,当地的美军空军基地受到严重威胁。

　　日军"一号作战"的凶猛攻势和国民党军队的接连溃败,使同盟国感到十分震惊。这一趋势如果继续发展下去,不仅会使以中国大陆为跳板攻击日本本土的计划成为泡影,而且就算是同盟国占领了日本,中国大陆的日军仍将是一支强大的抵抗力量。残酷的现实说明,单凭陈纳德的空中格斗,不仅没有办法打败日本人,甚至都无法阻止日军的进攻。

而此时，史迪威指挥的中国驻印军正在缅北战场大显神威。如此情景一经对比，美国军界最高层不得不对形势进行重新判断。

6月30日，美国陆军部作战司的托马斯·汉迪将军给马歇尔写了一份报告，建议把史迪威提升为上将，并由史迪威担任中国战区前线总司令，统一指挥国共两党的军队，以挫败日军的进攻。他认为，史迪威比其他将领更能应对艰难的战争形势，史迪威不仅在缅甸组建了一支有战斗力的中国部队，并指挥这支部队不断取得胜利，这就是最好的证明。

史迪威获得了美国高层的一致支持。在清除了陈纳德长期以来对中印公路作战方案的干扰后，史迪威长舒了一口气。接下来，史迪威要把所有的精力集中于密支那，他隐约地感觉到，一团令人捉摸不定的战争迷雾，就在不远处等待着他去破解！

密支那是个带毒的蜜罐——接通雷多公路

这是个令人窒息的早晨，阴沉的天空中零星飘着点雨。一辆铺着树叶伪装的美式吉普在孟拱谷地指挥部前的平坦空地停下。

史迪威叼着烟斗下了车，径直走向指挥部。

他迫不及待地想尽快接通以密支那为终点的雷多公路，那将意味着中印公路最艰难的缅北段已经贯通。如果拿下密支那，不仅可以使修筑中印公路的进程大大加快，而且还可以为驼峰航线恢复南路航线提供一个安全的基地。

史迪威一路上脑海里不停地想象着战士们在密支那欢呼胜利的场景。

还没进指挥部的门，史迪威就大声向参谋人员喊道："问问中美联合突击队到哪儿了？他们出发快一个月了，距离对密支那总攻只有不到两天时间了，怎么一点儿消息都没有？"

一旁的参谋长柏德诺小声对史迪威说："总指挥，您忘记了，当初是您规定的，突击队出于保密原因严禁使用电台。"

史迪威听了后，拍了拍自己的脑袋说："哦，你看看我都忘了。看样子，我们只能听天由命了。"

密支那战斗经过

史迪威所说的中美联合突击队，是由美军的"梅里尔突击队"和中国驻印军的新30师第88团、第50师第150团和克钦突击队混合编成的三个突击队。原本担任指挥官的梅里尔，由于心脏病复发，留在了后方基地。除克钦突击队主要担负情报侦察任务外，其余两支突击队被分成左右两路支队，由两名美军上校分别率领，每个支队3500人。他们需要在大山密林中步行一百多公里才能到达攻击目标——密支那。4月，在突击队从杰布本总基地出发时，梅里尔根据以往的经验，为了提高行军速度，要求每人只准携带20天的干粮和轻型武器。眼下，突击队在没粮没有后勤补给的情况下，只能在漫无边际的原始森林中依靠自己的力量，摸索向着密支那前行。

负责率领左路支队的基尼森上校，由于长期在湿热的雨林中行军，染上了热带病。他的部队里还很多中美士兵染上致命的阿米巴痢疾、登革热和丛林斑疹伤寒。

基尼森虽然已有多年的丛林作战经验，但面对缅北这上千年的热带雨林，他变得无计可施，完全迷失了方向。作为支队司令官，基尼森只能独自承受着压力，不让部队知道眼下的处境。

暮色渐浓，躺在担架上行军的基尼森看着不断晃动的树影，默默祈祷着能尽快找到通往密支那的道路。他听见前面两名士兵一边拖着疲惫的身体，一边低声地聊着天。

"天又快黑了。走了一路，都不知道什么时候能到密支那。"

"快走吧，别啰唆了。照司令官所说的，朝着东南方向前进应该没有错。"

"但是周围的参照物全都一样，要有个该死的日本人引路就好了！"

突然，队伍停止了前进。

走在最前面的弗雷德·林恩斯上尉，把枪高高举过头顶，这是发现敌人的暗号。

大家立即屏住呼吸，低下了身子。

"卡砰——卡砰"紧接着不远处传来几声枪响！

"是日本人！"有经验的士兵听出了日本三八大盖的特有声音。

"难道是亨特支队的人先与小日本干上了？"

"不要急，先听听再说！"

在连续几声枪响后，没有听到其他火器的声音，反倒传来了大象的惨叫声音。

基尼森立即从行军床上直起了身子，对身边的参谋说："叫侦察兵迅速打探清楚前方情况。"

20分钟后，侦察兵报来消息——前方300码处有日军士兵在猎杀野象。

"妈的，小日本还真闲，竟有时间打野象玩！"一个士兵低声骂了一句。

基尼森面露喜色，说："看样子，密支那就在前方！命令，全体待命，进入战斗状态！"

基尼森拿出行军地图与周围地形对比了一番，确认他们现在正处于密支那的东北角，他们比原定路线多走了一倍路程。

接替梅里尔担任指挥官的亨特上校率领的是右路支队。他们运气不错，在山中遇到了一个克钦人山村，在克钦人的帮助下右路支队顺利走出了森林迷宫，不过比预定时间晚一些才到达指定战斗位置。

5月17日，凌晨5点，夺取密支那机场的战斗准时打响。

按照总指挥部的预定计划，美军首先出动大批飞机对密支那进行了密集轰炸。

负责密支那城防的日军水上源藏少将，面对突如其来的空袭显得茫然失措，以为只是盟军部队的例行轰炸。

上午10点，基尼森率领中美联合突击队左路支队，开始向密支那西郊机场发起猛攻。由于日军仅有一个步兵中队的力量负责警戒机场，因此基尼森很快占领了机场。这时水上源藏才明白了盟军的主要目标是密支那机场。水上源藏一面向军部报告情况请求增援，一面组织密支那城区的第18师团第114联队主力进行疯狂反扑。

正在基尼森支队腹背受敌、千钧一发之际，亨特的右路突击队正好赶到了密支那机场，他们与基尼森的兵力合二为一，共同抵抗日军如潮般的攻势。经过4个小时的激战，盟军才在密支那机场站稳了脚跟。

5月17日下午2点，一直守在指挥部报话机旁边的史迪威，终于听到了期盼已久的讯号："威尼斯商人！威尼斯商人！"

这是突击队攻占密支那机场，可以进行空降的暗号！

经过一个月的煎熬，史迪威终于等来了令人激动的好消息。

史迪威兴奋地对身边的参谋说："命令：一、通知梅里尔，要他马上动身，负责指挥攻占密支那的作战行动；二、立即组织部队空降。"

很快，上百架C-47道格拉斯式运输机，在P-51野马式战斗机群的护送下，载着中国驻印军第14师的第41团、第42团，新30师的第89团、第90团，第50师的第149团，浩浩荡荡地朝着密支那方向飞去。这是抗战历史上中国军队第一次也是唯一一次大规模的空降作战。

勇敢的中国士兵一跳出机舱，就迅速投入对机场前进基地的防御作战中。紧接着，美军建立起前线指挥部。一个战地医院也在空地上搭起帐篷开始工作。雨夜中的密支那在信号灯、探照灯和各种枪炮的火光中显得绚丽多姿。

很快，盟军的兵力就已增至近万人。水上源藏眼看着盟军部队源源不断地空运而来，知道再勉强进攻机场，已变得不现实。面对越来越强大的防守兵力，他决定从长计议退回市区，等待强援以守待攻。

盟军奇袭密支那的行动大获成功！

5月18日上午，史迪威带领12名战地记者飞抵密支那欣赏自己在军事上的杰作。

史迪威来到美军指挥所，鼓励中美突击部队，说："你们打得漂亮极了。你们是密支那的英雄！"

随行记者们举起照相机，对着史迪威和奇袭密支那的英雄们，不停地按动快门。

史迪威随即就返回了雷多基地，为下一步攻城拟订计划。

很快，一篇篇关于"盟军奇袭占领密支那"的新闻报道迅速传遍各同盟国。消息一经传出，立即轰动了亚洲战场，同盟国首脑纷纷致电表示祝贺。

路易斯·蒙巴顿勋爵以东南亚战区最高统帅的名义再次极不情愿地给史迪威发来了祝贺电报："在你的英勇指挥下，美、中两国军队勇猛作战，一举夺取密支那机场，取得了辉煌的战果。翻越古岭的行动，在军事史上写下了光辉的一页。"

一支由英国人担任总司令的部队，在一个英国的殖民地上，打了一场经典的战役，整个过程竟然没有英军的事。这对蒙巴顿，甚至对整个英国来说都是一个巨大的讽刺。

史迪威看到电报后，苦笑道："这下，美男子蒙巴顿和那帮英国佬肯定又要坐卧不安了！"

不出所料，蒙巴顿在发贺电时，内心是五味杂陈的。就在一个多星期以前，他还在电话里对丘吉尔信誓旦旦地说：史迪威根本无法占领密支那，我们应该坚持实行收复殖民地的"海上战略"。

当丘吉尔得知史迪威指挥的中美联合突击队突然占领密支那机场后，他在电话中责问蒙巴顿："你的情报来源到底还能不能让我相信？"

作为国防大臣和英军的总司令官，丘吉尔感觉自己的判断被无能的蒙巴顿给误导了，所幸自己还没有作出让人笑掉大牙的错误决定。

丘吉尔用手狠狠地拍着桌子，怒吼道："史迪威他们到底是怎么做到的，他们如此漂亮地在密支那从天而降，你需要对我有个解释！"

就在史迪威拿下机场后不久，美军太平洋舰队与日本海军开始在塞班岛和关岛等地鏖战，他们急需驻中国大陆的美军航空部队对太平洋战场上的海军进行支援配合。马歇尔和美国参谋长联席会议连发几封电报，要求史迪威尽快夺取密支那，打通雷多公路。

史迪威一面向马歇尔保证，两周内一定拿下密支那，一面催促梅里尔立即对密支那实施攻击。

但是自大的梅里尔对史迪威说：前进基地已建，应该等待兵力足够多时才能向密支那发动攻击。

梅里尔很有把握地向史迪威保证说：号称缅北铁三角的加迈、孟拱和密支那，日军已丢失了两个，掎角之势尽失。盟军还截断了日军通往曼德勒的铁路，城里的残兵败将们会如同瓮中之鳖般不堪一击。

但梅里尔犯了大错，他不仅犯了军事上轻敌的大忌，而且还丧失了最佳的攻击时机。

日军趁梅里尔犹豫之机，从八莫和滇西抽调2000余人，通过伊洛瓦底江秘密向密支那增援，使水上源藏的守备军人数迅速增至5000多人。

对日军来说，密支那虽然已成为一座孤城，但密支那是日军在缅北仅存的最后据点。如果密支那守不住，日军在缅北就再无立足之地，如能守住密支那，还可以牵制中国远征军在滇西地区发起的反攻。

日军第33军司令官本多政材中将从整个缅甸战局考虑，向守城司令水上源藏下达了"死守密支那"的命令。水上源藏尽管知道守住密支那是不可能的任务，但军人的职责迫使他重新组织起自己的士兵们进行自杀式防御。

水上源藏清楚地知道一个日本士兵身上配备的标准子弹数是30至40颗，打完后需要重新补给才行。但现在驻守在一个毫无后援的孤城中，只有提高火力杀伤效率，才能尽可能地使防御工事不被突破。水上源藏在指挥部向部队下达命令：一、尽量利用防御工事藏在地下，不到有十分把握的情况下不露面；二、不到五十米处不射击、不扫清射界；三、要在夜间组织步兵进行必要的反扑。

日军抱着必死的决心进行决战，而盟军方面则由于梅里尔的指挥失误，将原本漂亮的奇袭变成了旷日持久的拉锯战和消耗战。虽然中国驻印军伤亡越来越大，但梅里尔不仅没有意识到自己的错误，还一再辱骂中国官兵无能，并频频撤换中方将领，致使中美官兵之间的矛盾不断激化。以至于到后来，美国军官根本指挥不动中国军人。在接下来的1个多月里，虽然史迪威4次亲临密支那前线，连换梅里尔、柏德诺和魏赛尔3任美军指挥官，但日军依然凭借坚固的工事和恶劣的天气，顽强抵抗，使盟军的攻击行动收效甚微。大雨使盟军无法利用空中力量对密支那进行增援，而且还使低地变成了一片沼泽。盟军对于近在咫尺平时只需要几分钟便可达成的作战目标，用了二十多天，付出惨重代价就是攻不下来。

密支那似乎凝固在汪洋一般的雨水和血水当中，成为盟军部队无法迈过的鸿沟。

史迪威情急之下，甚至将修筑雷多公路的两个工兵营调上前线，用于作战。由于工兵部队的特长是修路、架桥，他们很少进行作战训练，当美军工兵部队一见到战场上尸横遍野的情形时，腿都吓软了。当接到上级发动进攻的命令时，工兵部队的士兵竟然拒绝执行，而且听到枪响拔腿就跑。

史迪威看到这一幕时，心都凉了一大截。中国军队已经不听指挥了，现在连自己最为倚重的美军部队都不听命令，还有什么可以依赖的力量？还如何进行接下来的作战？

这时，史迪威想起了长期被闲置的中国驻印军第 1 军军长郑洞国。郑洞国作为黄埔一期生，在抗日战争中转战南北，先后参加过保定会战、徐州战役、归德战役、武汉会战、广西昆仑关战役、鄂西会战，功勋卓著，在中国军人中拥有很高的声望。史迪威只有暂时请郑洞国出马，由郑洞国指挥中国军队对密支那的攻击行动。郑洞国摒弃前嫌，于 7 月 6 日随史迪威和孙立人等一同抵达密支那。临危受命的郑洞国一到前线就立即召集中国驻印军前线各部队长召开作战会议。

郑洞国先对大家晓以民族大义，号召大家团结一致对付当前之敌。接着又对手下将领进行了点评，鼓励大家向孙立人和廖耀湘学习，用战功回报委员长的委托和国人的期盼。

他对着新 1 军的将领们说："委员长经常提示我们，训练重于作战，这可是金玉良言啦！"

众将领纷纷点头称是。

郑洞国接着说："这次一路打下来的实战就是最好的说明。新 22 师和新 38 师到印度最早，训练也最久，所以他们一路打来所向无敌，取得了辉煌的战果。"

孙立人和廖耀湘立即听出了弦外之音，知道郑洞国是要批评胡素的新 30 师作战不力，赶紧帮着胡素开脱。

廖耀湘说："胡素率领的新 30 师于今年年初才空运至印度，在补给不足的情况下，以最快的速度开往前线、进入阵地，效率已经非常高了。"

孙立人接着说："梅里尔还不顾胡师长履职尽责，一度将其解职。"

第50师师长潘裕昆则将矛头直指美军指挥官："主要问题还在于美军指挥官不顾前线情况，盲目指挥，致使我军官兵无谓牺牲。"

眼看大家开始纷纷指责起美军指挥官来，郑洞国挥了一下手，示意大家立即停止发言。

郑洞国并不想扩大中国驻印军与美军之间的矛盾，但适当在史迪威面前体现一下自己在中国军人中的威信，是十分有必要的。

郑洞国继续用严厉的语气说："你们不必为他说情。新30师此次担任攻打密支那的任务，不但伤亡惨重，而且久攻不下。和你们相比高下立见，可见部队没有训练就没有战斗力，就不能打仗！"

胡素连忙向郑洞国保证："请军长放心，在您的指挥下，新30师全体官兵将不惜一切代价，为党国效忠，直到战至最后一人！"

胡素的回答，不仅把之前作战不利的过失一下推到美军指挥官身上，还表达了对郑洞国的坚决服从。

郑洞国对新1军将领们的忠诚表现十分满意。

最后经过磋商，大家决定第二天就发起全面进攻，以纪念抗战爆发7周年。随后，郑洞国任命胡素为战地前线总指挥，给予其证明自己的机会。

7月7日，一身戎装的郑洞国军长亲临前线阵地，对中国驻印军下达了总攻令。中国驻印军立刻向密支那发起了总攻，士气高涨的中国军队很快肃清了密支那外围阵地，攻入市区，随即开始与日军逐个房屋、逐条街道地进行艰苦争夺。

8月2日，潘裕昆亲自从第50师挑选了100名勇敢的官兵，轻装简行，趁着夜色潜入日军后方，把日军的通信设施完全割断。其余各支部队得知敢死队得手后，应声而起，不顾一切向着日军指挥所冲去。胡素率部攻下了日军死守的各大据点。同时美军也占领了城北的高地。

日军面对如浪潮般不断冲击的盟军部队，意志完全崩溃，3000多日军横尸战场。水上源藏眼见大势已去，命令残部携带伤员乘筏子沿伊洛瓦底江向八莫撤退，自己则在江岸边的一棵老榕树下，掏枪自尽，将"死守密支那"的命令执行成了"死于密支那"。

如同唐僧师徒经历了八十一难后才取得真经一样，盟军部队在密支那连续激战 81 天，直到 8 月 4 日，才将市区内的日军全部肃清，收复了缅北的核心要地。至此，史迪威缅北反攻的作战目的算是基本达到。

日本缅甸方面军丢了密支那后，不得不重新评估缅甸的局势。他们在向东条英机的报告中，悲观地指出："大东亚共荣圈"的太阳，将在缅甸殒落。今日中国军队，已非昔日能比……

密之那战役结束不久，全长 434.4 公里由雷多至密支那的雷多公路也建成通车。雷多公路是整个中印公路铺筑过程中条件最艰险、工作量最大的一段。雷多公路中，自瓦拉渣经加迈至孟拱一段，本有旧公路可以连接使用，但因为地势低洼，又遇上雨季，很难通行，虽然经过多次修缮，但仍无法使用。除加迈至孟拱一段勉强可通行外，其余时间大都被洪水淹没。皮克指挥的中美工兵部队不得不修建新的线路，通过孟拱和循河，不经加迈、孟拱而直达密支那。这条路既可避开雨水的冲毁，还比旧路缩短了一半路程，大大提高了物资运输效率。中、美工兵部队和中、印等国工人以无比坚忍的意志，在炮火硝烟的战场上，经受住了大自然考验、克服了各种人为障碍，仅用一年多时间就修通了雷多公路，创造了世界筑路史上的奇迹。

8 月 7 日，鉴于史迪威在滇缅印战场取得的功绩，美国正式公布了晋升史迪威为四星上将的任命。当时美国陆军中享有这一军衔的只有马歇尔、阿诺德、麦克阿瑟和艾森豪威尔四人，史迪威能加入这一杰出将领的行列，自然是一件值得庆贺的事情。陆军部长史汀生给他发来电报，称"这是我所签署的命令中，最令我满意的一个"。

正在筑路的美军第 12 工兵团官兵，将国家对史迪威的奖励也当作对自己工作的认可，他们兴高采烈地向史迪威写了封有些肉麻的贺信："公报说，你已被晋升为美国陆军仅有的几名四星上将之一。全团在此向你表示热烈祝

1944 年 8 月 5 日，史迪威将军正式晋升为美国陆军四星上将。

贺，我们相信没有任何东西能表现出你在本战区所取得的伟大成就，除了《伊利亚特》中这是绝无仅有的。"

8月8日，由中国共产党创办的《新华日报》也发表了题为《祝密支那胜利》的社论，文章中评论说："这一辉煌的胜利，是由于史迪威将军的卓越指挥，也是由于盟军将士协同一致，英勇效命所得到的成就。"社论称赞史迪威"拥有胆识过人的战略、坚强的意志和卓越的指挥"。认为"史迪威将军的打通援华路线的战略，浸透了史迪威将军对华的浓密友情"。这是中国共产党对史迪威杰出功绩所作出的中肯评价。

1944年9月6日，东方晨晓，一支上百人的驻印军小队沿着高黎贡山底的一条干涸小沟，攀上了中缅交界处的一个山顶。山顶上有一块约60平方米的草地，中间立着一块界碑，上面写着"国界"两字。不久，从滇西赶来的远征军部队在一名中校的带领下到达了事先约好的地点。驻印军和远征军第一次会师了！

久别重逢的战友们再次见了对方，如亲人归家一般，大家欢呼着、拥抱着，高举着国旗，互相敬礼、握手。

驻印军向远征军致敬道："欢迎你们来到缅甸！"

远征军激动地回报："欢迎你们回到祖国！"

经过一天的团聚，当大家依依不舍地离别时，驻印军的官兵说："祝愿远征军早日收复腾冲，下次在八莫会师！"

远征军则答道："希望驻印军迅速攻下八莫，早日凯旋归国，并保证一定尽快攻克腾冲！"

两支英雄的部队在落日余晖中挥手告别，各自返回自己杀敌的阵地，每个将士的脸上都透出一个共同的信念：抗战必胜！

八莫风云之临阵换帅

密支那的战火刚刚熄灭，伊洛瓦底江上立即呈现出一片紧张繁忙的景象：汽艇在来回穿梭着，工兵们正在没日没夜地抢修大桥。中国驻印军在胜利的激情中，热切地盼望着能尽快拿下八莫，以策应远征军收复滇缅公路的作战。

此时，与缅北战场上的火热形势相比，整个中国战区却呈现出冰火两重天的情形。

一边是史迪威指挥下的盟军部队，在修筑中印公路的过程中，将日军打得四处逃散，滇缅印战场上捷报频传。另一边，在中国大陆战场上，国民党军队在面对日军"1号打通交通线作战"，即豫湘桂会战中，一溃千里，丧失了20多万平方公里的领土。日军不但切断了全部华东地区，还攻占了华南地区7个大型空军基地和36个机场。日本已控制了从朝鲜半岛到印度支那半岛的主要大陆交通线。日军还直逼贵州，大有攻取国民政府所在地——重庆之势。

史迪威在密支那战役后，回到锡兰埃莉亚岛度假，享受着战争之外的闲暇时光。史迪威在海滩边享受着日光浴带来的惬意：阳光温暖轻柔地投在史迪威的肌肤之上，将连续几个月来阴雨带来的寒冷和焦虑驱除一空；海浪欢快地拍打着沙滩，发出一阵阵悦耳的欢呼。史迪威在躺椅上，吃了一个番木瓜和鳄梨，热带水果的沁人香甜，立即涌遍了他的全身。

史迪威笑着自言自语，原来这就是人们常说的"享受胜利果实"的味道。

这时，助手迪克·扬急匆匆来到史迪威身旁，报告说："重庆来电，大元帅希望你尽快发起对八莫的攻势，以解除日军对龙陵之压力。"

史迪威知道中国大陆的抗战已呈崩溃之势，他也猜到了蒋介石的想法——以缅北滇西的胜利，缓解大陆战局的危机。

史迪威点燃了烟斗中的烟丝，吸了几口吐向空中，看着烟晕散去后，才不紧不慢地说：向重庆方面解释，中国驻印军在密之那战斗中损失惨重，而且缅北地区现在正值雨季，我们需要一段时间进行休整，才能继续作战。

史迪威找了个不错的借口。其实，他是想以一个胜利的旁观者的姿态，任由蒋介石指挥的中国大陆为阴沉的迷雾所吞噬。

史迪威作为中国战区的参谋长，为什么会对中国战区的危机无动于衷？事实上，缅北战场所带来的军事上的巨大胜利，给史迪威带来了无尽的遐想。史迪威认为：我指挥一支驻印军，就可以横扫整个缅印战区的日军。如果昏庸的蒋介石肯将整个中国的军队交给我指挥，那我一定能以最快的速度将整个东亚的日军，全部赶到太平洋里去喂鱼。

史迪威不仅这样想了，还这样做了。他将自己不切实际的想法告诉了美国陆军部，竟然还得到了陆军部和美国总统的支持。

史迪威在密支那慢腾腾地整编着中国驻印军，对八莫的进攻行动，则迟迟按兵不动。他就像一个密谋兵变者一般，耐心经营着自己的势力范围，寻机对蒋介石发动致命一击，以求取而代之，成为中国军队的最高指挥官——不仅是国民党军队，还包括共产党军队在内。

蒋介石在曾家岩的别墅中，看着窗外轻摆的银杏树叶，忽然有点感伤起来，想到不久后寒冬将至，这些在风中摇曳的叶子都会纷然坠落化作一片尘泥。一种悲凉的感觉向蒋介石袭来，他本就消瘦的身躯，就像窗外单薄的叶子般，似乎随时都有倒下的可能。

外交部部长宋子文、驻美军军事代表团团长商震和侍从室第一处主任林蔚在一旁，低声耳语着。

良久，蒋介石才缓缓转过头，用沉重的语气说："我军在大陆作战中一路溃败，卫立煌的远征军也在滇西陷入苦战的泥沼中不能脱身。而史迪威在取得大胜后，眼见中国军队于水火中，却故意拖延战事，不来解困。"

商震在一旁附和着说道："史迪威若不迅速行动，八莫之日军将源源不断地增援滇西。如此一来，我远征军将面临失败之命运。如今东部已失，如果滇西再败的话，恐怕重庆也将不保啊！"

宋子文说："不如将史迪威解职，另择高级将领统领驻印军。"

蒋介石摇了摇头："史迪威背后有马歇尔等美国陆军部官员支撑，如果得罪他们，美军对中国战区的支援恐会受影响。虽然我也有意请罗斯福总统将史迪威召回，但此事万不可操之过急，以免后患无穷！"

林蔚说："昨日收到史迪威发来的电报。史迪威拒绝执行委员长进攻八莫的命令。此外，他附上了一份对中国驻印军整编的方案。"

蒋介石沉默了一会，才说："史迪威晋升为四星上将后，也变得越来越顽固了。"

蒋介石用手托着下颔，感觉牙齿又开始隐隐作痛。他皱着眉头说："他想如何整编？蔚文（林蔚字蔚文），你念来听听！"

林蔚说："史迪威提出的方案是：总指挥继续由他自己担任，郑洞国升至中国驻印军副总指挥。"

蒋介石苦笑着说："在野心家史迪威那儿，桂庭（郑洞国字桂庭）不管如何变动，始终只是一个闲职。继续说！"

"原新1军扩编成两个军。孙立人任新1军军长，下辖李鸿新38师，唐守治（原新38师副师长）新30师。廖耀湘新6军，下辖李涛（原新22师副师长）新22师，潘裕昆新50师，龙天武新14师。总指挥部直属部队有炮兵12团、1个重迫击炮营、工兵团、辎重兵团、中美混合团。"

蒋介石点了点头说："中国驻印军一路表现良好，确实应该论功行赏。这个方案我大体同意。"

林蔚向蒋介石靠近一步，侧身说道："如今国内战局不断恶化，不如将新6军新22师和新14师调回国内，将新50师留在缅甸编入新1军。这样一来，不仅可以为国内抗战注入活力，而且还不影响驻印军的战斗力。"

蒋介石采纳了林蔚的建议，接着说："现在的关键问题还是要史迪威出兵八莫，配合滇西反攻。"

宋子文建议道："下个月，美国政府将派纳尔逊以总统私人代表身份同赫尔利一起访华，不如也将史迪威召来重庆。一来听听美国方面有什么想法，二来当着美国特使的面，看看史迪威如何解释其违上抗令的行为。"

这次蒋介石认同了宋子文的看法。

8月26日，史迪威收到重庆发来的电报，通知他去开一个重要的会议。

直到9月6日，史迪威在锡兰充分享受完愉快的假期后，才与赫尔利和纳尔逊分别乘坐着"空中霸王"C-54飞越驼峰，到达重庆白市驿机场。

与史迪威同龄的赫尔利是律师出身，曾在胡佛任美国总统期间担任过陆军部长，因其擅社交，在二战中担任协调同盟国关系的军事使节，被授予少将军衔。赫尔利喜欢夸夸其谈，对中国问题一无所知。纳尔逊则是美国原战时生产局局长，善于战时经济的计划和组织。罗斯福委派他俩来华，目的就是想从军事和经济方面给予中国支持，同时缓和蒋介石与史迪威之间的矛盾。

9月7日上午，蒋介石在曾家岩官邸与史迪威一行进行了简单的会晤。

不久，他们又在蒋介石军事委员会会议室与中国军方高层将领一道进行谈判，以求达成军事行动上的一致。

在会议前，史迪威就猜测到蒋介石一定是要给自己出兵八莫施加压力。在向美国陆军部报告情况后，收到美军高层的授意：向蒋介石要求所有中国军队的指挥权，包括共产党的5万军队！

蒋介石做了个简单的开场白，对史迪威在缅北战场上取得的功绩进行了高度赞扬，并希望在接下来的行动中，继续保持在中国战区的攻势，以争取抗日战争的最后胜利。

当谈到中国抗战的不利局势时，中国将领一致强调美军应加强配合，方能助中国更快地渡过难关。

轮到史迪威讲话时，他毫不留情地责问中方将领："中国以40万重兵面对日军15万人进攻，竟然一触即溃。想一想，在中国大陆地区，你们拥有324个师，60多个旅，还有89个各由2000人组成的所谓的游击队。在一群无能的将领指挥下，这支伟大的军队硬生生变成了世界上最没有效率的军队之一。"

陆军总司令何应钦看着史迪威盛气凌人的样子十分不满，他冷笑一声，说道："那请问梅里尔是美国指挥官，他又是如何在密支那挥霍盟军将士的性命的呢？"

其他中国将领，也当场对史迪威所指责的中国没有好指挥官的说法进行了嘲笑。

接着，第九战区司令长官薛岳补充说："史迪威将军，如果'蒋委员长'没有将中国最精锐的部队调至滇缅印战场，你怎么能取得如此胜利？你可知道，在中国战区的衡阳会战进行最关键的时刻，中国战场已抽不出任何精锐预备队和生力军去解衡阳之困，美国对中国的一点点军援，也全部被浪费在缅甸战场。你的荣耀是用我们中国战区抗日官兵的生命来换取的！"

史迪威抬起下颌，对中方将领的话完全不屑一顾。他说："这简直是个笑话。中国如果能将限制共产党的那20万最精锐的部队，使用到正确的地方，大陆形势还会这样吗？"

史迪威的话直接戳中了蒋介石的痛处，他还继续指桑骂槐："国民党的腐败、混乱和玩忽职守与延安共产党的廉洁高效、实践理想的行为形成了强烈的对比。"

正在中国将领还要继续与史迪威进行唇枪舌剑时，蒋介石喝止道："史迪威将军，你是军人，请你牢记自己的职责，把精力用在军事上，不要插手中国的政治问题。"

史迪威则越说越激动："你难道看不到中国大众把共产党人当做唯一可见的希望来欢迎吗？你率领的军队和戴笠的盖世太保们，完全是任人唯亲，你们这是在无视人权、浪费无辜者的生命！"

史迪威将多年来对国民党和蒋介石的不满和怨气全部发泄了出来。

蒋介石看出史迪威在美国总统特使面前如此有恃无恐，敢于向自己发难，他们一定是达成某种共识，并获得了罗斯福的支持。

蒋介石压低了声音，狠狠地看着史迪威说："对于目前抗战的不利局势，我可以向盟国首脑解释，我们也已经对作战中指挥不力的军官进行了处理。但这是我们自己的内政问题，请你不要在这指手画脚！"

史迪威根本不吃蒋介石这一套，他说："我知道你必须对你连续的失败做出解释，你也总会找到一只替罪羊。也许，我也会不可避免地成为你的下一个牺牲品。这样一来，你就可以逃避任何承担后果的责任了。"

赫尔利看到史迪威与中方人员已形同水火，马上站起来说："史迪威将军，面对困难应该共同商量，不必如此争吵，而破坏了友谊。你应该多提些建设性的建议才是。"

史迪威立即顺着赫尔利的话说："解决当前麻烦最有效的方式就是，请大元帅交出兵权，由我来指挥中国军队包括中国共产党军队与日军作战。唯有此法，才能避免中国政府的崩溃！"

此言一出，立即在中方代表中引起一片哗然。

蒋介石气得用双拳砸着桌子说："这不可能！"

宋子文和赫尔利眼见会谈已很难再继续下去，便中止了谈判，会议不欢而散。

史迪威带着愤怒回到嘉陵江畔的官邸中。在回去的路上，史迪威脑中甚至跳出几种暗杀蒋介石的想法。

同样，蒋介石也彻夜未眠，他认为史迪威如肯服从自己的权威，或

许可以考虑让史迪威有条件地指挥全中国的军队。

第二日清早，蒋介石主动给史迪威打来电话。蒋介石在电话中表示："如果史迪威要使用共产党人，就必须承认并尊重我在中国的权威。"

史迪威回答说："你是中国的统帅，而我只负责军事方面的指挥"。史迪威在回答中没有表示会尊重蒋介石，而是再三强调自己的权力。

几天后，蒋介石出于美国方面的压力和抗战的严峻局势，迫不得已做出妥协，同意任命史迪威为所有中国地面部队的总司令，并给予他"充分信任"，但前提是：史迪威必须马上赶去八莫，全力以赴地解脱远征军的压力。

面对蒋介石释放的善意，史迪威毫不领情，甚至还要求蒋介石将对付共产党的 20 个师用于应付大陆当前的危局。

9 月 15 日，蒋介石向史迪威打了 1 个多小时电话，最后在电话中气愤地大叫道："驻印军要么在一周内向八莫发起攻击，要么中国远征军立即从龙陵撤退！"

史迪威扔下电话，对着身边的参谋说："这个'花生米'一定是精神错乱了！"

随后，蒋介石一不做二不休，当真停止了滇西远征军的行动。他坚持要求史迪威必须马上行动起来。

情报官出身的史迪威，立即发挥自己的特长，将蒋介石的情况添油加醋地向罗斯福报告。史迪威在报告中这样写道："蒋介石要亲手毁掉缅北的大好局面，还停止了远征军的行动。蒋介石的目的是想保存实力、囤积美国援华物资，等待盟国来结束战争。"

罗斯福相信了史迪威的话。他立即给蒋介石发去了一封措辞严厉的电报。

　　蒋介石阁下：
　　读过有关中国局势的最新报告以后，我和我的参谋长们深信在最近的将来，你就要面临我曾一直担忧的灾难。阁下统率的远征军入缅作战，对缅北战事益处莫大，但如不及时补充兵员，或相反撤回他们，我们将失去滇缅公路开放的可能，并危及飞越驼峰的空中航线。对此，你必须承受后果并承担个人责任。

在近几个月中，我一再要求你采取果断措施，以防止这场日益临近的灾难。至今你还没有委派史迪威将军指挥中国全部军队，但我们却已面临损失华南大片重要地区，并可能遭到失败的后果。

我们在太平洋上的越岛争夺战进军速度是迅速的，如你不立即采取行动，对中国来说将为时太晚。

我确信，为了防止日本人达到他们在中国的目的，当前你唯一能做的是立即增援在萨尔温江的中国部队，并要他们发动攻势，同时立即授予史迪威将军指挥你全部军队的权力，并不加限制。我现在要求你采取的行动将有利于我们作出决定，即保证并增加对华援助。我非常坦白地说明我的想法，因为我们这里所有的人都明白，如果再拖延下去，你们和我们为挽救中国所作出的努力都会前功尽弃。

罗斯福

1944 年 9 月 18 日

蒋介石看到电报后，受了很大的刺激，他决定不再忍耐，他要对美国说"不！"他想看看在中国到底是谁说了算。他认为"此次之事，涉及立国主义、国家主权与个人人格，不能迁就；否则纵使盟国作战胜利而我国格已失，虽胜犹败。"

一夜之间，中美两国关系进入寒冬状态。

9 月 19 日，蒋介石在与赫尔利的晚餐中，对赫尔利说："我们必须赶走史迪威将军。他是个不合作的畜生。他违背了诺言。史迪威将军在中国的权力甚至比我还大！"他还当着赫尔利的面，大声向宋子文吩咐，要宋子文向美国要求另派一位将军来接替史迪威。赫尔利还想继续缓和史迪威与蒋介石之间的矛盾。蒋介石挥了挥手，强硬地对赫尔利说："史迪威在华一天，中美商谈就一日不能进展。"

随后，蒋介石还直接向罗斯福表明立场："史迪威在攻克密支那后，拒绝执行向八莫运动的命令，因此史迪威必须走人！"

最终，罗斯福考虑到中国战场对于战胜日本依然能发挥关键作用，而且美国面临新的总统大选，因为史迪威的中印公路计划而放弃中国，

必将在大选中丢失大量选票，甚至还有可能影响到战争及战后的世界政治格局。

出于以上种种考虑，一场中美元首之间的斗气，以美国无奈抛弃史迪威而告终。10月4日，罗斯福在白宫约见了蒋介石的私人代表孔祥熙，同意了蒋介石要求更换史迪威的要求。

10月6日，罗斯福正式接受蒋介石解除史迪威中国战区参谋长职务的要求，并决定史迪威不再担负有关援华物资分配的事务。

史迪威在得知自己成为政治牺牲品的消息后，动身赶往密支那，这个曾带给他无数辉煌的旧地，他看望了第475营官兵，随后返回了美国。他在返回途中不禁感慨道："一个人的经历，在广阔的世界里和战争的洪流中，是那么无足轻重！"

1944年10月，魏德迈接替史迪威继任中国战区参谋长兼驻华美军司令，史迪威的副手索尔登继任中国驻印军总指挥兼印缅战区美军司令。

10月15日，驻印军在缅北停顿近2个月后，终于开始向八莫日军发起新一轮缅北攻势。孙立人新1军在左，沿密支那、八莫公路南下；廖耀湘新6军在右，经和平向伊洛瓦底江以南的瑞古地区前进。

驻八莫的日军在密支那丢失后，就加紧修筑防御工事。他们在各据点用钢板和圆木作为掩蔽部的顶盖，再用层层泥土加以覆盖伪装。这样的据点即使用炮弹和炸弹也无法击穿。日军的火力配系则以重机枪为主，形成交叉火力网。他们想凭借星罗棋布的坚固据点与驻印军进行一场持久消耗战。

但驻印军早已总结了密支那的经验教训，改变了战法。驻印军在新任总指挥索尔登的指挥下，充分利用空中优势，先以空中轰炸作为前奏，再以炮兵进行火力压制，随后借助战车掩护步兵进行冲击。3个星期后，驻印军新38师的攻击群，直取日军核心阵地。八莫主阵地被突破后，日军在绝望之中，把近千名重伤兵，活活沉于城西的伊洛瓦底江水之中，其余残部则于夜间沿江滩向南逃窜。突围日军大部被驻印军击毙在江滩之上，除几十名泅水逃走外，其余日军悉数被歼灭。

12月15日下午2时许，驻印军顺利占领八莫。缅北盟军最高当局，为纪念中国驻印军在八莫的胜利，还将八莫市区的两条马路，分别命名

孙立人（右一）、美军司令官索尔登（左一）和第 38 师师长李鸿（左三）视察八莫战场

为孙立人路和李鸿路。

不久，高效的中印公路筑路工程总指挥皮克将军也将筑路指挥部移至八莫。1945 年 1 月中旬，中印公路在密支那与正在铺设碎石路面的密（支那）八（莫）公路衔接。为争取早日打通中印公路，李鸿率领第 38 师继续挥师南下，配合新 30 师攻占缅甸边境城镇南坎。接着，驻印军又以摧枯拉朽之势，挥师东进，向中缅边界的芒友、畹町方向挺进。

中印陆路交通线东西两段路，就像两条失散已久的孪生火龙一般，各自游走于巨石原野之中，它们期盼重新相见的那一刻。到那时定会燎起通天烈焰，将在暴风中飘摇的日本"旭日旗"焚成灰烬。

塌陷的松山

1943 年 11 月初，卫立煌接替以严重胃溃疡为由离职的陈诚出任远征

卫立煌在松山前线视察

军司令长官。自上任以来，卫立煌整日都在苦苦思索着夺回滇缅公路的作战计划。他深知此次战役胜负直接牵动着整个抗战的时局走向！

卫立煌，字俊如，安徽合肥县人，早年追随孙中山参加革命，并参加过北伐，是国民党军队的"五虎上将"之一。他曾在忻口会战中迫使日军三次易帅而不得前进，有"卫百胜"的美称。美军评价卫立煌"是一位极富有进取精神的将军，是所有战区司令长官中最有能力的一位将领"。

卫立煌上任后的第一件事，就是将设在楚雄的远征军指挥部迁到了距怒江前线 70 公里处的保山，以显示他破釜沉舟的决心。

1944 年 5 月，由于日本缅甸方面军正全力应对中国驻印军发动的缅北攻势，因此滇西兵力较为空虚。中国远征军先头部队没有遇到过多抵抗，便顺利渡过怒江。

过江后不久，中国驻印军便打响了密支那攻坚战。为与驻印军对日军形成东西夹击之势，卫立煌果断下令：16 万远征军兵分两路向腾冲和龙陵进击。霍揆彰率第 20 集团军在右路，负责消灭高黎贡山和腾冲的日军；宋希濂率第 11 集团军在左路，负责夺取龙陵，以保障滇缅公路的畅通。

松山，方圆 25 平方公里，东距惠通桥约 12 公里，西距龙陵约 20 公里，是惠通桥至龙陵的咽喉之地。滇缅公路从松山中穿行而过，而松山在前临大谷、背负深渊的地势之中，就像一头蹲守的巨兽般扼守着滇缅公路，大有"一夫当关，万夫莫开"之势。松山与龙陵、腾冲互成掎角之势，并发挥着桥头堡的作用。远征军能否拿下松山，不仅关系到滇西作战的成败，甚至还将直接影响到整个中印公路作战的胜负。

日军深知松山防御的重要性。在中国军队发动滇西反攻之前，日军南方军总司令寺内寿一大将在缅甸方面军司令官河边正三中将和第33军军长本多政材中将等人的陪同下来到松山视察。

寺内大将一边视察防御工事，一边询问阵地编成和火力部署情况。

第56师团师团长松山佑三指着松山主峰说："松山防御阵地以4个独立作战的据点组成：松山顶峰、滚龙坡、大垭口、长岭岗，每个据点依据地形在制高点上建筑主堡垒1个，在两侧分布多个子堡垒，此外还在阵地前有侧射潜伏小堡垒若干。堡垒呈龟背纹形散布，其火力点互为支援，组成的火网可覆盖所有死角和扇形坡面。"

寺内满意地点了点头。他十分感兴趣地问道："这种防御体系倒是十分独特，这个方案是由谁设计的？"

松山佑三答："整个防御体系都由第56师团工兵联队长小室中太郎一手设计完成，他是日本士官学校工兵科毕业的高材生。此外，在松山阵地的所有堡垒中都有交通壕相连，并配有完备的供水、供电和通信系统。"

寺内大将说："很好！你再带我们去主阵地内部看看。"

松山佑三答了声"哈伊"立即带路，将他们引入松山顶峰的主堡垒。

寺内一行弯腰进入主堡垒时，一队日军士兵已列队站好。

松山指着排头的一个大佐介绍说："这是我们第113联队联队长松井秀治大佐。"

松井立即立正向寺内寿一敬了个军礼。

寺内略抬了抬胳膊，算是向松井回了军礼。

松山示意松井联队长接着介绍堡垒的内部构造。

松井联队长说："每个主堡垒都有三层，最上层用作射击与观测，中层用于寝室或射击，底层是掩蔽部或弹药粮仓库。我们已经做过飞机轰炸和重炮试验，即便是500磅的炸弹和目前最先进的150毫米榴弹炮，也无

日军第56师团第113联队松山守军司令官金光惠次郎少佐

法伤到堡垒的皮毛。这些堡垒所构筑起的战略保险箱，能确保滇缅公路始终掌握在我们手中。"

寺内寿一大将用拳头砸了下坚固的石壁，面色凝重地说："现在缅北战事吃紧，虽然各个防区之间可以互相支援，但你们还必须要做好独立作战的准备。第113联队一定要让大日本的军旗牢牢插在松山之上，绝不能让中国军队打通中印公路。"

第113联队联队长松井秀治目露凶光，对着寺内保证道："请司令放心！即使面对再猛烈的攻击，松山阵地也可独立坚守8个月，中国军队要想反攻，至少要献出十万人头。"

不久，当远征军第20集团军攻打腾冲时，松井秀治奉命带兵驰援腾冲。松井临走之前，将松山的防御任务交给了野炮兵第3大队大队长金光惠次郎少佐手中，令其统一指挥驻松山地区的全部日军。金光惠次郎接任后，又将松山防御工事进行了加固改造，使松山日军堡垒的防御强度再次得到提升。

6月中旬，卫立煌在远征军长官部召见第8军军长何绍周。

何绍周是总参谋长何应钦的侄子，因何应钦膝下无子，便认何绍周为子。但何绍周没有依仗何应钦的关系，而是凭借其自抗战以来的卓越战功，一路擢升至第8军军长一职。

卫立煌见到何绍周就说："松山一战为我始料不及，原以为只有三四百名日军驻守。看来是我轻敌了，我以为只需派出新28师便能解决。哪知，苦战一月下来，不仅新28师阵亡1000余人，就连第71军军长、号称'国军第一参谋长'的钟彬亲自指挥都举步维艰。当前，形势紧迫，只能将你们从第20集团军暂时调来。你们早在5年前，就在昆仑关打败过日本素有钢军之称的第5师团。希望这次，你们第8军还能不负众望，一举攻克松山。"

何绍周回答得干净利落："第8军将士在蒋委员长训导下，久经战阵，取得过一定的战绩。此次，我们由滇南西移加入远征军序列，为党国冲锋陷阵，此乃职责所在，理当义不容辞。请钧座放心，第8军定当不负重托，拔掉松山这颗滇缅公路上的毒牙。"

何绍周受命后，从6月下旬开始，就根据日军龟缩坚堡防而不出的情况，每天都申请第14航空队轮番轰炸，再集中本部重炮不断轰击，同时组织步兵不分昼夜地攻击。

一路打来虽说十分艰苦，但松山的日军堡垒正在按照何绍周的作战计划，一个接一个地被清除。

8月3日，在第8军收复滚龙坡的F阵地后，松山日军已被压缩在最后的据点内挣扎顽抗。这最后的据点就是松山顶点"子高地"，它也是日军在松山最大的碉堡群。

何绍周和第8军官兵眼看着150米前的日军阵地，用尽了各种手段，就是无法再前进一步。由于日军火力太猛，就连清除战场都做不到。一眼望去，满山遍野全是尸体。尸体在高

李弥，黄埔第四期毕业，曾参加昆仑关战役。1944年奔赴滇西松山战场，加入中国远征军，打响松山战役，后因功升任第8军军长。

温烘烤和雨水的浸泡中，很快腐烂，散发出令人难以忍受的气味。山上的树和野草都让尸水泡死了。士兵站岗时，蛆都不停地往腿上爬。

面对如此情况，何绍周无奈之下，召集副师长以上军官到竹子坡指挥所开会。副军长李弥、参谋长梁筱斋，第103师师长熊绶春、副师长郭惠苍，荣誉第1师师长汪波，第82师师长王伯勋、副师长王景渊等悉数到场。何绍周在作战会议上，要求大家献计献策，为一举攻下"子高地"这个最大的堡垒而努力。

会上第82师师长王伯勋建议道："我在陆军大学学习时，工兵教官讲过，有时飞机、大炮难以摧毁的工事，可以充分发挥工兵的优势，采用爆破战术。我们可否采用坑道作业，装入大量炸药将日军的工事炸毁？"

何绍周当即采纳了王伯勋的建议，并决定由副师长王景渊指挥第2460团和军工兵营共同执行此项任务。

王景渊在五万分之一的地图上迅速找到日军主堡垒的准确位置，并确定了其在松山腹部的爆破点。一般情况下，防御工事向下70厘米为堡

垒底层，但王景渊考虑到堡垒可能还有地下室，再追加 1.5 至 2 米的深度，即日军工事底下再往下约 2 米为爆破点。为了在坑道挖掘中保持方位准确，掌握高低位置，他还要求挖掘地道的工兵使用由美军提供的油液指北针，以"按方位角行进"的方式挖掘。工兵们先是躺着挖，然后再是跪着、蹲着挖，最后才能站起身来。白天挖坑道，晚上偷偷运土、运炸药。装上炸药后再从山下面把土运回来，把坑道填好。仅用了 2 个星期，150 米坑道挖成，3 吨炸药填装完，两根导火索铺就，一切都准备就绪。

8 月 20 日，清晨，天空开始放晴，初升的太阳把松山映得一片通红。此时，卫立煌、宋希濂等远征军高级将领全部来到第 8 军竹子坡指挥部，大家各个面色凝重，何绍周更是眉头紧锁，连日来的压力已使他增添了许多白发。

远征军按计划在一阵佯攻后，全部撤了回来，等待着惊天一爆后的总攻。

战场上死一般的寂静，第 8 军工兵营营长常承隧站在发电机旁，紧张得手都在不停地颤抖。

随着何绍周下令"起爆！"常承隧猛吸两口烟，把烟头往地上狠狠一扔，用力摇动那架电话机改装的起爆器。

几秒钟之后，随着"轰"的一声闷响，松山主峰"子高地"的日军最大碉堡瞬间塌陷成一个巨坑。紧接着第 8 军荣誉 3 团官兵跳出战壕冲上阵地，而 70 多个日本兵已被活埋于地底下，剩下 5 个活着的，也被震晕在一旁不省人事。

指挥部的远征军将领们看到第 8 军顺利夺取"子高地"后，纷纷拥抱和握手庆祝。但何绍周却沉稳地说："等清除完松山上的残余日军后再庆祝不迟！"

果然，松山上残余的三百多名日军，在失去主堡垒后，并没有像丧家之犬般放弃抵抗，而是聚集和退守在子堡垒中与中国军队展开最后一搏。日军还在幻想着援军的到来，他们与第 8 军打起了拉锯战。

9 月 1 日，蒋介石在重庆收到松山久攻不克，腾冲和龙陵战事也毫无进展的消息时，当场大发雷霆。蒋介石为了提升全国抗战的士气，命令卫立煌督促第 8 军无论如何要在"九一八"国耻纪念日前拿下松山。

卫立煌不敢怠慢，当即向何绍周传达了蒋介石的命令："如违期不克，军长以下，团长以上，一律按贻误战机论处，绝不宽贷！"

何绍周在电话中保证道："请钧座放心，要是国耻日之前不拿下松山，我提头来见！"

何绍周压低了语调，对着身边才从前线回来的李弥说："文卿，我们如今已是命悬一线，胜败在此一举。委员长已下令，限期内不攻克松山，我们将被就地正法。"

李弥，号文卿，农民出身，云南腾冲人。1924年投笔从戎，身经百战后，升至第8军副军长。

本就杀红了眼的李弥，听此消息后，二话不说，当即抓起一顶钢盔扣在头上，操起汤姆逊冲锋枪，带着特务营冲向主峰阵地。

由副军长带领冲在最前线，第8军士气大振，向松山发起了最后的冲锋。

9月6日，李弥被卫兵从山上抬了下来。此时的李弥眼眶充血，胡子拉碴，呢军服也被弹片划成了碎片，他光着脚，身上已多处负伤，完全没有了人形。

直到下午四五点钟，主峰上传来日军被全歼的消息。坐在石头上李弥已清醒过来。当参谋跑上前向他报告时，他竟坐着一动不动，望着天空久久不散的血雾和身边泥土中裹着的各种残肢。

泪水缓缓地从眼中一颗颗地滚了出来……

当天，李弥在日记中这样记录：攻打松山，乃余一生之最艰巨任务。敌之强，强其工事、堡垒、火力。若与敌争夺一山一地得失，中敌计也。须摧毁其工事，肃清其堡垒，斩杀顽敌，余始克有济。

9月7日，在历时66天、经过10场苦斗后，松山终于被远征军克复。

第8军奉命攻打松山，将士伤亡5700余名，连同新28师前期攻击伤亡将士1000余名，共死伤将士6763人，与日军伤亡比为8∶1。

云南民众为纪念阵亡远征军将士，在昆明圆通公园立碑并刻字如下："岛国荼毒，痛及滇西，谁无血气，忍弃边陲，桓桓将士，不顾艰危，十荡十决，甘死如饴，瘗忠有圹，名勒丰碑，懔懔大义，昭示来兹。"

松山一役，对日军震动极大，就连龙陵、腾冲的守敌也感到末日即

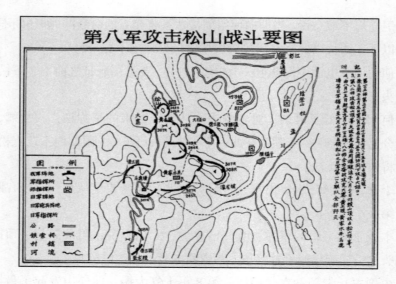

第8军攻击松山战斗要图

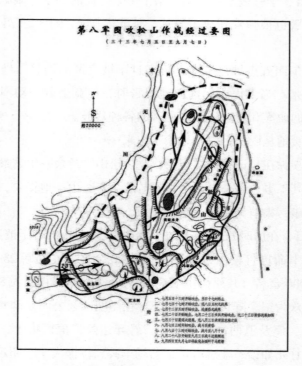

第8军围攻松山作战经过要图

将来临。松山是日军控制滇缅公路国境段的最大据点，松山据点一经清除，滇缅公路上的惠通桥至龙陵前线一段便可畅通无阻了。

1945 年春，国民政府为表彰何绍周在松山战役中的卓越功绩，授予其最高荣誉"青天白日勋章"。授勋时，本不想旧事重提的何绍周似是触景生情，眼含热泪难以自控，当即挥毫，动情地写下一阕《鹧鸪天》：

> 掩鼻沙场腥腐扬，古来征战几人还？
> 自从驻马松山前，直到而今杀敌忙。
> 炮声隆，战鼓响，血溅何须避刀芒。
> 再看战旗飘扬时，纵使英雄泪满襟。

火狱中的腾冲

腾冲的 5 月，不到 6 点太阳就从一旁的高黎贡山露出了头。

悬挂于城中鼓楼上一座叫"侯琎钟"的大钟，在每天这个时候都会被准时敲响，暮鼓晨钟之声可达十数里之外。这深沉悠远的声音自铸钟以来，五百年从来没有间断过。

负责腾冲城防的日军"腾越守备队"（腾冲旧称腾越）队长的藏重康美大佐，乘着钟声来到城外最高峰来凤山，与驻守来凤山的守备队员一起，列队朝东北方向的日本皇宫遥拜。

随后，藏重康美与来凤山守备队长成合盛一起检查了防御工事的情况。

当藏重看到山下蜿蜒的龙川江时，突然问身边的成合盛："你还记得岛崎藤村的《千曲川漫步》这首诗吗？"

成合盛有点茫然地愣了下神，随即回答道："当然记得，它是明治维新后诗歌的代表作。可是……"

藏重康美像是没听到回答一般，看着远处的大山、古城和江水，自顾自地轻轻吟唱道：

昨日如旧，今日莫非依如旧。

此身何以龌龊，只为明日烦忧。

多少荣枯幻梦，沿残谷一去不再回眸。

看河水翻波，泥沙同流。

鸣呼，古城你把何事倾述，

浪花你把何事答酬。

静思已逝光阴，

百年过后依如旧……

成合盛这才明白过来，立即劝道："长官！请别念了。我知道你是睹物思乡了！但眼下，大战在即，现在不是我们应该哀愁的时候。"

藏重缓缓地说："现在缅北后路已断，中国军队即将兵临城下，我们彼此都清楚，此战以后，我们都将魂归故里！"

成合盛在一旁低头不语。

此时，日军上上下下已经弥漫着一股浓厚的失败情绪，但他们仍会拼死一搏，以效忠那遥远的、看不见也摸不到的天皇。

就在日军不断加强腾冲防御之时，远征军第20集团军已顺利完成肃清高黎贡山之敌的任务。6月23日，霍揆彰接到远征军司令长官卫立煌的电报：速取腾冲。

霍揆彰，湖南酃县人，黄埔军校第一期毕业，曾参加淞沪抗战、武汉会战、第一次长沙会战。在淞沪战役中，率第54军于罗店一役重创日军精锐；第一次长沙会战中，率7个军布防洞庭湖西岸，阻击并重创日军。

霍揆彰接到电报后，立即挥军南向，兵锋直指腾冲。

24日，霍揆彰将第54军军长方天召至指挥部说："按照蒋委员长和卫长官的要求，我们必须尽快攻取腾冲。"

霍揆彰指着腾冲的作战指挥图说："腾冲虽然是座方圆不过3平方公里的小城，但它的周边却有4座小山和1条江可作为天然依托，尤其是城南的来凤山，不仅离城最近，还高出腾冲150米，可鸟瞰全城。"

方天心领神会，点头说："先取下来凤山，控制外围高地，再居高临下攻打腾冲城！"

霍揆彰随即命令方天率领 54 军尽快拿下来凤山，为攻打腾冲城做好准备。

方天领命后，以为凭着人多枪多的优势就能轻取来凤山。他派出 4 个团的兵力与来凤山 400 多防守的日军强打硬拼，结果用去整整一个月损失了近 1000 人，却不能前进半步。

霍揆彰一怒之下，撤换了方天，任命第 54 军副军长阙汉骞当军长。谁知这一临阵换将竟收到了奇效。

阙汉骞通过前段时间的观察，发现日军来凤山上的工事虽然稳固，但却存在不少漏洞。由于两年前，日军在建造来凤山防御工事时还拥有着空中优势，所以在设计时没有考虑到来自空中的打击。此外，来凤山上的日军为了提升火力打击视野，

阙汉骞，字拨云，湖南宁远人，毕业于黄埔四期，曾参加过淞沪会战、武汉会战和昆仑关战役。1944 年 9 月，因在腾冲战役中的表现突出，由第 54 军副军长升至军长。

还将山上的树木全部砍光。这些因素给中国远征军的轰炸和炮击创造了有利条件。阙汉骞准确地找到了日军的死穴，他请求第 14 航空队对来凤山日军进行不间断的轰炸。经过中国空军短短两个多星期的空袭，驻守来凤山的日军在轰炸机无情的轰炸下一个个飞上了天空。

7 月 26 日，就在攻取来凤山的当天，阙汉骞下令全军加菜聚餐，他则策马直奔霍揆彰指挥部而来。

霍揆彰见到阙汉骞后非常高兴，并告诉阙汉骞：他将把第 20 集团军的指挥部迁至距离腾冲不到 4 公里的和顺乡。

阙汉骞听后也表示将把第 54 军和所属各部队的指挥所尽量前移，以向全体官兵表示攻克腾冲的决心。

在攻下来凤山后，霍揆彰和第 20 集团军的全体将士对快速攻下腾冲充满了信心。

霍揆彰计划以 4 个师约 5 万人的兵力从四个方向同时向腾冲发起攻击。同时他还请求美军轰炸机保持空中轰炸，打算一鼓作气拿下腾冲城。

8月2日，一切如计划般顺利：轰炸机和战斗机在腾冲城上空肆虐着日军的工事，随后，第20集团军所有的大炮齐鸣怒吼，接下来是一波接一波的步兵冲锋……

然而到傍晚时，霍揆彰得到的结果却是：远征军伤亡上千人，而腾冲城却毫发无损。霍揆彰惊呆了，他从来没遇到过如此情形。

一连几天，远征军将士们都保持高强度的攻击态势，但腾冲城依然像块顽石般屹立不动。后经侦察才发现，腾冲的城墙结构与其他地方完全不一样。腾冲的城墙全是用当地的火山条石修筑而成，这种石头非常坚固、光滑，而且具有弹性。炸弹从飞机上下来后，会被弹开到数十米以外，因而无法对城墙造成太大的伤害。

为此，有美军飞行员在航空炸弹上安插上钢筋，通过低空投弹，使钢筋插入城墙后固定住炸弹，然后再引爆。经过测试，这种"装上刺刀的炸弹"果然有效。

8月4日下午，美军出动大批轰炸机投下特制的"刺刀炸弹"，终于将腾冲南城的城墙炸开几个缺口。远征军将士们蜂拥着冲进了腾冲城。

但日军在藏重康美的带领下，迅速进行反击，将攻入城内的远征军击退。接着远征军首次使用美军配发的M2火焰喷射器再次从城南发起攻击。同时，第14航空队还派出15架轰炸机助战，腾冲城瞬间变成一片火海。

火焰喷射器带给日军的心理威慑是巨大的。在战争中，如果对敌人一击致命，也许会引起存活敌人更大的仇恨；如果是带给敌人以巨大的杀伤，而这些伤员不仅需要耗费兵力去掩护和救治，伤员的痛苦和呻吟带给旁人的影响则是不可估量的。

远征军如洪水般不断向城中涌来，与日军展开了更为艰苦的巷战。

战至8月8日，藏重康美看到日军守备队损失惨重，便向第56师团师团长松山佑三发电要求撤出腾冲，被严厉拒绝。松山佑三还命令藏重：在第56师团主力龙陵会战期间要不惜一切代价守住腾冲！

藏重康美看到求援无望，求退不成，只能选择拼死决战。

8月13日，美军出动18架战机对腾冲进行俯冲投弹。炸弹正好落在设在东城门洞中的日军临时指挥所中，藏重康美及其手下共32名官兵，顿时毙命。一切就像开始时的寓言一般，藏重康美在丧钟声中结束了自己罪恶的一生。

然而惨烈的巷战仍在继续。由于对城内地形不熟，加上单兵作战能力较弱，远征军伤亡人数不断上升。23日，远征军部队仅向前推进了10米就牺牲了约400人。

8月30日，当第116师第348团攻打到文昌宫时，再也难以前进一步了。

他们终于看清楚了每天清晨准时报时的"侯琏钟"的模样——一口高1.9米、口径1.4米、厚达2厘米的大钟正扣在路中。一名日军躲藏在大钟里，将一挺机枪从大钟腰部的一个孔洞里伸了出来。原来是日本人凿穿了厚如坦克装甲般的"侯琏钟"铜壁，并将它当做一个钢铁堡垒企图阻止远征军前进的步伐。第348团团长毛芝荃虽然下令以重机枪、手榴弹集中攻击，却依然无法掐断大钟里不断喷出的火舌。直到4天后，大钟里的枪声停止了，远征军士兵们冲上前掀开大钟，才发现里面的日本兵已被震得七窍流血而亡。

就在腾冲城内巷战处于异常胶着、僵持不下的局势之时，卫立煌将正在攻击中的第36师余部调给左路的宋希濂去攻打龙陵。

霍揆彰对当初卫立煌将集团军主力第8军调去支援宋希濂的第11集团军就大为恼火，这次对于卫立煌在关键时刻将兵力调走，更是怒不可遏。霍揆彰立即向卫立煌发去一封电报表示抗议，同时还向蒋介石发去了密电。

霍揆彰9月10日致蒋介石密电：

> 窃本集团自辰真渡过怒江攻击作战，迄今五月。越高黎贡山扫荡腾北，攻击腾城，经激烈战役四十余次，官兵伤亡十之六七，成以未冬登城开始巷战，寸土必争，血流成渠，惨烈之状难以形容，官兵伤亡更倍于前，各部战力消耗殆尽。迭次请援，而第八军及二百师先后开到，均已使用于龙陵方面，本集团（军）既无一兵增加，即各师伤亡、缺额，亦未予补充……不料城内正攻占大部之时，忽奉长官部通告，敌增兵龙陵，请甚急。复据敌有邦乃渡龙川江北犯模样，职为保障集团军侧翼安全，不使腾城功亏一篑，于部队困难

万状、战况十分紧张之际，由城内抽调三六师残部占领南甸迄龙头街、龙川江右岸，阻敌北进增援腾城。不料，三六师尚未部署完毕，即奉长官卫申佳亥诚电令，着该师归宋总司令指挥，立刻渡过龙川江，夹击向龙陵北犯之敌，等因。本集团军侧翼已完全毕露，敌倘即窜扰，职已再无一兵可以抽调堵击，影响腾城攻略，实堪顾虑。除电长官卫核示外，谨电奉闻，伏乞察核。霍揆彰。申灰巳。信。印。

蒋介石对于将帅之间的矛盾不便过分插手，很快他便回电，一方面表示要霍揆彰尊重卫立煌的决定；另一方面也对其进行了安抚。

蒋介石复霍揆彰密电：

> 保山霍总司令：申灰巳信电悉。该集团军自渡河攻击以来，备历艰苦，战绩卓著，至为嘉慰。关于卅六师划归宋总司令指挥一节，仰遵候卫长官核示可也。中正。

霍揆彰接到蒋介石的密电后，知道如果还与日军僵持下去，一旦日军援军一到，则远征军必将前功尽弃。霍揆彰抱定必死的决心，命令远征军官兵，与腾冲日军进行最后的搏杀。腾冲的每一个角落一时间都变成了血腥的角斗场。

四天后，日军声势衰竭，太田大尉给师团司令部发去诀别电报："我们已经弹尽粮绝，准备在13日进行最后一次突击。"随即他们焚烧了日军军旗，然后向中国远征军发起自杀式的冲锋。最终日军腾冲守备队犹如风中的残烛般，熄灭在远征军官兵的刀枪之下。

当时于第14航空队任职的美军少校布鲁威尔·刘易斯在《死去的日本和牵牛花》中这样记录当时的场景："每天从飞机上，我目睹着腾冲城在慢慢地毁灭。我可以看到一栋栋房屋在燃烧，一个个的弹坑以及中国人的厮杀。战斗结束，每栋建筑物，每个活着的生命被系统地彻底地摧毁了。死亡的波浪从东到西，从南到北冲刷着整个城市。腾冲城被毁灭了。"

远征军第20集团军历时127天，所历大小战斗40余场，击毙敌指挥官藏重康美等 100 余人，士兵 6000 余名。远征军自身伤亡军官 1234 名、士兵 17075 名，这些英魂后来全部葬在位于来凤山北麓的"国殇墓园"之中，以供后人祭奠哀思。

如今，腾冲这座滇缅古道上的小城早已恢复了祥和与宁静。但人们还时常会想起 70 年前的那场激战——它就像是一个开足了马力不停轰鸣的机械怪兽，当噬够了鲜血和肢体之后，便躺在遍地残骸的战场上酣睡。当人们开始遗忘时，它又随着高黎贡山的风消失在无垠的丛林之中。

"龙师团"的埋骨地——龙陵

两辆美式威利斯军用吉普小心翼翼地辗过惠通桥上新铺的木板，随后颠簸在泥泞的便道上，低吼着朝松山方向驶来。

卫立煌坐在前面的车上，一路上都沉默不语、面无笑容。

美军联络顾问团团长弗兰克·多恩准将则在后面的车上与翻译有说有笑地谈论着什么。

道路两侧繁盛的树林和灌木，将蜷曲的树叶和弯曲的枝干不时地伸向道路中。

当车子行进到松山脚下的一处弯道时，一群修路的工人和运送物资的车辆将他们堵在路中，不能通过。卫立煌正想下车一看究竟，忽然在人群中发现一个熟悉的身影。

卫立煌立即认出是滇缅公路工务局局长龚继成。

龚继成，字骏声，毕业于唐山交通大学即现在的西南交通大学前身，早年师从著名桥梁专家茅以升，并在 20 世纪 30 年代协助茅以升修建了中国第一座现代化大型桥梁——钱塘江大桥。抗战时期，受国民政府委托，负责修建滇缅公路、中印油管和中印公路等工程。

龚继成也看到了卫立煌，先是远远地挥手致意，然后快步向卫立煌走来。

龚继成微笑着，用浓浓的苏南口音对卫立煌说："让卫长官受累了，实在不好意思啊。几日来的大雨冲得公路有几处塌方，我们正在组织工人

美军联络顾问团团长弗兰克·多恩（右）准将
在怒江前线

抢修，很快就能通行了。"

卫立煌也不顾龚继成一身的泥浆，紧紧握着他的手说："一家人怎么能说两家话？你们没日没夜地抢修公路，还不是为了让物资尽快地运到前线去打鬼子？"

卫立煌看了眼路边正在整修路面的工人，关切地问道："龚局长，正好我有事询问一下。现在中印公路工程进展到什么程度了？"

龚继成答道："目前，中印公路北线——保山至密支那路段，正按部就班地进行着，按蒋委员长的要求如期通车问题不大。现在最大的问题还是集中在南线的滇缅公路上。"

这时，多恩将军也下了车，走过来与龚继成热情地打招呼。

多恩刚才听到他们的谈话内容，他插嘴道："此次远征军作战正是以滇缅公路为线，形成两个战场。北侧由第20集团军攻击腾冲；南侧由第11集团军主攻松山和龙陵。"

多恩扭头笑着对卫立煌说道："龚局长这是在含蓄地批评南侧第11集团军作战不力啊！"

龚继成连忙解释道："不敢，不敢！

龚继成，滇缅公路工务局局长兼任新工程处处长及油管工程处处长，负责抢修滇缅公路和铺设平行于保密公路的中印油管，被罗斯福赞为"中国第一流的工程师"，后被授予中国工程师的最高荣誉——"中国工程师奖章"。

南线修筑滇缅公路怒江以西段的任务的确很重，道路常年失修再加上日军的破坏，目前状况非常令人堪忧。"

卫立煌面露急色地说："上次召开会议时，不是说要'先完成适应军事应急所需的便道，确保军需物资能够提供到前线，然后再对道路进行整修和改善'的吗？"

龚继成答："卫长官莫要急，滇缅公路工务局奉您的命令，为配合远征军的军事反攻行动，正尽最大力量打通滇缅公路。我们为此还组织了'滇缅公路抢修总队'，紧随远征军官兵一道抢修整备道路。"

卫立煌一听来了兴趣，反正前方道路塌方，离通车还需要一段时间。他索性将龚继成拉到车后座上，听他详细讲来。

龚继成接着说："我们在滇缅公路抢修总队下设立了3个抢修分队：即惠（通桥）畹（町）抢修队；畹（町）腊（戍）抢修队；畹（町）八（莫）抢修队。由于前方作战部队正沿滇缅公路围歼和扫荡日军各个据点，我们所能做的就是等待前方日军被清除以后，在第一时间接通被日军切断的援华物资陆上通道。"

多恩在一旁倚着车，说道："龚局长的工作成效非常明显。我们看到前面远征军官兵一路攻城拔寨，后面被日军破坏了的桥涵隧洞也被你们全部修复了。由于前后方公路通畅，反攻战事就能得到及时而便捷的支援了。"

龚继成笑着说："感谢多恩将军的夸奖。为了提高工程施工效率，我们还调动了保山、腾冲、莲山等地2万多名工人，配合750名工兵日夜不停地赶工。"

多恩又在一旁提醒道："龚局长，你可别忘了还有我们美军提供的200台大型筑路机哦！"

卫立煌听后大笑着对多恩说："多恩将军请放心，中国人民永远不会忘记你们对我们的支援！"

接着，卫立煌紧紧握着龚继成的手说："龚局长，现在远征军的后方交通命脉就全仰仗你们了。"

龚继成点了下头，坚定地说："我向卫司令长官保证，滇西日军据点清除之日，就是滇缅公路与雷多公路接通之时！

多恩一听，高兴地说：日军在滇西，现在只剩下龙陵这个最后的据点了。看样子，打通中印公路应该是指日可待喽……"

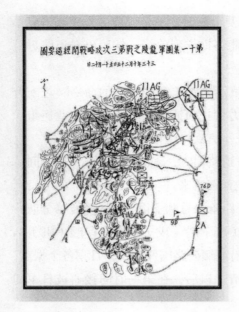

第 11 集团军龙陵战斗经过要图

此时，从前方抢修道路的人群中传来一阵欢呼声，道路又恢复通车了。

龚继成下了车与卫立煌和多恩挥手告别。

卫立煌上车后对着司机说："加快速度，我要尽快到达龙陵的尖山寺指挥所！"

近 3 个月来，卫立煌始终对宋希濂攻下龙陵的乌龙事件耿耿于怀。

远征军第 11 集团军总司令宋希濂精心选择了 6 月 8 日，作为向龙陵发起攻击的日子。在中国传统中，这两个数字是顺和发的谐音，宋希濂祈祷着手下的第 87 师和第 88 师能有个好运气。

的确，战争需要冒险也需要运气。从这点来讲，当天宋希濂可谓全占了。

而驻守龙陵的日军也没有想到远征军会绕过腾冲和松山向龙陵直接发起攻击。当时日军几乎将所有兵力调去支援腾冲和松山的战斗，只留了一个大队的兵力驻守龙陵。加上其他非战斗人员和伤病员在内，在龙陵城内的日军总共才 700 余人。

远征军以两个师的兵力对付 700 余人的日军，经过 40 多个小时的战斗后，第 87 师第 259 团终于攻克龙陵老城区，并派第 3 营直取日军设在龙陵南郊的伏龙寺指挥所。

6 月 10 日，龙陵城内的各个据点都为远征军所掌控。日军加上工兵所有能战斗的人员，已不足 300 人，而且已经全部退缩到城区外侧的观音寺附近。眼看人数众多的远征军将会像牛刀杀鸡一般将留守龙陵的日军全部歼灭之时，不可思议的事情发生了。宋希濂竟然以"因连日大雨，飞机既未输送弹药，又不能协力轰炸；兵站输力薄弱，亦不能及时输送炮弹"为由，命令远征军停止进攻！

第87师和第88师也因势所需地向宋希濂发去喜讯：已攻克龙陵城！

宋希濂得到消息后大喜过望，立即越过卫立煌，急不可耐地向蒋介石发去捷报：远征军已占据龙陵各要点，龙陵近郊也分别被我围攻，龙陵已被攻克。残敌正向龙陵西南溃退，远征军将继续扫荡、确保战果！

第二天，这个消息马上就通过媒体传遍了全世界。美军顾问多恩准将也在第一时间向宋希濂发来贺电。

但宋希濂还是高兴得太早了。当日军第56师师团得知龙陵告急的消息后，立即从腾冲紧急抽调第113联队1500余人沿腾龙公路南下支援。此前，宋希濂原本派出工兵部队负责炸毁腾龙桥，但这些工兵竟鬼使神差地没有炸成。很快，日军支援部队就突破由远征军把守的左翼阵地，攻入龙陵城内。

日军主力部队的突然到来，立即引起了远征军官兵的恐慌。第87师见势迅速退至龙陵城外，第88师竟然不经战斗就弃城而走。就这样，日军以1500人的兵力，直接吓退了远征军2个主力师。接下来的几天里，日军小股增援部队不断从芒市赶来，远征军官兵只做了象征性的交火后就放弃了各个据点，全力后撤。

就这样，远征军2个师占领龙陵城不到一个星期，就被1500多人的日军重新夺回。

龙陵捷报系"谎报军情"的消息，一时间让同盟国的舆论一片哗然。错报军情的消息损害了中国的声望和远征军的形象，更让蒋介石颜面尽失。史迪威甚至直接责问蒋介石，要求查明真相。

6月17日，重庆侍从室吕文贞参谋直接打电话给卫立煌，传达蒋介石的"钧谕"："饬即查明放弃龙陵系何人所下命令，迅速具报，等因。"

卫立煌一脸茫然，几天来他都被蒙在鼓里，后来才知道是宋希濂越过自己直接向蒋介石邀功。此时，正遇第87师师长张绍勋因仓促放弃阵地，自觉愧对国人而拔枪自尽，后因子弹偏出而被救活。无奈之下，卫立煌连发5封急电向蒋介石做出百般解释，并将责任都推到张绍勋身上，才平息了蒋介石的愤怒。

虽然这一次，宋希濂算是侥幸过了关，但攻占龙陵的最佳机会已经

丧失。作为一名指挥着近 10 万人的集团军将领，一个错误往往就决定着千万人的生死，甚至国家的命运。事后证明，宋希濂在战争中浪费了良机会带来多么严重的后果！

之后几日，日军派兵不断增援龙陵，一时之间，龙陵战事陷入僵局。

7 月 13 日，宋希濂决定将功补过，他调集了 5 个师 3 万余人，向龙陵城发起第 2 次攻击。由于上次失败让远征军将士脸上无光，此次战役中，远征军官兵个个敢打敢冲，经过 10 余天便将龙陵城外据点全部收回，并将日军压至龙陵城内。远征军司令长官卫立煌充分吸取了第一次攻打龙陵得而复失的经验，命令第 11 集团军一鼓作气攻进龙陵城内，不给日军任何喘息的机会。

战至 8 月中旬，远征军已突破日军的城外防线，攻入龙陵城内与日军展开激烈的巷战。当时日军只剩兵力不足 2500 人，而且已被远征军逼至城南一隅。眼看日军即将覆没在远征军如潮的攻势之时，守备队长小室钟太郎中佐向第 56 师团司令部发去求救电报："龙陵连日来日夜遭受优势之敌猛攻，即使奋战，也只能再坚持 2 天。"

日军第 56 师团师团长松山佑三和第 33 军军长本多政材看到电报后，立即意识到事态的严重。对日军来说，龙陵一旦失守，那腾冲和松山的防御将成为摆设，日军在滇西和缅北将失去战略上的支撑。本多政材立即命令第 56 师团主力紧急从芒市出发，疾驰龙陵进行救援。同时，松山佑三也向小室钟太郎下达了死守的命令，令其要想尽一切办法在军主力到达前，确保龙陵不失。

很快，日军第 56 师团主力和第 33 军第 2 师团向龙陵外围展开攻击。

蒋介石得知龙陵情报后，决定与日军在龙陵展开总决战，他亲自电令第 5 军军长杜聿明率领这支从未来动用的"王牌"部队，开赴龙陵与日军决一死战。

此次会战，打算一雪前耻的远征军将士本就憋足了劲儿要与日军一较高下，加上又有蒋介石在后面亲自督战，因此变得更为强悍。

中日两军拉锯鏖战至 9 月中旬之时，日军收到松山和腾冲先后失守的消息。第 33 军军长本多政材流着眼泪，在悲叹之中下令日军停止攻击。他命令第 56 师团先行后撤至芒市，第 2 师团在龙陵负责殿后，以掩护第

56 师团顺利后撤。迫于远征军强大攻势，决定死守龙陵的小室钟太郎，在看到援军迟迟无法到来时，选择了切腹自尽。

远征军眼看即将大功告成之时，宋希濂突然收到一纸调令，被派至重庆陆军大学进修，由黄杰代任第 11 集团军总司令之职。黄杰后来在回忆录中写道："我于 1944 年 9 月，奉命接替第 11 集团军总司令职务，我的任务是：再兴攻击，克复龙陵、芒市、遮放、畹町四大据点，打通中印公路，重开国际路线。"

随着松山和腾冲相继攻克，远征军士气更加高涨。龙陵至保山、腾冲公路完全打通，使龙陵前线部队的补给得到充分保障。而且雨季过后，美军飞机的支援也更加方便。

10 月 29 日，远征军在空炮协同下，向龙陵残敌发起最后的总攻。日军勉强抵挡了 3 天后，放弃在龙陵最后的阵地和指挥所——伏龙寺，开始沿滇缅公路向芒市方向狼奔豕突。

本来负责防守龙陵的日军第 56 师团，于 1940 年在日本九州被命名为"龙师团"，此后他们横行东亚战场千余天，结局却是走进自己的坟墓。龙陵最终成了"龙师团"的埋骨地！毕竟异域之龙，非中华之真龙，它要强行在中国土地逞强，结局只能是命丧黄泉。巧的是，连日本战史中也将"龙陵"记叙为第 56 师团的"宿命之地"。

1944 年 11 月 3 日凌晨，中国远征军正式宣布收复龙陵。

不久，日军第 56 师团的番号也被取消。

中国远征军在克复龙陵之后，日军赖以盘踞滇西的强固据点均被扫除，日军在滇西苦心经营的防御链也随之土崩瓦解。随后，中国远征军一路南下气势如虹，日军则呈灰飞烟灭之势。

11 月 20 日，远征军夺回芒市。

12 月 1 日，攻占遮放。

12 月 21 日，第 53 军、第 6 军、第 2 军联合进攻畹町。

1945 年 1 月 20 日，顺利攻克畹町，将残余日军逐出中国滇西国土，云南怒江以西沦陷了 2 年半的家园终于重回祖国的怀抱。

至此，我滇西国土全部解放。远征军则乘胜追击，一举杀入缅甸境内追歼日军。

中国远征军在历时 8 个半月的滇西反攻作战中，共歼敌 21057 人，以伤亡 67463 人的代价收复了滇缅公路，并为最终打通中印公路做好了准备。"这次战役，不仅是中国军队自抗战以来，于重大会战中取得胜利的第一个战役，更是自鸦片战争以来，中国在反侵略作战中，第一次把外国列强逐出国门的战役。"

这正是：

> 烽火散尽百路直，腾龙毁蹦太阳旗。
> 重拾山河咸名起，忠魂英烈耀千秋。

滇缅公路已经恢复荣光，中印公路的胜利之仗，正在不远的前方发出召唤！

输油管道世界中的"王者油管"

东京，千代田区。

裕仁天皇在宫内的长廊中缓步而行，他的亲信、掌玺官木户幸一弯着腰在后面紧紧跟随。裕仁忽然停住步伐，长久注视着霜锦亭旁边的红叶。

"东条英机内阁下台多久了？"裕仁问道。

"已经快 2 个月了。"木户幸一低声答道。

"哦，时间过得真快，日本海军在菲律宾的失败都过去 2 个月了。听说，现在陆军在东南亚和中国的战事也很吃紧。"

裕仁眼中透露出难以言状的悲凉！

木户幸一沉重地说道：我们的战争资源已快枯竭，我们所征服的土地也正在一点点地失去……

裕仁提高了语调，打断了他的话，说道："如果可以实现和平并且不必背负裁军和战争责任，我才不在乎我们所征服的领土。"

日本宫内厅完成的《裕仁天皇实录》中记载了裕仁的这段话，具体时间是 1944 年 9 月 26 日，也就是日军在密支那、松山和腾冲刚失利不久。

可见，当时日军从天皇到士兵，已经普遍对战争充满了一种悲观的情绪。

裕仁天皇当时的心情，与 10 年前蒋介石的心情十分接近。在抗战前夕，随着中国土地被一点点地蚕食，中国的战争资源显得更加捉襟见肘。旧中国一直被世界列强称为"贫油之国"。日本发动侵华战争时，中国还没有生产原油和汽油的能力。要知道石油对于机械化战争的作用，就好比血液对于人体的作用一般，可以说是一刻也不能缺少。作为重要战备资源的石油，中国几乎全都依赖于进口，这已成为中国人心中永远的痛。直到抗战后期，国民政府才发现甘肃玉门有油矿。当蒋介石听到中国也能产油时，喜出望外，立即派资源委员会委员长翁文灏到甘肃主持开发油矿。但受到物力和技术因素的制约，当时开了 7 口油井最后只有 5 口井出油，这些油无论是从数量还是质量上都无法满足抗战的需要。此外，要将这为数不多的油从玉门运到 600 多公里以外的兰州，在不通火车的情况下，只能依靠汽车，况且汽车本身耗油量就非常巨大。所以，当把从油田好不容易开采到的原油运送到抗战前线时，基本上就所剩无几了。

出于无奈，抗战时期中国的石油资源只能依靠国外供给，中国已丧失了战争中最基本的自我补血能力。

当时，中国的沿海口岸即将被日军封锁，油料供应也将中断。蒋介石的痛苦在于：国内汽车运输需要大量用油、美国空军需要大量用油、维持基本的国内工业生产也需要大量用油……而这些又都是抗战得以持续下去的基础。这正是应了一句俗语：越需要什么的时候，就越欠缺什么。

其实早在抗战爆发前，津浦铁路有个叫郑华的工程师就曾预料：日军一定会封锁我国的海岸线，并切断中国能源物资的进出。他想到一个可以解决战时石油输入问题的方法——铺设管道。郑华在进行实地调查研究后，在 1937 年分别向国民政府行政院、军事委员会运输总司令部提交了铺设由缅甸至重庆石油管道的计划建议书。但他的这一计划方案却被国民政府认为不切实际而拒绝。

1940 年时，正如郑华所料的一般，中国沿海港口悉数失守，外国援华物资受阻，石油的海上运输完全中断，抗战的交通运输和空军即将处于瘫痪的状态。

此时，郑华干脆连续三次直接上书蒋介石。终于，铺建石油管道的建议被蒋介石采纳。随后，财政部长宋子文请美国油管专家到滇缅公路沿线现场考察后，方案得以通过。经过一番曲折后，建设经缅甸通往重庆的石油管道项目，终于进入了筹备实施阶段。正当中国从美国调运油管之际，日军南方军就大举入侵缅甸，并迅速占领了缅南地区。郑华当初设想从缅甸通过陆路向中国输油的计划被迫中止。

1942 年 5 月，中国远征军第一次入缅对日作战失败后，滇缅公路这条唯一的国际运输线也被日军切断、封锁。中国抗日战争正面战场的汽油、柴油、煤油等燃料供应，只能依靠中印驼峰航线输送。通过杯水车薪的航空运油方式，不仅消耗极大，而且成本过高。中国的油荒越来越严重，完全供不应求。虽然当时国民政府提出了"一滴汽油一滴血"的口号，号召全民节约用油，以便将油料集中用于军事用途，甚至民用汽车都改用酒精和木炭作为燃料的替代品。但油料来源受限的问题依然无法解决。抗日大后方和战场上，到处都可见到因缺油而停驶多日的汽车，中国的交通运输几乎处于完全瘫痪状态。

太平洋战争爆发后，随着中国战区在国际反法西斯同盟中作用的不断显现，中国战区缺油的问题，直接影响到整个同盟国的军事行动。

为此，1943 年 8 月，中、美、英三国首脑在加拿大魁北克举行会议，决定将中印油管与中印公路一道列为盟国紧急军事工程项目，在修建中印公路的同时，铺设自印度加尔各答至中国昆明的输油管，以解中国战区缺油燃眉之急。

1943 年 12 月，就在中印公路动工修建 1 周年之际，中印油管也正式开工建设。

中国政府任命龚继成为国民政府军事委员会战时运输管理局油管工程处处长，负责与美方商定油管勘察和铺设的相关事宜。美国方面则由刘易斯·A. 皮克准将担负起指挥美军输油管建设的职责。经龚继成和皮克共同商定后，大批油管和熟练工人从美国调来滇缅印战场参加施工，同时还雇佣 7000 余名印度和 5 万多名中国劳工进行繁重的体力劳作。

按计划，中印输油管线前期，需铺设 3 条油管：2 条以印度阿萨姆邦迪格堡油田为起点，另 1 条以加尔各答作为起点。3 条油管先各自延伸，到雷多汇集到一起，然后再以中印公路为起点并排铺设。这些油管将伴随中印公路穿过胡康河谷、伊洛瓦底江、高黎贡山、怒江、澜沧江和云岭，最后抵达云南昆明。

为了加快工程进度，使原油可以尽快输送到中国抗战的各个战场，中美两国商定，从中印公路两端同时铺建管道：美国陆军建筑队主要负责印度和缅甸境内的输油管铺设工程；中国境内的输油管道铺设工作，则主要由中国方面负责，在美军的协助下完成。按预定计划两条管道最终在畹町汇通接合。

一开始，美军在印度境内的铺设工作相对顺利。以加尔各答为起点的1条中印油管，是由船坞内从中东和其他产油国驶来的运油船运至加尔各答港口后，经印度境内的布拉马普得拉河流域、帕特卡山脊和汀江，进入阿萨姆邦。另2条输油管线由于管道原本就在阿萨姆邦境内的迪格堡油田，所以只需与雷多的输油管接通即可。这一段地区地势平坦，因而美军的架设效率也非常高，在中国驻印军还没有反攻缅北之前，3条油管就已全部汇聚到了雷多。

当油管铺设工程进入缅甸的野人山时，麻烦开始接踵而来。首先遇到的问题就是运输车辆损耗。因山高地险，满载油管的卡车又往返颠簸于崇山峻岭之间，忽上忽下的行驶状况，使卡车轮轴和底盘经常撞击到地面，这对车辆的伤害非常大，一辆卡车往往开不了几个小时就会抛锚。

而输油管道要想与较为高效的中印公路工程进度保持一致，就要求施工人员不分昼夜地干活，一刻也不能停下来。

最大的麻烦还在于缅北雨季即将来临。美国陆军建筑队必须在5月之前通过长达20公里的沼泽地带，否则他们将面对的是一片汪洋大海。施工人员需要将沉重的油管扛到齐腰深的泥潭之中，再利用小船才能实现对接。对接之后，再将油管小心翼翼地沉到沼泽当中。

到了孟拱河谷时，连续近2个月的大雨让美国工兵们甚至开始憧憬起沙漠的美好来。他们抱怨着：宁可被沙漠的阳光晒成一具干尸，也比每天泡在雨中被水蛭、蚂蟥和疟疾、痢疾折磨要好得多。在这样的大雨之中，连头发都可以长出霉来。而工人们还要集中精力让设备和工具保持良好的工作状态。

当油管逐渐延伸到加迈和孟拱时，连油管车都无法在淤泥中通行了，

美军工兵沿着中印公路铺设油管

只能完全靠冲锋舟来输送物资。有时，他们还不得不动用大象来帮助完成运输任务，但如果距离太远的话，就连一贯朴实勤劳的大象也会出现消极怠工的现象。

加迈到密支那的路由于经常被洪水冲没，工程还需另外开辟一条便道，在绕过几公里后，又重新回到中印公路上进行会合。这一条条油管忽而腾空跃起在半空中，忽而又钻入地下，蜿蜒起伏如巨蟒一般盘旋于峰峦密林之中，颇有几分恢宏的气势。

在层层磨难考验下，美军铺筑的油管在艰难地向着畹町方向前进……

中国境内中印油管的铺设，由国民政府战时运输管理局工程处负责日常管理工作。铺设工作于1943年10月开始测量，半年后进行分段同时施工铺设。在中美双方技术人员组成的"联合指挥中心"指导下，3000多名中国技术工人和5万多民工焚膏继晷地努力工作。

由于中国与外界的海、陆交通都被切断，因此在中国铺设油管的每一个零件都是通过驼峰空运而来。数千吨物资和大量的技术人员都是由美国陆军客运总队的新的司令部和下属的军队人员运输指挥部以及战斗空运指挥部的飞机运来。

这些空运来的油管，都是由易拆卸的美国造轻质无缝钢管组成，油管直径分为10厘米和15厘米两类，每节油管长约10米。油管的每节连接处先用钢箍夹住，再用螺丝拧紧，最后用电焊进行密封和加固。油管间还设有许多可用于控制和调节油量的装备。这在当时都是最新技术，而且是首次应用于中印输油管。

与美军用机械设备铺设管道形成鲜明对比的是，中国劳工和管道工兵往往是借助人力来完成输送任务。中国的施工队员们常常要在无水、无盐、无蔬菜的艰苦条件下，一人扛着一节钢管在遍地荆棘的山林中穿行。有时他们甚至要用肩扛着这些管道行走20公里的山路才能到达预定安装位置，这其中的艰辛常人很难体会。

滇西地区的部分输油管线还需要翻越高达3000多米的横断山脉。在这些高山上，即使完成了铺设油管的任务，还远远不够。为了能使原油能在管道中通畅地流动，还需要在更高的地方建立相应的油泵站和设备基地，而这些高地往往更是常人几乎无法到达的地方。

此外，在中印油管沿线还要修建为数众多的抽油站，分段给管道中的石油加压，这样才能保持管道中原油流速的稳定，避免出现因地形变化而发生油管阻塞现象。

就这样，勤劳勇敢的中国劳工们，先后翻越高耸入云、刀劈斧砍一样

的横断山脉，穿行野草丛生、枝叶茂密的原始森林，渡过浓云低垂、惊涛裂岸的澜沧江、怒江，然后跟随中国远征军的步伐，将油管一节一节从昆明安装到畹町，最终使从东西两端同时施工的中印输油管线，随着中印公路的打

工人们正在铺设中印油管

通而胜利衔接并通油。

在 1945 年 6 月之前，美国有一条从豪斯顿经得克萨斯州境内到东部新泽西工业区的大油管，长 2830 公里，号称世界上最长的油管。但自全长 3000 多公里的中印油管开通以来，美国的这条油管无论从各个方面相比，都明显逊色许多。因此，中印油管不仅是当时世界上最长的油管，还因其复杂困难的施工环境和难以超越的施工难度，被世人赞誉为"王者油管"。

中印公路和中印输油管工程，常常被称为"第二次世界大战中最伟大的工程奇迹"。正如曾参加过中印油管建设工作的美军军士霍华德在其《自由之油——中缅印输油管的故事》一文中所说："通向中国的输油管的完成，是第二次世界大战中最伟大的军事工程之一。如果没有这条输油管，在缅甸和在中国就无法和日本人作战，雷多公路的修筑和滇缅公路的维护改进工作也无法进行……同时如果没有两个战区（中缅印战区）的所有部队的相互帮助的合作精神，输油管生命线也无法完成。"

然而伟大的工程奇迹上凝结着数以万计的中、美工兵和中、缅、印各国民工的汗水、鲜血乃至生命。《大公报》上曾这样描述："在历时两年的筑路工程中，因工程事故和各种疾病而死者达数百人，被日军掳杀的 130 人，工程建成的直接生命代价是 1.5 公里一人。这是一个艰苦的不可想象的战斗场面，血汗加上无比的忍耐力创造出来的奇迹。中国的陆军、工兵与民工是主要动力。美英两盟国亦给予我们甚大之协助。"

1945 年 6 月，中印油管通油后，很快便解决了中缅印战区盟军的用油问题，中国军队及盟军的机械化部队、民用燃料得以及时供应：云南各地军用机场的飞机能就地加油投入作战、运输，崇明机场的"空中堡垒"B–52 也有了充足的油料可直飞日本东京轰炸；源源不断的燃油直送昆明后，再由昆明转运到陪都重庆及西南各地；滇缅公路沿线均可按站加油，原用于运油的车辆，改为装运其他物资，濒于瘫痪的公路运输，恢复了以往的生机。

和史迪威公路并行的中印油管

据统计：中印油管自 1945 年 6 月开始，每月平均输入航空汽油、汽油、柴油等油料约 1.8 万余吨。此时的中国，正如同一个茁壮成长的少年，不断让人们看到希望和力量。中印油管的开通，给中国战场持续输入亟需的新鲜血液，让中国抗战不断焕发出新的活力。反观当时的日本，就像一个得了巨人症并不断失血的病人，越来越少的营养完全支撑不起他庞大且虚弱的体格，更为可悲的是，他还有颗想称霸世界的心，其欲望完全超越了他的能力，到最后，只能像个被撑破的皮球，落得个凋零遍地的结局。

中印油管铺通后，国民政府倍加珍惜，在油管沿线专门设立机构巡逻保护，并颁布严格法令，凡破坏油管、偷盗管件及油料者，一律判处死刑。但战时乱局中，仍然有少量汽油通过种种渠道流入黑市商人之手。

在日本投降后，为满足受降、接收等频繁的空运、陆运需要，国民政府曾向美方提出继续使用油管输油的要求。与此同时，在中国经营汽油、煤油的亚细亚、美孚、德士古等三家美国公司，也向美国政府申请租用中印油管，但都被美政府拒绝。

1946 年 1 月 4 日，中印油管输油戛然而止。美国对外清理委员会将

沿线 492000 节油管和 35 个抽油站以及 50 个储油池的设备，按照废旧金属的价格，廉价卖给了印度的几家贸易公司。中国境内的管件及设备，除了被当地农民拆做零用之外，大多拆运至甘肃，被用于玉门煤油公司的建设。中印油管的全部管理机构也被美国一并予以撤销。至此，中印油管的使命宣告终结。

70 年后的今天，当你行走在印度加尔各答街头时，还能常常看到由中印油管制成的各种物品：电线杆、旗杆、栅栏等。它们上面的字迹仍清晰可见，但那份凝聚了战时千万个劳工血泪和汗水的印痕，却早已不见了踪影。

一旦人们拂去停落在历史古镜上的尘土，当一幕幕往昔的画面不断浮现在眼前时，这场景总会令人欷歔不已。

庆典并不像你看到的那样美

1945 年，春天的到来并没有给东京带来一丝暖意，反而让日本人民感到愈发的寒冷。2 月 14 日，日本天皇裕仁紧急召见近卫文麿，要求近卫呈奏对战局的看法。近卫直言不讳道："我们在各个战场都在不断溃败，现在看来战争的失败已无可避免！天皇陛下，如果从维护国体的立场来说，必须研究尽早结束战争的方法和途径。"

裕仁又相继召见冈田启介、平沼骐一郎、东条英机、广田弘毅等重臣听取意见。最终得到的意见都高度一致：日本的结局已经注定，战争失败在所难免！

正当裕仁和他的高级幕僚们似惊弓之鸟时，李梅将军率领一大队 B-29 "超级空中堡垒"，开始抗战以来第一次大规模出击。1500 架美军飞机从航空母舰上起飞，遮天蔽日地朝着东京飞来：轰炸机向东京倾泻下 1000 多吨炸弹，击落日机近 700 架，沉、伤日军船舰 32 艘，盟军凯旋。

第二天，又是 1000 多架美机继续出动，东京的恐慌正向整个日本全境迅速蔓延……

重庆，黄山别墅，蒋介石正感受着乍暖还寒的早春风光。

侍卫来报：军令部长徐永昌求见。

蒋介石点头同意。

徐永昌见到蒋介石后显得有点兴奋，他说："委座，驻印军和远征军捷报频传即将会师，中印公路马上通车，还有中印油管也接通在即。我们前方的好消息真是一个接着一个！"

蒋介石虽然对这些令人振奋的消息喜上眉梢，但细细想来中国的抗战时局仍要面对多重考验。

蒋介石对徐永昌说："次宸，现在我们还不能高兴太早，毕竟中国还有大半壁河山握在日本人手中，而且同盟国之间其实也是貌合神离。你也知道，中国虽名为大国，实际上列强并不将我们放在眼里。眼看大战即将取得胜利，还不知盟国之间如何去瓜分这块胜利的成果。"

徐永昌说道："委座说得极是。我来正是此意。如今远征军、驻印军离会师之日不远，国军在缅北的作战目的已达成。虽说日军已呈崩溃之势，但日军在缅甸的兵力仍有 11 个师团之多，我们应避免远征军单独深入，再做无谓的消耗。其次，远征军深入缅甸作战，本就使英方猜忌甚多，英国担心胜利后我国会插手其殖民地。因此，我们在会师后应及时解散远征军，让美军指挥驻印军继续对日军保持攻势，这样一来既可以保住中国在印、缅的军事地位，还可避免中英之间的间接冲突。"

徐永昌作为蒋介石的四大部长之一，的确时刻在为蒋介石排忧解难。

蒋介石听后深表认同。

徐永昌又说："前段时间，索尔登将军将八莫市中心的公路命名为'立人路'，以纪念新 1 军将士的战绩。在英国势力范围内，以中国人的名字命名公路，委座，你看这事是否会引起英国的不满？"

蒋介石想了想说："又不是我们命名的，不用担心太多。英国方面最多向罗斯福抗议，我们中方不便对此事过多干预。"

蒋介石转念一想：不过索尔登的做法倒是很有新意，以人名来命名道路的确是一种很好的纪念方式。

蒋介石说道："次宸，我们也可将中印公路命名为史迪威公路，这样既可增进中美之间的情谊，缓解前段时间因'史迪威事件'而造成的关系紧张，还可表示我们国民政府是懂得感恩图报的。"

徐永昌立即说道："当年，史迪威不顾委座的反对而强行发动缅北战役，而且还因将运到印度的援华物资悉数运往缅甸境内作战，而强横地停止了对中国的补给。正是由于他乘人之危，落井下石，才使得我军在华中和华南地区陷于极其艰苦的境地！"

蒋介石说："次宸，不管怎么说，史迪威对中印公路的开通还是有功绩的。正是由于他有如此多的过错，我们以他的名字命名公路，才能显出我们的胸襟。'绝不以其过，而掩其功'嘛！"

徐永昌见蒋介石如此坚持，便不再辩驳，说道："委座高见！我这就去办！"

1945 年 1 月 27 日和 28 日，注定是不平凡的日子。各个群体都进入一种空前忙碌的状态。

皮克率领的由 130 辆车组成的第一批装载着美国援华物资的车队，在南坎焦急地等待，等待着前方中国驻印军和远征军联合发动的芒友攻势。

1 月 27 日，中国两路大军如秋风扫落叶之势，迅速清除了芒友残敌。驻印军与远征军大规模会师于处于滇缅公路联络站的芒友，并于当天举行了一个威武雄壮的会师典礼。

只见会场用红青白三色点缀的典礼台上，挂着巨大红色字母"V"表示胜利，台前竖着两根高杆，上方飘扬着中、美两国的国旗。在两根旗杆下，各有 4 名士兵伫立护卫着本国的国旗，其后还分别站着一个齐装满员的步兵团。两根旗杆中间，则站着中美两国的高级将领。

一块大白布上写着"庆祝中国驻印军与中国远征军会师"的大字。会场右侧有一个大拱门，上面用松针装饰着，威严而又庄重。拱门上有一块绸缎上写着："欢迎中国驻印军归国，中国远征军敬赠。"

4 个师近 5 万名官兵在这里拥抱、欢庆，以纪念这一胜利时刻的来临。

会师典礼结束后，远征军按计划回到国内。驻印军则为了确保中印公路安全畅通，继续出征扫荡盘踞在缅北新维、腊戍等地的残敌。

1 月 28 日下午 2 时，皮克带领着车队驶向中国境内的畹町。在车队进入畹町郊外时，他命令：这是我们进入中国的第一个城镇，所有的车辆必须悬挂中、美两国国旗。

接着，每辆车都按要求，在车头挂上了中、美两国国旗，还有红、蓝、白三色的条子。当这支由半吨重的载重卡车、运送武器的轻卡车、吉普车和救护车等组成的浩浩荡荡的车队行驶在路上时，看起来更像是一场盛大的游行仪式。皮克乘坐的吉普车缓缓驶过界河上的木桥，在一片热烈的欢呼声中进入中国境内。此时，中、美空军的飞机也在边界上空盘旋庆祝。

　　当皮克的车队进入畹町城内时，正赶上中印公路通车纪念典礼将要举行。皮克的到来，让庆典现场显得更加热闹。典礼上，高官政要云集，其中美军将领有索尔登上将和陈纳德中将等，英军将领是第 36 师师长费斯汀中将，中国将领则有卫立煌和孙立人等将军。此外，蒋介石委派代理行政院院长宋子文，代表自己从重庆带来一批官员专程赶来参加这场意义非凡的通车典礼。

中印公路通车典礼

皮克自然很高兴地再次加入一场更为盛大的庆典当中。

下午3点，中美两军在会场列队整齐。

当礼炮的轰鸣声还在周围的山谷中回响时，担任主持的卫立煌就开始高声宣布：典礼开始！

首先，宋子文代表蒋介石致辞，他说："今天，注定是要载入史册的一天。13年前的今天，19路军与日寇进行了淞沪会战；3年前的今天，日寇在这里截断了滇缅公路；1945年的今天，我们成功地粉碎了日寇的军事计划。我们感谢盟军的努力，特别是对美国空军人员充满了深深的敬意。我们要对美、英两国的伟大领袖罗斯福和丘吉尔致以崇高的敬意。在这里，我们最感激的，还是和中国军队一起英勇作战，在丛林中出生入死的官兵们。现实已经告诉我们，我们不能等待奇迹发生，围困中国的锁链已经断了！我们可以自信地对着敌人，待国军装备完毕，我们就要攻进日本本土！"

接着，索尔登做了简短的发言："在艰苦奋斗2年之后，雷多公路终于通车了。公路建筑的成功，是皮克将军的功劳，也是中、美合作所产生的结果。最近的将来，就会有大批的物资运进中国。我们的快乐，就是敌人的痛苦。"

第14航空队司令陈纳德，在这种重要的场合自然不会忘记热烈吹捧一下蒋介石。他说："6年以前，中国的男女老幼修筑的这条公路。3年以前，日寇妄想独霸世界，就把滇缅公路切断了。如今，敌人已经被我们驱逐，因此这条路重开了。中国有其伟大的领袖蒋委员长，所以有今天的胜利。我们特别要说，中国军队有伟大无比的贡献。将来的时候，我们必须把日本赶出亚洲。"

皮克此时想得更多的则是史迪威以及他身边的士兵和工人，他说："雷多公路是中、美的工兵铺筑而成的，不是我个人的功劳。换句话说，要不是在史迪威将军的正确指引下，我们也不会有那么大的成就。同时中国工兵团的将领也有他们的贡献。一边在放炮作战，一边就有我们的工兵。能够运输物资进中国，就是我们的成功。雷多公路开通了，盟邦中国可以获得联合国的接济了。雷多公路必可帮助解决中国的需要。"

说到这里时，他转过脸说："索尔登将军，我们的运输队要继续开到中国去。"

他又转脸对着陈纳德说："要使我们的车队平安无事，就要靠你们的保护。"

随后，皮克大声喊道："我们到中国去啊！"

这时典礼气氛达到了高潮。

卫立煌也笑着说道："欢迎车队来到中国！"

这时，这条被称为"第二次世界大战中最伟大的工程奇迹"的公路算是正式建成通车了。美国为修建中印公路提供了全部1.48亿美元的工程费用和大量物资。8万多中国军民为了开辟和保卫中印公路而献出了宝贵的生命。同样，中国军队也用4万日军的鲜血祭奠了这条近800公里长的宏伟国际交通线。

当天晚上10点整，蒋介石在重庆通过广播，向全世界播讲中印公路开辟之意义，并在同时宣布将中印公路正式命名为"史迪威公路"，以纪念史迪威将军在打通该公路中的努力，蒋介石广播词全文如下：

史迪威公路首次通车

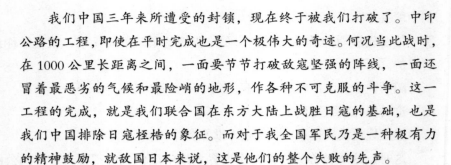

我们中国三年来所遭受的封锁，现在终于被我们打破了。中印公路的工程，即使在平时完成也是一个极伟大的奇迹。何况当此战时，在1000公里长距离之间，一面要节节打破敌寇坚强的阵线，一面还冒着最恶劣的气候和最险峭的地形，作各种不可克服的斗争。这一工程的完成，就是我们联合国在东方大陆上战胜日寇的基础，也是我们中国排除日寇桎梏的象征。而对于我全国军民乃是一种极有力的精神鼓励，就敌国日本来说，这是他们的整个失败的先声。

对于为完成这一个不朽功业而牺牲生命的中国将士和盟国将士，我们中国同胞必将世世代代表示崇敬，我和我中国全体同胞，非常感激我盟国——美国、英国、印度各地英勇的官兵。他们对于这个功业都有重大的贡献，我们不会忘记他们所经历的艰苦牺牲。他们离乡背井，在缅甸一带丛林瘴气之中，排除万难，英勇奋斗，打开敌人对我国的封锁。把凶残的敌人击溃，我沦陷区的同胞一定会为听见了这个消息而兴奋。同时美国军队正在我国的外围和中国海面给敌人以突飞猛进的打击，使他遭遇更严重而加速的失败，沦陷区的同胞一定可以推想到他们恢复自由的时间快到了。

当中国单独抵抗侵略的前几年，日本军阀向他的国民宣告说：如果滇缅路被封锁，西方各国便不能给予中国以物资的援助；中国人民的勇气必消失，中国人民便要束手无策。所以当仰光沦陷的时候，他便向日本国民夸说：中国将因此而投降。但事实上我们中国从没有与外界完全隔绝，中国也从没有丝毫因此而气馁，仍然屹立不摇地与敌寇作殊死战。同时我们盟邦美国航空人员，配送他们勇往直前的精神，利用他们科学的技术，一面抵抗着日本空军的拦击，一面克服了喜马拉雅山的天险，终究维持了中印交通，源源不断地向我们中国接济物资。

现在在这条新开通的公路上将有无数的车辆络绎不绝的往来。这条路所经过的地方，敌人在不久之前还梦想他们是可以永远占领的，而现在则成为我们输入作战物资击败敌寇的大动脉了。我们中国官兵和美国盟军，为了扫除中印公路敌寇的障碍，已经付出了重大的代价。但我们已使敌人领略我们战斗的威力，使他们知道中国与盟邦的战胜意志是不可动摇的。

我愿我中国将士再接再厉，与盟邦军队并肩作战，以获得最后全面的胜利。我们中国将士从此必更深信我所常说的，只要我们本着公理正义与实现三民主义的精神，就没有什么困难不可以排除，也没有敌寇不可克服的道理。务必本着以往十四个月在滇缅作战坚决勇敢的精神，继续奋斗，以达成我们抗战的使命。

最后我还要提及的，就是对于我们盟军战友和史迪威将军统率我们中国军队在缅甸作战与开路的功绩。因之，我们今日命名这一中印公路为史迪威公路，以垂永远的纪念。

这时，在大洋彼岸的史迪威也在收听蒋介石的广播演讲。此前，他就已收到索尔登发来的电报，索尔登将中印公路通车的消息告诉史迪威，并将中印公路的开通归功于史迪威"不屈不挠的意志的结果"。

史迪威听到广播后，抑制不住内心的感慨，也发表了一篇广播演说，以表达对打通中印公路及驻印军和远征军的赞赏之情，史迪威如此说：

索尔登将军来电曾宣布这一伟大工作的完成，中国所受包围已被打破，并重开横贯缅甸的地面交通线，中印公路已获实现，我谨向该区战士及建筑公路的工人表示敬意。过去或现在还在丛林恶劣气候、昆虫疾疫及泥泞各种情况下工作之人员，除非本人亲历其境，其生活痛苦，实难令人置信。但他们仍继续工作，并深知这一公路，将运输必要的供应品到中国，才能击溃日军。盟国对于中国、英国、南非、喀钦、那加、缅甸及印度及美国参加此一艰苦工作的人员，引以为荣。中国军人，已向世界证明，如果他们能获得适当的装备、训练和领导，必不亚于世界任何的军队。我仅向索尔登将军表示贺意，中国的胜利又完成了一环。我以阁下的决心为荣，阁下过去及现在均从事伟大的工作，我希望作战顺利，并希望该公路畅通无阻。

随后，史迪威就任美军地面部队司令，在召开的第一次记者招待会上，对蒋介石将中印公路命名为史迪威公路一事进行了回应。他说，我对蒋

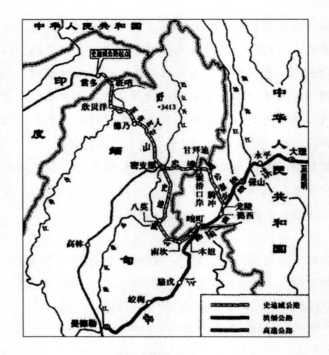

史迪威公路

委员长以我的名字命名中印公路深表惊讶，我觉得应该以筑路工人或作战的士兵来纪念这一伟大的工程会更恰当一些。

就在此时，美国驻中国大使赫尔利不知出于何种目的，在全中国都沉浸在一片喜悦、欢庆中印公路开通的时刻，竟在广播中传达了一种不和谐的声音。赫尔利在讲话中，先是代表美国向中国表示祝贺，接着不停地强调美国在中印公路中所起的作用，强调美国是如何冒着各种危险接济了中国。最令人意想不到的是，赫尔利竟然用了一大段话来贬低中印公路。

赫尔利这样讲道："关于史迪威路重通中国之陆路运输，此举自不能与美国建造'轮船之桥'横渡大西洋，并通过封锁线运输平民给养、战士之军备及百万以上之勇士拯救英国相比。史迪威路之开通，更不能与美国造舰成功相比较，尽其已使联合国重建海上自由。此路象征美国

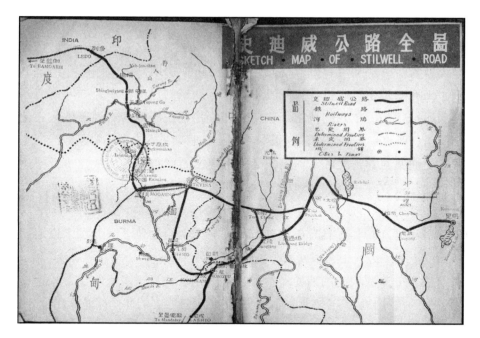

史迪威公路全图

对同盟国之忠实与无私。美国租借物资运达中国者不足百分之三，然余务须向我同胞声明者，即为此路空运为租借之物资及美国士兵之努力，中国人民随处表示永远不忘之谢意……"

赫尔利在此时发表的广播演说，明确表达了与英国之间的亲密关系，提醒中国不要忘记对美国感恩戴德。这一篇如同父教子口吻的演讲，给蒋介石泼了一大瓢冷水。美国在此时摆出一副盛气凌人的姿态，无疑是在为战后争夺世界霸权铺好道路，为其主导的雅尔塔体系定下基调。

接替史迪威就任驻中国战区美军总指挥的魏德迈，则对中印公路进行了公允的评价，他说："中印公路开放的意义，就是证明了同盟国家对日作战，在运输交通方面已经获得了一个很大的胜利。这条公路的完成，不仅仅是工程上的一个伟绩，也是最后胜利获得的一个重要因素。"

最后，他还补充说："中印公路开放，除了目前的军事价值以外，还有更深长的意义，它象征着我们两大民族意志的一贯坚定和友谊的不可

动摇。"

1946年，史迪威在故乡——旧金山卡梅尔小镇陪着家人一起，在海滩边散着步。他知道自己的肝病已经不允许他再回到前线的战斗岗位上了。史迪威是第二次世界大战当中非常有性格的一位将军，如同克劳塞维茨所描述的，"我们只把那些信念非常稳定的人称为有性格的人，他们的信念所以稳定，因为信念根深蒂固十分明确，本来就不容易改变"。

史迪威在弥留之际，向美国陆军部提出希望得到一枚战斗步兵纪念章。这是一枚在一线战斗过的士兵都可以获得的最普通的奖章。四星上将史迪威最渴望的还是作为一名火线战士的荣誉。

1946年10月11日，美国陆军部在病床上给这位老兵颁发了最后一枚奖章。第二天，史迪威便离开了人世。

根据史迪威生前的遗愿，他的遗体火化后被撒进了太平洋，永远追随着他的精神归宿。正如他遗愿中所述：纵然死了，精神仍然能漂洋过海，回到他曾经战斗的地方。

第二年，索尔登也相继离世。

如今，中印公路早已变得破旧不堪，尘土伴随着荣光渐渐落定，那些曾为之浴血奋战的老兵照片都已变得斑驳褪色。

卫立煌、孙立人、廖耀湘、何绍周、杜聿明、李弥……

这些抗战老兵们永远都怀念着那些长眠在战场上的战友们，他们在夜里还常常梦回营地，冲锋的口号总把他们从梦中惊醒。

如今，在缅北滇西那些丛林高山之中，十万中国将士长眠在那里，永远地守护着巍峨壮丽的中印公路。公路蜿蜒攀至雾霭之中，俨然成了将士们的礼幛。

如今，在缅北滇西那些丛林高山之中，不知名的野花点缀着四季的变化，纷然而至的雨点洗尽了岁月的沧桑，玉树翠枝间的啾鸣惜留着日夜的轮回。

我们却依然相信：老兵们从不曾离去，他们如群星般璀璨，只是偶尔隐匿在历史的苍穹之中……

附录一

日本侵华交通线上的活人碉堡——日本开拓团

自九一八事变后，日本将东北视为"生命线"。日本开拓团是东北沦陷后，由日本帝国主义对中国东北进行大规模移民后所组成的一种特殊群体。开拓团主要分布在重要交通线周围，充当"活人碉堡"，扮演着侵华日军后备军的角色。虽然开拓团的历史已经过去七十多年，但开拓团在日本侵华过程中曾产生过重要的作用。历史的原貌不应该被淡忘，这里我简要地回顾一下日本开拓团产生、发展和崩溃的过程，以便于读者对日本帝国主义对中国殖民的历史有更深入的了解。

开拓团的由来

从 1905 年开始，日本就开始试点性地向中国东北进行移民。但真正意义上的移民是在 1931 年九一八事变之后。满洲拓植公社理事花井修治，在 1941 年 2 月所写的《满洲开拓的初期时代》中说："满洲的开拓是以满洲事变，即满洲建国为契机，而得以飞速发展的。事变前的满洲开拓实在是微不足道，与其用满洲开拓这一词汇，倒不如不用为好。"

日本向中国东北派出开拓团，大体可分为三个阶段：第一阶段从 1932 年到 1935 年，是日本正式移民的"试验移民期"，这个时期是试验日本移民能否定居的时期，也是日本移民政策的形成期。第二阶段从 1937 年到 1941 年，为"正式移民期"，此阶段日本将移民作为国策实施。第三阶段从 1942 年到 1945 年是 "开拓民崩溃时期"。在第二阶段中，昭和十四年（即 1939 年）2 月 9 日满洲拓植委员会事务局在《关于更换移民名称的问题》中，将"移民团"改名为"开拓团"，"移民"称为"开拓民"或"开拓农民"，"移民政策"也改称为"开拓政策"。

开拓团的理论根源与基础

1919 年日本法西斯的鼻祖北一辉首先提出了日本的"生存空间"问题，他要求建立一个包括中国东北和内蒙古东部、苏联西伯利亚与远东地区，以及英属澳大利亚等广大地域，并以此为基础构成由日本统治的"黄人罗马帝国"。这个"黄人罗马帝国"的主体是日本人，手段之一就是由日本的移民进入这些地区。1927年日本政府在东京召开东方会议，会议由内阁首相兼外长田中义一主持。会后，由田中根据会议内容起草了一份奏折，即《田中奏折》。《田中奏折》中明确要将满蒙，尤其是中国东北变成移民的"安居之所"。《田中奏折》里讲道："以支那富源而作征服印度及南洋各岛以及中小亚细亚欧罗巴之用，我大和民族之欲步武于亚细亚大陆者，握执满蒙利权乃其第一大关键也。" 1931年7月，日本在一本名为《满蒙三题》的小册子中提出：必须使满蒙的天地真正成为我们的理想之乡……日本侨民在东北的大地上，有必要建立以民族和睦与日本文化为背景的共和乐园。"随后，日本加藤完治集团的那须皓（东京帝国大学农学部教授）和桥本传左卫门（京都帝国大学农学部教授）两人提出：日本向满洲移民是大和民族的民族膨胀运动。对满洲的移民成功与否，是决定日本能否成为东洋强大国家的关键。这些理论奠定了开拓团政策实施的理论基础。

开拓团政策与百万移民计划

1932年2月，关东军司令部最先制定向中国东北移民的计划案，即：《移民方策案》、《日本移民案要纲》和《屯田兵制移民案要纲》三个文件。1932年9月，关东军制定了《关于向满洲移民要纲案》，同年10月，《佳木斯移民实施要领案》得到审议并通过。1934年11月，日本关东军在"新京"召开了"第一次移民会议"。这次会议全面讨论了日本移民计划制订标准，并拟订了移民具体实施方案。1934年关东军向日本中央各机关提出《北满地方移民农业经营案（20町步案）》和《满洲农业移民实施基础要纲》，对日本移民进行了详细的规定。

1935年5月，关东军确立了《关于满洲农业移民根本方策事项》，并将此定为移民的根本方针。1936年"二二六"事件后，以东条英机为首的统制派在日本陆军中占据了领导地位，确定了全面对外进行侵略扩张的国策，强化了日本法西斯体制。1936年8月，作为日本帝国主义国策而决定的《二十年百万移民计划》中计划：在20年内移住100万户、500万人到满洲。关东军考虑"若使日本人占'满洲国'人口一成，就能在'满洲国'建立以大和民族为指导核心的日本秩序"。"满洲国"产业部拓政司都甲谦介在《满洲百万移民国策之全貌》中说：对满洲的日本内地人百万户移民政策，是在 1936 年 8 月，在日本政府内阁会议上，作为重要国策之一正式通过。与这一国策并行的每年向满洲输送 3 万或 5 万青少年移民即满蒙开拓青少年义勇队计划，从 1938 年起实施。

1939 年 12 月，日本移民政策的"最高宝典"——《满洲开拓政策基本要纲》出台，这是为实现《二十年百万户送出计划》而实行的具体移民政策的决定版。该要纲中的基本方针称："开拓政策作为重要国策，为建设东亚新秩序，以培养和确立道义上的新大陆政策据点为目标，特别是以日本内地人开拓农民为核心，谋求各种开拓民同原住民等之和谐，使达到民族协和之完成，国防力量之增强及产业之振兴，并以有利农村之更生发展为目标。"

随着太平洋战争的爆发，日本于 1942 年为完成战时开拓政策，制定了《开拓实践训》和《康德十年度开拓政策实行方案》，以期为太平洋战争提供稳定的后方基地。随着战事的发展，至 1944 年，由于日本国内的劳动力问题更加严重，日本不得不放弃大量输送移民的政策，开拓团处于崩溃的边缘。

开拓团的机构变迁及人员构成

开拓团的三个不同时期中，其机构也在随着形势进行着调整。关东军在 1934 年 12 月制定的《满洲农业移民实施基础要纲》第一部分"移民机关及其职责"中规定"移民机关由移民实施机关和移民助成机关组成"。前者以行政机关与军部担任，后者以公益法人和特殊会社担任。这里明确了移民实施的主体是政府和军部。最初开拓团的实施机关主要为拓务省和陆军省（关东军）。关于移民助成机关，《要纲》中还记载有"满洲移民协会"和"满洲拓殖会社"。

1936 年 8 月 25 日，经陆军省和拓务省建议，日本内阁将移民政策定为"七大国策十四项目"之一而付诸国策化。于是，日本在满洲新设"招垦地整备委员会"与"满拓会社"，用于对"国土开发、交通、治安、农作物等进行整备"。此外，全部有关移民事项，都由以关东军参谋长为委员长的"移民事务处理委员会"决定，从而保持了关东军的主导权。

1937 年 4 月，日本扩充拓务局东亚课扩展为第一、第二课，由这两个课分掌日本的开拓团事务。拓务省作为日本政府办理移民事务的中心，但同时还有对满事务局、陆军省、农林省、内务省、厚生省、文部省、大藏省等机关，在各方面与拓务省协作，负责办理开拓团移民事务。

在开拓团崩溃时期，为提高效率、精简机构，日本进一步对"指导助成机关以及机构进行调整"，规定："开拓总局专门负责开拓政策的规划、指导、监督，以其他事业部门为执行机关。"同时，还增设了"女子训练所"，专门为青少年义勇军解决其"配偶"问题。

日本开拓团民分为以下几类：开拓农民、半农业开拓民（林业、牲畜、渔业等）、商、工、矿业等其他开拓民和开拓青年义勇队。开拓团民的选拔有多种条件的限制。"当时日本的移民政策由关东军、拓务省联合制订。日本的开拓团成员是从在乡军人、退伍军人中选定。1934年3月，日本"帝国在乡军人会本部"颁布的《政策与法令 满洲特别移民之真相》第二节"移民的招收和选定"中详细规定了招收移民的条件。其规定如下："1. 出身于农村，多年从事农业并有一定经验，受过教育的在乡军人，身体强壮，品行端正，思想坚定，能吃苦耐劳者。2. 服役及在乡期间成绩均良好者……4. 年龄为30岁以下者，特定者可限在35岁以下。5. 不论有无妻室，愿在满洲独身3年者。"1932年，日本从900名志愿者中选出460名，进行了3周讲习后，10月由东京出发去往佳木斯。后来的开拓团，根据第一次开拓团在中国东北的经验，在日本的讲习时间延长为1个月，条件也更加严格，开拓团员的应召资格改为"征兵检查完毕的30岁以下身体强壮的男子，以现在正从事农耕为条件，尽可能要求是未婚者"。日本认为："当完成百万户移民之际，就设想大体上可以拥有百万人左右的在乡军人。"

开拓团民中，"满蒙开拓青少年义勇军"和"义勇军开拓团"尤其带有明显的军事性。1937年7月，"满洲开拓青年义勇军"成立。1938年开始编组"满蒙开拓青少年义勇军"，募集的对象为日本内地各县16岁至19岁的青少年。被募集的青少年在日本内地的内原训练所训练2～3个月之后，以原中队的建制被送往中国东北地区的各地训练所进行为期3年的训练，其中在大训练所训练1年，小训练所训练2年，在训练中进行1年的基础训练。"满蒙开拓青少年义勇军"在训练结束后，被编成"义勇军开拓团"用以扩充关东军兵源。仅1943年1年，就有8950户"义勇队开拓团"被作为"活人碉堡"，全部投入中苏边境最前线，用于军事目的。

开拓团在日本侵华中的作用

日本关东军参谋长本尾寿造在《对满农业移民会议的开会辞》中将开拓团的意义概括为："第一，成为'满洲国'构成的要素——五族协合的关键；第二，确保大和民族对东亚应有正规发展；第三，有助于解决日本国内社会问题；第四，保证国防的安全和巩固。"开拓团主要是从军事和资源等方面，在日本侵华过程中提供支援。日本治安部参谋司调查课在《从治安看日本农业移民》的报告中，明确指出："日本农业移民是在高度的军事意义下进行的……移民政策的军事意义占主要地位，另一方面是在对经济可能性尝试意义之下所实施的。"开拓团的军事目的在于"作为确立和维持'满洲国'治安的协助者"。因此，日本开拓团主要分布在抗日力量存在的游击区、重要河流沿岸地域、铁路沿线，特别是军用铁路等交通线周围，作为"活人碉堡"配置，一旦有事，即担负关东军后备兵力的任务。1942年日本开拓总局为完成战时开拓政策的目标，在《开拓实践训》中提出为确保"开拓战争取胜"而实行的五条实践训："走向大东亚战争的全胜。1. 吐露真情；2. 不失时机；3. 计划必行；4. 发挥开拓精神；5. 全员成为火团。"这就是说，开拓团要"全员成为火团"，尽力"开拓报国"。

在经济方面，开拓团主要是对中国东北的土地和资源进行掠夺。日本在东北成立的"日满土地开拓公司"，通过验收、强抢并销毁地契等方式，大量掠夺东北农民的土地。1934年，日本在中国东北大肆收买土地，无论荒地、熟地，一律每亩1元。根据关东军的要求，满洲农民每年要向日本提供1000万吨以上的粮食。中国东北地区年产粮量约2000万吨，其中维持农民生存约需要750万吨粮食，另需种子粮400万吨。东北农民在大量失去土地的情况下，需要完成向关东军交粮的任务，日本开拓团移民则不需要缴纳农业税费，还按月领取口粮。

日本国内对开拓团的历史评价

第二次世界大战结束后，日本国内许多学者在反思日本法西斯侵略战争时，对开拓团的历史也进行了深刻反省。日本满洲移民史研究会在

《日本帝国主义在中国东北的移民》一书中对开拓团进行了如下评价：
日本帝国主义的法西斯侵略与统治，如果没有殖民地，是不可能维持其
存在的。也就是说，在整个日本帝国主义形成、发展的过程中，殖民地
是一个不可缺少的环节结构。日本向"生命线"东北移民，构成了日本
帝国主义对东北殖民统治的种族上的核心。满洲的农业移民，还代表了
日本法西斯的侵略主义、排外主义。日本法西斯主义企图使日本国内的
租佃贫农在满洲中农化，以此维持和强化其社会基础。

附录二

抗战交通线大事记

1937 年

7 月 7 日	日本发动全面侵华战争，以优势海军封锁了中国沿海重要港口
7 月 24 日	国民政府颁布《战时铁道运输条例》
7 月 30 日	天津沦陷
8 月 13 日	淞沪会战开始
8 月 23 日	粤汉、广九两铁路接轨
8 月 25 日	日本海军第 3 舰队宣布封锁长江口以南至汕头海岸
9 月 3 日	日本海军侵占东沙群岛，设水上飞机基地
9 月 5 日	日本海军第 3 舰队宣布封锁除青岛外的全部海岸线
9 月 6 日	日军进攻珠江口
9 月 9 日	中苏第一次会谈武器购买及运输事项
9 月 10 日	通向越南的湘桂铁路正式开工
9 月 14 日	日军进攻虎门要塞
10 月 1 日	国民政府于广州成立"军事委员会西南进出口物资总经理处"，主任由广州市市长曾养甫兼任，后由宋子良接任。对外简称"西南运输处"
10 月 3 日	日机突袭广州
10 月 9 日	苏联工程师自乌鲁木齐启程，勘察西北公路
10 月 13 日	法内阁决定禁止中国军用物资通过越南
10 月 14 日	日机 12 架轰炸广九铁路
10 月 17 日	运输第一批武器的苏联车队从萨雷奥捷克开出
10 月 26 日	日军占领金门岛
11 月 5 日	日本第 10 军在杭州湾登陆

11 月 12 日	最大通商口岸上海沦陷
11 月 17 日	中国航空公司开辟重庆—香港航线
11 月 20 日	日本海军中国海舰队宣布禁止所有中国船只在中国领海航行
12 月	滇缅公路破土动工
12 月 1 日	首批苏联志愿飞行员驾驶 25 架战斗机在南京机场降落
12 月 5 日	日本参谋本部课长田中建议应重视破坏第三国援助中国，努力阻止运输道路
12 月 26 日	日本海军中国海舰队再次发布封锁中国沿海令
1938 年	
1 月 1 日	改组战时行政机构，将铁道部并入交通部，任命原铁道部部长张嘉璈为交通部长
1 月 10 日	日军占领青岛
1 月 21 日	蒋介石指示第二船苏联军火直驶香港卸货
2 月初	苏联军火首次运抵香港
2 月 3 日	烟台沦陷
2 月 27 日	中苏签订《军事航空协定》
3 月 7 日	威海沦陷
4 月 4 日	日本大使重光葵要求苏联停止援华，李维诺夫外长予以拒绝
4 月 15 日	装载第一批矿砂的轮船离港赴苏
5 月 13 日	厦门沦陷
5 月 20 日	连云港沦陷
5 月 29 日	日军进攻闽江口
6 月 9 日	日本拒绝英美开放长江要求
6 月 21 日	日军登陆汕头南澳岛
6 月 24 日	日军登陆荡凤岛、蓝钵岛、南澎列岛
6 月 25 日	日军登陆勤门岛
6 月	日军占领河南开封，进攻郑州，以衔接平汉、

津浦、陇海铁路，发挥其机械化部队的优势，造成进攻武汉的有利条件。国民政府最高当局决定炸毁黄河大堤，延缓日军西进的速度，为武汉会战创造条件

8月10日	日第1、第3舰队30余艘军舰，猬集黄浦江及长江下游浏河以下各港口
8月14日	蒋介石下令淞沪会战总攻击，并宣布封锁长江下游
8月20日	中国政府成立大本营，以蒋介石为大元帅，划分为多个战区
8月24日	中国航空公司班机"桂林号"从香港飞重庆途中被日空军击落，机上乘客全部遇难
10月21日	日军第18师团占领广州
10月23日	日军第5师团占领要塞，切断珠江航运 日军一部由淡水西进，切断广九铁路
10月25日	武汉沦陷
11月7日	美、英、法三国第一次对日本采取联合行动，就日军封锁长江、禁止外国船只航行问题，向日本提出抗议。他们不仅在政治上明确反对日本的"大东亚新秩序"，而且逐步加大了对中国的军事和经济援助，先后同中国达成多项贷款和借款协定
12月2日	滇缅公路宣布竣工
12月6日	日本政府决定要尽力切断中国残存之对外联络线，特别是武器输入路线
12月18日	运载首批在仰光卸货的苏联武器车队经滇缅公路到达昆明
1939年	
1月	日军攻占南宁，桂越公路被切断
2月	日本侵占海南岛，以后封锁我国沿海区域，禁

止外国商船航行

2月7日	南侨总会发布通告，征募华侨机工回国服务，3192名华侨青年应征回国
2月8日	中美签订《桐油借款合约》，中国用2500万美元的借款在美国采购了大量交通器材
2月25日	日军占领海州
3月15日	英国向我国提供18.8万英镑（约75.2万美元）的信用借款，专为滇缅公路购买汽车
6月	日军进犯广东汕头、潮安地区
6月23日	首批用桐油借款购买的美国物资运抵海防
6月30日	日军进攻粤、闽、浙沿海
7月6日	汕头日军进犯澄海
7月27日	美国宣告6个月后废除"美日商约"
1940年	
1月24日	日军进犯浙东绍兴、诸暨
1月26日	《美日商约》正式废止
2月7日	美国总统助理居里由旧金山飞抵香港，8日由港抵渝
5月9日	日机轰炸昆明
6月	法越殖民当局迫于日本压力，关闭中越通道中的滇越通道，中国失去了中越国际交通线
7月1日	日军侵入龙州，隔断中越公路
7月9日	日本要求英国关闭滇缅公路
7月13日	英国通告封闭滇缅公路3个月
7月15日	中国抗议英国非法封锁滇缅公路
7月16日	日军开始闽、浙沿海封锁作战
7月17日	英日达成东京协定，封闭滇缅公路运输3个月
7月31日	陈嘉庚访问西南运输处并视察滇缅公路
7月	迫于压力，英国对日本实行绥靖政策，关闭滇缅公路。后几经国际压力和中国国民政府外交

斡旋与抗争于当年10月重新开放

8月10日	日本侵华舰队司令通告各国，扩大对闽浙沿海封锁
8月15日	日军登陆广东台山上川岛、下川岛
8月20日	八路军发动"百团大战"
9月23日	日军进驻法属印度支那北部
9月26日	美国宣布禁止向日本输送废钢铁
9月27日	德、意、日三国在柏林签署军事同盟条约
10月18日	英国宣布重开滇缅公路
10月23日	南宁日军撤退
11月8日	罗斯福再次当选为美国总统后，举行首次内阁会议，原则上通过了对中国的援助方案，准备向中国借款1亿美元，供应飞机500架以及其他武器
11月13日	英国在新加坡设远东总司令部
11月30日	罗斯福发表财政援助中国的声明，宣布给中国提供1亿美元的贷款
12月25日	日军加强对华中、华南沿海封锁
12月31日	苏联军事总顾问崔可夫经阿拉木图、兰州飞抵重庆

1941年

1月12日	滇缅公路功果桥被日机炸断。桥梁工程师钱昌淦乘飞机前往抢修，遭日机突袭遇难
1月16日	日本大本营陆军部决定实施华中、华南沿海登陆切断作战
1月29日	美、英等国在华盛顿召开参谋会议，确定"先欧后亚"的全球战略
2月2日	军事委员会设陕甘公路线司令部，专司西北军运
2月3日	日军在大亚湾奇袭登陆。香韶路切断作战开始

2月4日	日军占领淡水，切断中国香港—韶关公路
2月7日	美国总统行政助理居里访问中国
2月26日	日军大本营命令对浙、闽、粤沿海随时实行以封锁为目的的作战
3月3日	日军在广州往西到北海约500公里沿岸登陆
3月11日	美国国会通过《租借法案》
3月20日	叙昆铁路昆明至曲靖段通车
3月23日	日军在华南红海湾登陆
3月28日	日军在华南碣石湾登陆
4月10日	日军在汕尾登陆
4月13日	苏联和日本签订了《苏日中立条约》，停止对中国军事援助，关闭了中苏通道
4月16日	日军开始浙东作战
4月17日	罗斯福批准援助滇缅铁路1500万美元
4月19日	日军在闽浙沿海登陆
4月26日	福州沦陷
5月12日	日军宣布封锁香港、澳门
6月14日	日军6次加强华南沿海封锁
6月18日	中国被迫割让云南部分领土，换取英国合作修筑滇缅铁路
7月9日	美国空军志愿人员前往中国
7月21日	关于日军进入印支南部的协定达成
7月24日	中英军事合作首次会议开始
7月26日	美国宣布冻结日本在美国的资产，并禁运石油
7月28日	日军进驻印支南部
7月29日	日本与印支法国殖民当局签订共同防卫议定书
8月1日	陈纳德领导的美国志愿航空队正式宣告成立，并在缅甸同古机场进行战前训练。美国志愿航空队下辖三个驱逐中队，共有P-40战机125架，陈纳德任大队长，任务是协助中国空军保卫云

南领空并掩护滇缅公路运输

9月1日	美国发表两洋海军舰队建设计划
10月5日	美英军事首脑马尼拉会谈
10月13日	美荷举行军事会谈
11月24日	中国航空公司飞机试飞驼峰成功
12月8日	日军偷袭珍珠港,太平洋战争爆发
12月11日	蒋介石发布第一次动员远征军入缅令
12月16日	蒋介石下达第二次动员远征军入缅令
12月20日	美国空军志愿队首战告捷,击落偷袭昆明日机9架,中国报纸赠其"飞虎队"美名
12月22日	蒋介石命令第5、第6军入缅
12月23日	在蒋介石主持下,中、美、英三国军事代表召开联合军事会议,讨论对日作战问题。《中英共同防御滇缅路协定》达成
12月26日	中国军第49师主力入缅甸
12月31日	美国总统罗斯福致电蒋介石,提议组织中国战区,由蒋介石任最高统帅。蒋介石复电同意接受,并请罗斯福指定一名美军将领担任中国战区盟军统帅部参谋长
1942年	
1月2日	中国战区最高统帅部成立,蒋介石担任最高统帅,统一指挥中国及越南、泰国等地的对日作战
1月3日	南太平洋战区司令部在荷属东印度建立,英国驻印度军队总司令韦维尔任总指挥
1月14日	美国推荐史迪威中将任中国战区盟军统帅部参谋长
1月	日本发动缅甸战役,中国远征军兵败,英军退守印度,5月缅甸陷落,滇缅公路被日军切断。至此,日本对华的封锁线从太平洋延伸到了印

度洋，切断了中国所有的大陆和海上国际战略通道，完全封锁了中国

2月25日	中国远征军第5、第6军开入缅甸，蒋介石命令杜聿明统一指挥两军
3月5日	史迪威抵达重庆就职
2月7日	美国就贷款给中国5亿美元同中国政府签订援华协定
3月8日	缅甸仰光沦陷
	中国远征军先头部队第5军第200师抵达缅甸同古
3月21日	美国空运队正式成立，负责中缅印之间的空中运输
4月7日	远征军第66军开始入缅
4月8日	驼峰航线开通
4月29日	日军占领缅甸腊戍，中国唯一的对外陆路交通线滇缅公路和远征军回国退路被切断
5月8日	密支那被日军攻占。在此前后，中国远征军从多路败退回国或撤往印。10万远征军仅存4万人。滇缅公路保卫战宣告失败
6月2日	宋子文和美国国务卿赫尔在华盛顿签署了《中美抵抗侵略互助协定》简称《中美租借协定》。根据上述协定，中美两国政府又在华盛顿签署了8.7亿美元的《中美租界物资协定》
7月4日	美国志愿航空队（飞虎队）改编为美国驻华航空特遣队，仍以陈纳德为司令，特遣队并入美国第10航空队
7月18日	史迪威向蒋介石提交反攻缅甸、重开滇缅公路的作战方案
8月26日	中国驻印军在蓝姆伽训练基地开始训练
8月	军事委员会成立驻印军总指挥部，任命史迪威

	为总指挥
10月15日	史迪威赴印度与韦维尔协商反攻缅甸计划。韦维尔同意联合反攻缅甸，并协议由美国负责修建中印公路
11月5日	中印公路勘探工作开始
12月1日	美国陆军运输队接替美国空运队的工作，使驼峰航线的运输工作得到很大加强
12月10日	中印公路在雷多正式破土动工
1943年	
1月27日	新38师第114团由蓝姆伽抵达雷多，掩护修筑中印公路
2月21日	日军占领了广州湾，封锁了中国在华南的最后一个出海口。中国的海上通道全部丧失
4月1日	中国远征军长官司令部在云南楚雄成立，陈诚任司令长官。10月，由卫立煌接任。随后对中央军6个军、昆明行营3个军进行整训
8月19日~24日	盟军于加拿大召开魁北克会议。会议决定设立东南亚战区，以英国海军中将路易·蒙巴顿勋爵为统帅
10月23日~26日	中美英三国首脑以及所属军政长官在开罗举行会议，会议着重讨论收复缅甸的作战计划。会议通过《开罗宣言》，宣布决定剥夺日本自1894年以来所获得的全部领土，并保证促使日本"无条件投降"
10月24日	中国驻印军向缅北发起反攻。中印公路和输油管工程也不断随军推进
10月	史迪威任命美军著名工程专家路易斯·A.皮克准将为中印公路筑路工程总指挥
11月1日	新38师攻占缅北门户新平洋
11月18日	蒋介石夫妇乘坐"美龄号"飞越驼峰，参加中、

美、英三国首脑开罗会议

12 月 19 日　史迪威正式获得了中国驻印军的指挥权，获得了可以解除任何一名中国军官职务的权力

12 月 29 日　新 38 师攻占于邦

1944 年

2 月 1 日　新 38 师攻克太柏家

2 月 25 日　中、美空军混合联队袭击海南岛日军机场，击毁日机 30 架

3 月 5 日　新 38 师与新 22 师两路夹击，攻克缅北日军重要据点孟关

3 月 8 日　英帕尔战役打响

3 月 9 日　新 38 师第 113 团与美军突击队联手攻占瓦鲁班。日军号称"丛林作战之王"的第 18 师团死伤过半，狼狈逃出胡康河谷

4 月 19 日　日军发动旨在打通中国大陆交通线的"一号作战"计划

6 月 27 日　中国驻印军攻下孟拱

8 月 2 日　美国正式晋升史迪威为四星上将。当时美国陆军中仅有马歇尔、阿诺德、麦克阿瑟、艾森豪威尔享有此军衔

8 月 4 日　中国驻印军在美军协助下攻占缅北重镇密支那，全歼守城的日军第 18 师团残部及第 56 师团一部。从此，驼峰航线不必再飞越北线的喜马拉雅山，可从南线较安全的缅北地区直飞昆明，从而使空运数量大幅增加

9 月 7 日　中国远征军克复松山

9 月 14 日　中国远征军攻克腾冲

10 月 18 日　史迪威将军被罗斯福总统召回美国，魏德迈指挥在华美军

10 月 27 日　存在了 32 个月的中缅印战区，被分割

11 月 3 日	中国远征军收复龙陵
11 月 11 日	罗斯福任命赫尔利为美国驻华大使
11 月 11 日	日军发起豫湘桂战役攻占衡阳、零陵、桂林、柳州等华南地区 7 个机场后，中美空军在加强芷江、老河口以及陕西、四川各机场的同时，进驻日军占领区以东的遂川、赣州、南雄机场，不断强化对日军的空中打击
12 月 10 日	广西日军与越南日军在南宁西南之绥渌会合，完成打通大陆交通线的战略行动
12 月 18 日	李梅率领第 20 航空队轰炸武汉，摧毁了日军在华中的主要供应基地
1945 年	
1 月 10 日	雷多至密支那段通车
1 月 15 日	驻印军攻占缅甸边境城镇南坎
1 月 17 日	保山至密支那公路通车
1 月 20 日	远征军第 2、第 6、第 53 军协力攻克畹町。滇西沦陷国土全部收复
1 月 27 日	中国驻印军和中国远征军在缅甸芒友胜利会师，中印公路完全打通
1 月 28 日	驻印军、远征军在芒友隆重举行会师典礼，中美将领卫立煌、索尔登、郑洞国、孙立人等参加了这一历史性的盛会
	畹町举行中印公路通车典礼。蒋介石宣布将中印公路命名为"史迪威公路"
3 月 30 日	驻印军第 50 师与英军第 36 师在曼德勒东北的乔梅会师。中国驻印军胜利完成在缅甸的作战任务
8 月 21 日	中国战区日本洽降仪式在湖南芷江举行。日本乞降使节、日本中国派遣军副总参谋长今井武夫受总司令冈村宁次指派，参加洽降仪式，并

接受中国陆军总司令何应钦的训示

8月15日　日本宣布无条件投降

9月9日　中国战区日军无条件投降仪式在南京国民政府中央军校大礼堂内举行。中国战区日本投降代表、日本中国派遣军总司令官冈村宁茨大将签署投降书。中国战区最高统帅蒋介石的代表、中国战区中国陆军总司令何应钦上将签字受降

附录三

主要参考文献

[1] 窦应泰.张学良遗稿：幽禁期间自述、日记和信函.作家出版社，2015.

[2] 杨天石.找寻真实的蒋介石，山西人民出版社，2011.

[3] 刘小童.驼峰航线.作家出版社，2005.

[4] [英]温斯顿·丘吉尔.丘吉尔第二次世界大战回忆录07：日本的猛攻，译林出版社，2013.

[5] 李宗仁，唐德刚.李宗仁回忆录，广西师范大学出版社，2009.

[6] 张发奎，夏莲瑛.国民党陆军总司令回忆录：张发奎口述自传.当代中国出版社，2013.

[7] 蔡仁照.中国抗日时期的战争，解放军文艺出版社，2001.

[8] 军事科学院军事历史研究部.第二次世界大战史（1～4卷）.军事科学出版社，1995（1～2卷），1998（3～4卷）.

[9] 杨杰.军事与国防.上海，1945.

[10] 郑洞国，萧秉钧.正面战场·粤桂黔滇抗战.中国文史出版社，2013.

[11] 李占才，张劲.超载——抗战与交通.广西师范大学出版社，1996.

[12] 中国国民政府主计处统计局.中华民国统计提要（四），1940.

[13] [日]服部卓四郎.大东亚战争全史.第一册，商务印书馆，1984.

[14] 军事科学院军事历史研究部编.抗日战争史.（中卷），解放军出版社，1995.

[15] 蒋纬国.抗日御侮.第二卷，[台湾]黎明文化事业公司，1978.

[16] 徐万民.战争生命线——国际交通与八年抗战.广西师范大学出版社，1995.

[17] 日本防卫厅战史室.大本营陆军部.（一），[日]朝云新闻社，1974.

[18] 抗日战争时期"中国国民政府"财政经济战略措施研究.西南财经大学出版社，1988.

[19] 军事科学院军事历史研究部编.抗日战争史（下卷），解放军出版社，1995.

[20] 严中平.中国近代经济史统计资料选辑.科学出版社，1955.

[21] 高晓昱.民国海军的兴衰.中国文史出版社，1989.

[22] 日本防卫厅防卫研究所战史室编.日本海军在中国作战.中华书局，1991.

[23] 日本军国主义侵华资料长编.上册，四川人民出版社，1987.

[24] 何墨林.抗战以来全国航政概况.抗战与交通.第33期.

[25] [日]外山三郎.日本海军史，解放军出版社，1988.

[26] 阎玉田，李爱香.中国抗战局势与国际政治关系.人民出版社，2008.

[27] 抗日战争时期"中国国民政府"财政经济战略措施研究.西南财经大学出版社，1988.

[28] 日本军国主义侵华资料长编.上册.

[29] 秦孝仪."中华民国"重要史料初编——对日抗战时期.第三编.战时外交（二），"台北国民党党史委员会"，1981.

[30] 吴相湘.第二次中日战争史.上册，台北综合月刊社，1973.

[31] 日本防卫厅防卫研究所战史室.香港、长沙作战.第一部，中华书局，1985.

[32] 中国国民政府资源委员会档案（二八）156号.1938年贸易委员会统制桐油购销工作的报告.

[33] 胡德坤、韩永利.中国抗战与世界反法西斯战争.社科文献出版社，2005.

[34] 滕代远传.解放军出版社，1990.

[35] 华侨革命史.下册，台北正中书局，1980.

[36] 胡愈之.南洋杂忆.文史资料选辑.1985年第1辑.

[37] [苏]安·葛罗米柯.苏联对外政策史.上卷，中国人民大学出版社，1988.

[38] 秦诚至. 甘新公路首次整建纪实. 甘肃文史资料选辑. 第 4 辑.

[39] 苏联. 消息报.1938.

[40] 袁林主编. 世界军事的演变与发展教程. 军事科学出版社，2001.

[41] 中央电视台. 探索·发现栏目编. 滇缅大反攻. 安徽教育出版社，2005.

[42] 伍修权. 回忆与怀念. 中共中央党校出版社，1991.

[43] 谢觉哉日记. 人民出版社，1984.

[44] 兰州文史资料选辑. 第 4 辑.

[45] 刘卫东. 抗战前期"中国国民政府"对印支通道的经营、近代史研究.1998.

[46] 滇越铁路的修建及其通车后的影响、云南社会科学.1982.

[47] 云南省红河志编纂委员会编纂. 红河县志. 云南人民出版社，1991.

[48] 王铁崖. 中外旧约章汇编（三）.

[49] 顾维钧回忆录（二）.

[50] [日] 战史丛书·大本营陆军部（二）.

[51] 刘卫东. 抗战时期的桂南物资抢运. 聊城师范学院学报（哲学社会科学版），2001.

[52] 周勇. 西南抗战史. 重庆出版社，2013.

[53] 王正华. 抗日战争外国对华军事援助. 台湾环球书局，1987.

[54] 刘卫东. 印支通道的战时功能述论. 近代史研究.1999.

[55] 夏兆营. 论抗战时期的西南运输总处. 抗日战争研究.2003.

[56] 陈修和. 抗日战争中的中越国际交通运输线. 文史资料研究委员会编. 文史资料选辑. 第七辑，中华书局，1960.

[57] 日本防卫厅防卫研究所战史室. "中华民国史"资料丛稿（缅甸作战），中华书局，1987.

[58] 谭伯英. 抗战以来之滇缅公路、抗战与交通. 第 33 期.

[59] 张永明. 抗战时期滇缅路的修筑及价值评析. 陕西师范大学学报（哲学社会科学版）.1998.

[60] 张愿. 滇缅公路危机与英国对日绥靖政策的转变. 理论月刊.2008.

[61] 中国近代对外关系史资料选辑．下卷第 2 分册．上海人民出版社，1977.

[62] 军事科学院军事历史研究部．第二次世界大战史．第二卷，军事科学出版社，1995 版．

[63] [日] 现代史资料·日中战争 2. 美铃书房，1982.

[64] 杨立鑫．论滇缅公路的伟大功绩——纪念抗日战争胜利 60 周年．云南保山．保山师专学报．

[65] 彭训厚．世界反法西斯战争中的中国．五洲传播出版社，2005.

[66] 视察滇缅公路加铺柏油路面工程报告书．中国第二历史档案馆．

[67] 龚学遂．中国战时交通史．

[68] 日本防卫厅研究所战史室编．中国事变陆军作战史．第 3 卷．

[69] "中华民国"史料资料丛稿．

[70] 韩永利．战时美国大战略与中国抗日战场（1941 ~ 1945）．武汉大学出版社，2003.

[71] [加] 凯莉·汉姆．史迪威公路．重庆出版社，2005.

[72] 日本防卫厅防卫研究所战史室．日本军国主义侵华资料长编．中册．

[73] 日本防卫厅防卫研究所战史室编．日本军国主义侵华资料长编．下册．

[74] 查尔斯·F·罗曼纳斯和雷利·森德兰．史迪威指挥权问题．

[75] 韦斯利·弗兰克·克雷文，詹姆斯·李·凯特主编．"二战"中的陆军航空队．第五卷．

[76] 徐康明．中国远征军战史．军事科学出版社，1995

[77] 徐康明，刘莲芬．飞越驼峰：第二次世界大战中最著名的战略空运．解放军出版社，2005.

[78] [美] 小威廉·M.利里．龙之翼．中国航空公司和中国商业航空的发展．

[79] 陆安．驼峰空运．抗日战争的生命线——中学历史教学参考，2002.

[80] 云南省公路交通史·公路集．第 6 册，中印公路史略．

[81] [美] 巴巴拉·塔奇曼 . 史迪威与美国在华经验（下册），商务印书馆，1985.

[82] 台湾 . "国防部史政编译局" . 编印 . 抗日战史 . 第九册（西南及滇缅作战），1990.

[83] [日] 服部卓四郎 . 大东亚战争全册 . 第三册，1978

[84] 天津市政协编译委员会编译 . 日本军国主义侵华资料长编 . 下卷，四川人民出版社，1987.

[85] 吴相湘 . 第二次中日战争史（下册），台北综合月刊社，1974.

[86] 沈庆林 . 中国抗日战争时期的国际援助 . 上海人民出版社，2000.

后　记

　　樱花落尽，铅华尽洗。

　　七十多年以后，曾经的辉煌与战争中的罪恶，最终都如同江水一般，汇入滚滚的历史洪流中，成为人们茶余饭后的无尽谈资。

　　战争总是在混乱、叫嚣中蹒跚着前行发展，不生、不灭；历史也总是在沉默中保持着惊人的相似，有增、有减。

　　在故纸中待得越久，人也会变得越来越敏感。在研究战争史多年后，我同许多人一样，在关于战争发生的原因问题上，依然是一头雾水。我仍不明白人们为什么会采取暴力和血腥的方式去解决问题，也不清楚是否会随着人类文明的继续发展，会出现一种更好的方式来解决人们之间的争端。

　　岁月无痕，流年沧桑。

　　在历史的长河中，人类一直都在努力探寻建立一种世界和平的新秩序，并以此来维护公平和正义。

　　在岁月的长河里，个人则需要一盏明灯，能够指引自己，不能因为过于执着，而迷失了生命本应归去的方向。

　　我要感谢我的爱人周晓。她使我明白在家庭里，爱就是和谐、就是秩序。在一个充满浓浓爱意的家庭中生活，所有的公平正义都会不请自来。

　　我要感谢我的导师肖裕声、耿成宽和许华主任。他们不仅是我的良师益友，也是人生道路上的明灯。我将跟随他们的足迹，保持生命的本真，追寻自己的价值。